LES SEYCHELLES

De gros rochers de granit polis par les vagues de l'océan Indien, de gigantesques palmiers dont les noix présentent des formes troublantes, des takamakas d'un vert luxuriant, ombrageant des plages dont le sable blanc fin comme du talc ourle des anses aux eaux bleues turquoises, Voilà bien l'image de rêve que chacun se fait des îles Seychelles. À juste raison car ces îles isolées à un millier de kilomètres à l'Est de la côte d'Afrique, légèrement au sud de l'Équateur, sont pour la plupart d'une étonnante beauté.

Les îles les plus touristiques des Antilles ont quelques difficultés à rivaliser avec tant de richesses dans les couleurs et l'harmonie des formes et il faut parcourir bien des atolls polynésiens pour retrouver ces images que l'on dit proches du paradis terrestre.

Si l'on ajoute que les conditions de navigation entre les îles sont généralement fort paisibles et que les Seychellois sont enclins eux aussi à la douceur de vivre, on a là réunies à la fois dans un périmètre d'une trentaine de milles autour de l'île principale de Mahé ou sur un territoire marin plus vaste que la France, toutes les conditions pour passer une ou plusieurs merveilleuses semaines de croisière.

Huge granite rocks polished by the waves of the Indian Ocean, giant palm trees with embarrassingly shaped nuts, turquoise inlets fringed by lush green takamakas shading the fine white sand beaches. This is the paradise image we all have of the Seychelles islands. And deservedly so, for most of these islands lying a thousand kilometres off the east coast of Africa, just south of the Equator, are stunningly beautiful.

The favourite tourist islands of the Caribbean would find it hard to match such a richness of colours and harmony of form and you would have to search among the Polynesian atolls to find a comparable vision of earthly paradise.

Add to that the generally trouble-free sailing conditions between the islands and the easy going lifestyle of the local population, you have all you need within a 60-mile radius of the main island, Mahé, in other words a sea area greater than France to provide several weeks of idyllic cruising.

www.pilotecotier.com

C'était lors de son second voyage historique vers l'Inde en 1502, en traversant la vaste étendue de l'Océan Indien, que l'Amiral Vasco da Gama découvrit des îles au nord-est de Madagascar. Ces îles, baptisées les Sept Sœurs, sont bien les Seychelles d'aujourd'hui.

Ces îles de sable, de granite et de verdure luxuriante, éparpillées sur les eaux, royaume des tortues géantes et d'oiseaux exotiques sont demeurées les mêmes au fil des cinq dernières décennies. Le changement le plus remarquable a été l'évolution d'une petite Nation qui a fait de ces îles sa patrie. Bon nombre d'îles qui doivent leurs noms aux grands voiliers de l'époque, tels Le Cerf, La Digue et La Curieuse ont accueilli sur leurs rivages les premiers aventuriers et colons. Ces noms évoquent aujourd'hui l'image des eaux turquoises, des vents rafraîchissants des moussons et des palmiers berçant leurs feuilles. Nul ne sera déçu par la réalité

Les Seychellois sont un peuple né de l'Océan. La mer, généreuse, nourricière, fortifie notre économie en termes d'importantes industries de pêche sur le plan traditionnel et commercial. Grâce à notre fidèle respect des acquis de la nature, nos îles et notre espace maritime sont devenus pour le peuple Seychellois, la base de notre importante industrie touristique.

Les vacances aux Seychelles ont connu une nouvelle dimension suite aux récents développements du Yachting. Tous les marins y seront enchantés soit par le charme ensorcelant des îles granitiques, soit par l'isolation scintillante des atolls coralliens.

Ayant personnellement utilisé, de manière exhaustive, la première édition de ce guide, il va sans dire que toute une richesse d'informations et de conseils essentiels à la sécurité de la navigation, échapperont à tous ceux qui partiront en mer sans un exemplaire.

Bon Voyage!

Gérard Lafortune

Secrétaire Principal
Ministère du Tourisme et des Transports

It was on his second historic voyage to India in 1502, whilst traversing the vast expanse of the Indian Ocean, that Admiral Vasco Da Gama sighted islands to the north east of Madagascar. These islands, baptised the Seven Sisters, are today the Seychelles.

These lush sprinklings of sand and granite, the domain of giant tortoises and exotic birds, have remained largely unchanged over the last five centuries. The most notable addition has been the growth of a small young Nation that has made these islands its home. Islands, many of which have retained the names of the great sailing ships, Cerf, Digue, and Curieuse, that bore the early adventurers and settlers to these shores. Today, the mention of these names evoke pictures of warm turquoise waters, refreshing monsoon winds, swaying palms. The reality will not disappoint.

The Seychellois are essentially a maritime people. The sea, a generous provider, sustains our economy in the form of the important traditional and commercial fishing industries. Through our respect for all that nature has bestowed upon us, our islands and the sea have become for the Seychellois, the basis of our important tourism industry.

The recent development of leisure yachting has added a new dimension to holidaying in Seychelles. Be it the majestic charms of the granitic islands or the scintillating remoteness of the coral atolls, every sailor will be enchanted.

Having personally made extensive use of the previous edition of this guide, any yacht that casts off without a copy, will be missing out on a wealth of information and essential guides to safe navigation.

Bon Voyage!

Gerard Lafortune

Principal Secretary
Ministry of Tourism & Transport

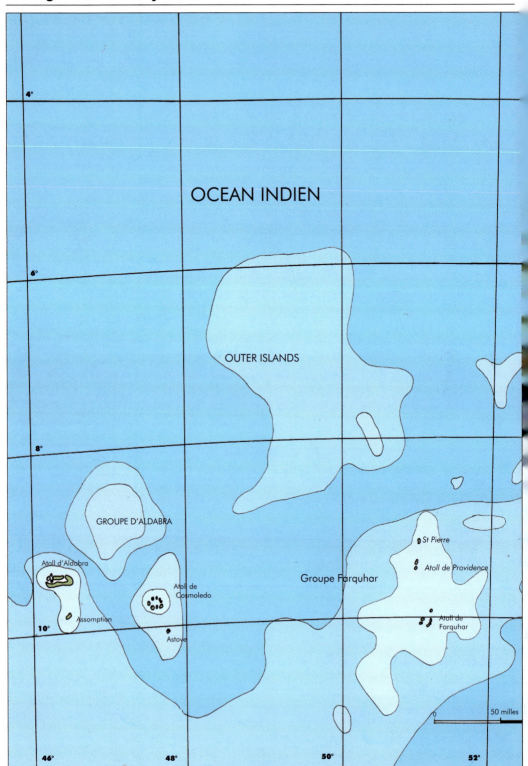

OCEAN INDIEN

OUTER ISLANDS

GROUPE D'ALDABRA

Atoll d'Aldabra

Assomption

Atoll de
Cosmoledo

Astove

Groupe Farquhar

St Pierre

Atoll de Providence

Atoll de
Farquhar

0   50 milles

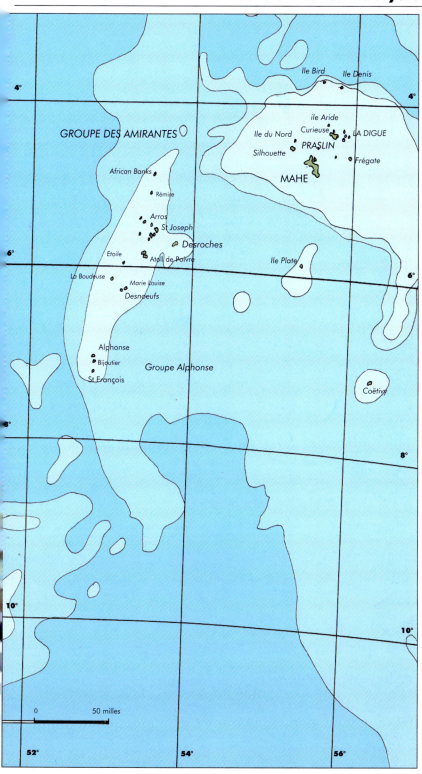

PRINCIPALES DISTANCES

*En milles par la route
la plus courte
In nautical miles
by the shortest
route*

Tour de Mahé	44
Mahé à Île Bird :	52
Mahé à île Denis :	47
Mahé à Coëtivy :	144
Mahé à Ile Plate :	65
Mahé à Desroches :	120
Mahé à Atoll St Joseph :	136
Mahé à African banc :	120
Mahé à Alphonse :	215
Mahé à Providence :	380
Mahé à atoll de Farquhar :	420
Mahé à Aldabra île Picard :	630
Mahé à Cosmoledo :	560
Mahé à Astove :	570
Mahé à Mayotte :	780
Mahé à pte nord de Madagascar :	570

Voir les plans plus détaillés

- **de Mahé et des îles environnantes en p 7**

- **de Mahé en p 8**

- **de Praslin et des îles environnantes en p 9**

- **des Amirantes en p 10**

5

SOMMAIRE

Situation géographique - Geographic location	6
Carte Mahé et îles voisines, Mahé island and neighbourhood	7
Carte de Mahé - Mahé island chart	8
Carte de Praslin - Praslin Island chart	9
Carte des Amirantes - Amirantes chart	10
Climat - Climate	13
Les vents - Winds	15
Les cartes marines - Nautical charts	16
Position au GPS - GPS positioning	17
Communications - Phone	17
Marés - Tides	18
Etat de la mer - Sea conditions	18
Zone inter tropical	18
Cyclones - Cyclones	18
Balisage - Buyoage	18
Les feux - Lights	18
Histoire des Seychelles - History of the Seychelles	20
La pêche aux Seychelles Fishing in Seychelles	23
Liaisons inter - îles - Inter islands links	24
Yachting in Seychelles	25
Réglements pour les yachts	27
Regulation for yachts	29
Les oiseaux - Birds	31
Les pirates - Pirates	33
Les poissons - Fish	35

Les tortues - Turtles	37
Les cocos de mer - Coco de mer palm tree	39
La plongée sous marine - Deep sea diving or snorkelling	41
Victoria, renseignements pratiques	64
Descriptions des ports et mouillages de tout l'archipel des Seychelles par ordre géographique d'îles en îles.	43 à 252.
Ports and moorages descriptions of the archipelago in geographical order.	43 to 252
Ile de Mahé - Mahé island	42
Ile Silhouette - Silhouette island	110
Ile de Praslin - Praslin island	133
Ile du Nord - North island	126
La Digue - La Digue island	163
Ile Frégate - Frégate island	191
Bird island - Ile Bird	194
Denis island -Ile Denis	199
Les Amirantes Amirantes islands	207
Les iles lointaines Far away islands	238
Liste alphabétique des îles et mouillages	254
Alphabétic list of the islands and moorings	254

La liste alphabétique des îles et mouillages se trouve en page 255.
Alphabétic list of all the islands and moorings p 255

REMERCIEMENTS

La réalisation de ce Pilote Côtier sur les îles Seychelles qui s'étendent sur une superficie presque égale à l'Europe, n'aurait pas été possible sans l'aide du Gouvernement des Seychelles et les informations fournis par de nombreux navigateurs professionnels et plaisanciers. Alain Rondeau adresse tout particulièrement ses remerciements à :

The achievement of this first nautical guide of the Seychelles, which are as vast as the European continent, would have been quite impossible without the help of The Government of the Seychelles and the information gathered among yachtsmen and professional sailors. Alain Rondeau particularly thanks all of them for their invaluable help :

Mr. Gérard LAFORTUNE
Secrétaire Principal du Ministère du Tourisme et des Transports

M. **Maurice Lousteau - Lalanne**. Secrétaire Principal au Ministère de l'Environnement - Chairman de la Seychelles Islands Fondation.
M. **Bruno Voisard** ancien Directeur Général de VPM Yacht Charter.
Eric Petitau de VPM à Victoria , Niels Lutyens, Stephanie Niepceron et Francois Toulet.

L'auteur remercie tout particulièremet **Loïc Bonnet** directeur de Dream Yacht à Praslin pour son efficace soutien ainsi que **François Challain** et **Jean Claude Bück** pour leurs informations, photos et traductions.

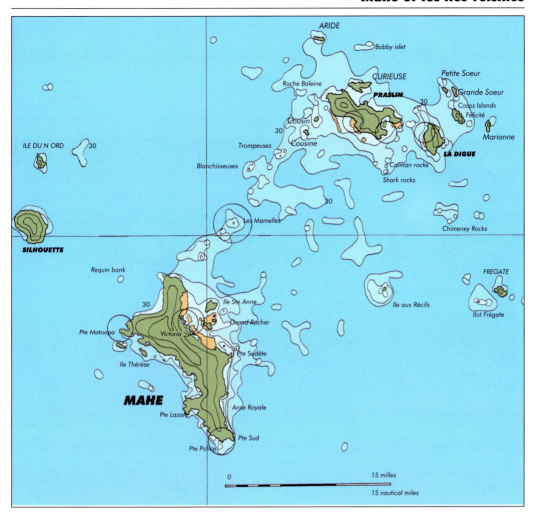

MISE À JOUR

Tous les Pilotes Côtiers Bénéteau sont vendus, dans la seconde année qui suit leur publication, avec une fiche de mise à jour pour l'année en cours. Une mise à jour pour les années suivantes peut être obtenue en adressant à l'éditeur une enveloppe au tarif normal d'une lettre portant l'adresse du destinataire et précisant le titre du Pilote Côtier.

Ce service est gratuit mais les mises à jour ne sont données que pour la dernière édition.

On peut trouver les mises à jour sur le site

www.pilote cotier.com

UPDATES

From the year following their issue, all Nautical Pilot are sold with an update summary for the current year. To get the update summaries for the years after, simply mail a stamped envelope with your name and address to the editor giving the name of the nautical guide you wish to update. **This service is free of charge but updates are available only for the latest edition of the guide.**
The update summries can be seen on internet

www.pilotecotier.com

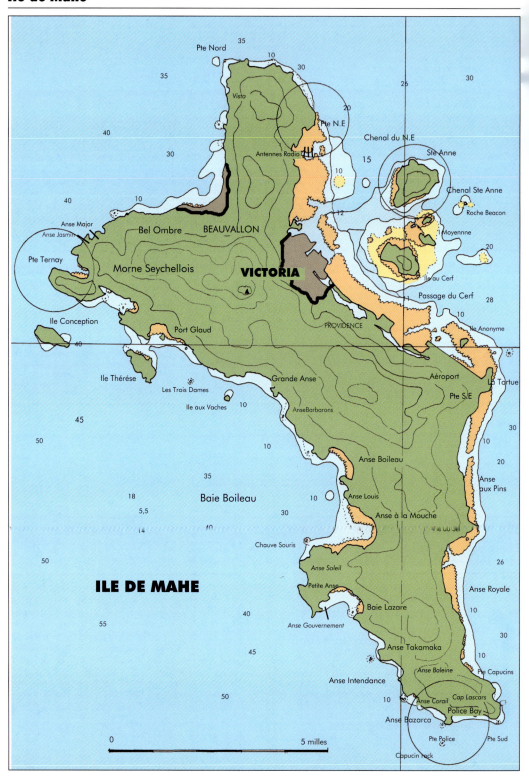

Pte Nord
35
35
10
30
30
26
30
Vista
20
Pte N.E
40
Chenal du N.E
30
Antennes Radio
15
Ste Anne
10
40
10
Chenal Ste Anne
Roche Beacon
Anse Major
12
Anse Jasmin
Bel Ombre   BEAUVALLON
1 Moyennne
20
Pte Ternay
Morne Seychellois
VICTORIA
Ile au Cerf
Passage du Cerf
28
Ile Conception
10
Port Glaud
PROVIDENCE
Ile Anonyme
40
Ile Thérése
Grande Anse
Aéroport
Le Tartue
Les Trois Dames
Pte S.E
Ile aux Vaches
10
AnseBarbarons
45
50
10
30
Anse Boileau
20
35
Anse
aux Pins
18
10
Anse Louis
Baie Boileau
5,5
Anse à la Mouche
50
30
Ile du Sel
14
40
26
50
Chauve Souris
ILE DE MAHE
Anse Soleil
Anse Royale
Petite Anse
40
Baie Lazare
10
55
Anse Gouvernement
30
45
Anse Takamaka
10
Anse Baleine
Pte Capucins
Anse Intendance
10
Anse Corail   Cap Lascars
50
Police Bay
Anse Bazarca
Pte Police
Pte Sud
0   5 milles
Capucin rock

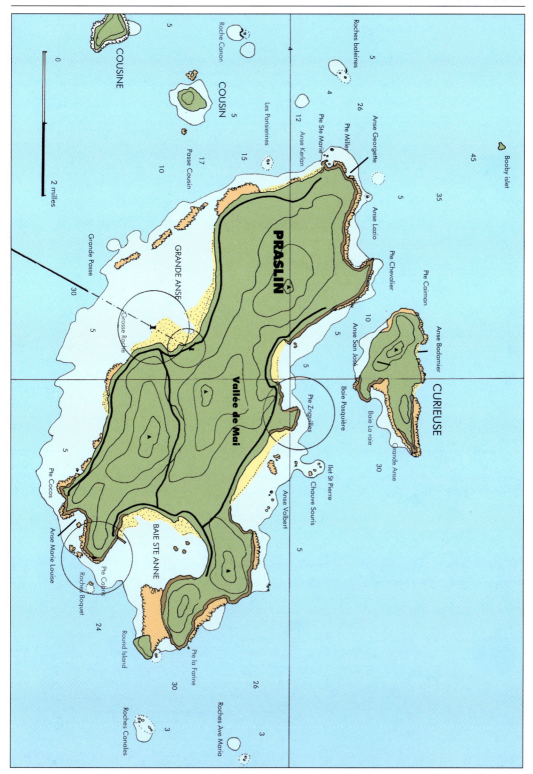

COUSINE

COUSIN

Roche Canon

Les Parisiennes

Passe Cousin

Grande Passe

Grosse Roche

GRANDE ANSE

GRANDE ANSE

Roches baleines

Pte Ste Marie

Pte Miller

Anse Kerlan

Anse Georgette

Anse Lazio

Booby islet

PRASLIN

Pte Chevalier

Pte Caïman

Anse Son José

Anse Badamier

Grande Anse

CURIEUSE

Baie La raie

Vallée de Mai

Pte Zinguilles

Baie Pasquière

Ilet St Pierre

Chauve Souris

Anse Volbert

Pte Cocos

Anse Marie Louise

Roches Boquet

Pte Cabris

BAIE STE ANNE

Round Island

Pte la Farine

Roches Ave Maria

Roches Canoles

0   2 milles

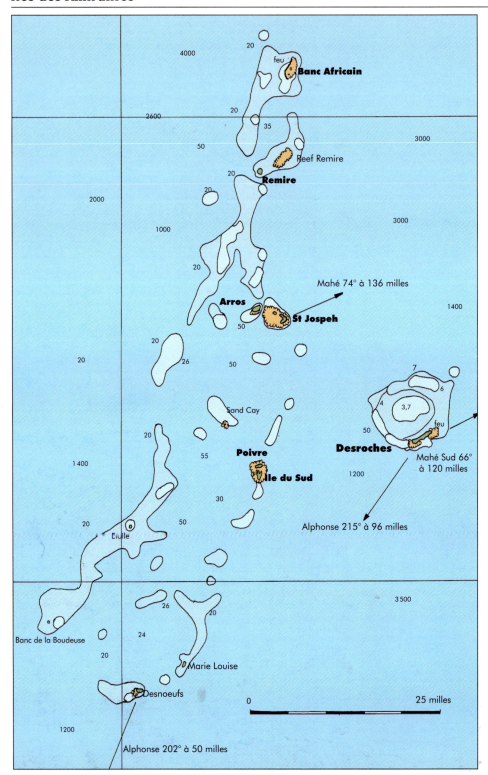

20
4000
feu
Banc Africain

20
2600
35
3000

50
Reef Remire
20
Remire

20

2000

1000
3000

20

Mahé 74° à 136 milles
1400

Arros
St Jospeh
50

20
20
26
50

Sand Cay
7
6
4
3,7
feu
50
350
Desroches
20
55
Poivre
Mahé Sud 66°
à 120 milles
1 400
1200
Ile du Sud
30

20
50
Alphonse 215° à 96 milles
L'ille

3 500

26
20

Banc de la Boudeuse
24
20

Marie Louise

Desnoeufs

0   25 milles

1200

Alphonse 202° à 50 milles

LA SITUATION GÉOGRAPHIQUE

L'archipel principal des Seychelles autour de l'île de Mahé où se situe la capitale Victoria, s'étend dans l'océan Indien au voisinage du 5ᵉ parallèle sud et du 55ᵉ méridien Est, soit à environ mille kilomètres dans l'Est de la côte d'Afrique et plus précisément de Monbassa.

A ce groupe de quatre grandes îles et d'une vingtaine d'îles secondaires s'ajoutent au S. W à environ 120 milles le groupe des îles des **Amirantes** qui s'étend du nord au sud sur une distance de 85 milles et comprend onze petites îles auxquelles sont rattachées à 50 milles plus au sud les trois îles du groupe **Alphonse**.

Après une nouvelle navigation de 155 milles en direction du S.S.W, on rejoint le groupe Farquhar qui s'étend sur 60 milles entre les atolls de Providence au nord et de Farquhar au sud. Enfin après une dernière navigation de 210 milles en direction cette fois de l'ouest, on rejoint les atolls de **Cosmoledo**, d'**Astove**, d'**Assomption** et d'**Aldabra**, la terre la plus vaste mais également la plus éloignée de Mahé, la distance en route directe étant de 614 milles.

Ces îles et îlots des Seychelles, éparpillés dans l'Océan Indien s'étendent donc du N. E au S. W sur une distance de 714 milles de l'île Denis au N. E jusqu'à l'atoll d'Assomption au S. W, entre 3°58'et 10° de latitude sud et 46° et 56° de longitude Est.

On imagine aisément que de telles distances ne se couvrent pas à bord d'un bateau de plaisance en quelques jours. Aussi les îles Seychelles se divisent-elles tout naturellement en trois grandes zones :

1 - La zone des îles proches. Autour de l'île principale de Mahé qui est le point de départ de toutes les croisières et offre elle-même de nombreux et superbes mouillages, ces îles granitiques se situent toutes dans un périmètre de moins de 30 milles de rayon et l'on peut aisément les découvrir en une bonne semaine de navigation. Bird et Denis sont un peu plus éloignées à 50 milles.

2 - Le groupe des Amirantes est composé d'îles nettement plus sauvages mais déjà ouvertes au tourisme du fait de liaisons aériennes régulières. On peut rejoindre ces onze îles en une journée de navigation depuis Mahé. 10 jours est un minimum pour découvrir une bonne partie de ces îles coralliennes.

3 - Le groupe de Farquhar et d'Aldabra. Ces îles éloignées ne sont accessibles que pour les navigateurs qui vivent à bord de leur bateau et n'ont pas de problèmes de temps ou ceux qui en collaboration avec des agences de location de voiliers montent une véritable expédition. de 6 à 8 semaines de croisière.

L'archipel des Seychelles comprend une majorité de petites îles qui émergent très isolées au milieu de vastes bancs de corail couverts souvent de moins de 10 m d'eau.

The Seychelles archipelago comprises a majority of small islands isolated among large coral reefs covered by water less than 10 m. deep.

GEOGRAPHIC LOCATION

The main archipelago of the Seychelles, around the island of Mahé where the capital Victoria is located, cuts a swathe across the Indian Ocean at a latitude 5° south 55° east, about 600 miles from the east coast of Africa and Mombassa.

Besides this main group of four islands and a dozen or so smaller islands there is another group about 120 miles to the SW, the Amirantes, running north-south over a distance of 85 miles consisting of 11 small islands and linked to them a third group 50 miles farther south - the three Alphonse islands.

After sailing 155 miles SSW, one reaches the Farquhar group spread out over 60 miles between the atolls of Providence to the north and Farquhar to the south. Lastly, after sailing westward for 210 miles one reaches the atolls of Cosmoledo, Astove, Assomption and Aldabra, the largest land area but also the farthest from Mahé, a distance of 614 miles as the crow flies.

These islands and islets of the Seychelles, scattered across the Indian ocean therefore run from NE to SW over 714 miles from St Denis island to the NE to the atoll of Assomption to the SW, between latitudes of 3° 58' and 10° south and 46° and 56° longitude east.

Clearly such distances cannot be covered by pleasure craft in just a few days. The Seychelles fall quite naturally into three main zones :

1 - **The inner islands zone** : Around the main Island of Mahé, the starting point for all cruises, Mahé island itself presents many magnificent moorings . These granite islands are within a radius of 30 miles and can easily be discovered in a full week's sailing. Bird and Denis are 50 miles farther

2 - **The Amirantes Group** : consists of much wilder islands but already opened up to tourism thanks to daily air links. These islands are within a day's cruise from Mahé. It will take at least a week, however, to take in a majority of these coral islands.

3 - **The Farquhar and Aldabra Group**. These remote islands are only accessible to sailors ready to live on board and who are not short of time, or those who are prepared to mount an expedition of 2 to 5 weeks with the help of a boat-hire agency.

THE CLIMATE

Luckily, the Seychelles are well away from the path of the cyclones regularly affecting Reunion island, Mauritius and Madagascar. The archipelago, which rarely experiences really strong winds, is under the influence of a highly distinctive system consisting of two monsoons separated by a month of variable weather : the inter-season where the weather is very changing

From May to October, almost constant winds blow south-easterly with clear skies. The winds drop in November and give way to north-westerlies bringing heavy rain clouds. Heaviest rainfall is in January and can reach 970 mm. The south-easterly wind pattern returns in April.

In between these two periods of south-easterly and north-westerly winds there are two short periods of flat calm or light winds.

April and May are the sunniest months with a daily average of 7h 50' to 8h 20' of sun; however, the cloudiest months still manage a daily average of 5h 20' to 5h 40' of sun.

These slight climate changes barely affect the temperature, which remains at a steady 28° and 30°, or the level of humidity, which is close to 80 % all year round.

These climate statistics are based on records kept over a very long period. On a day-to-day basis the weather seems much more unstable all year round and can be subject to very rapid change. You may wake up at 6h 30' to grey skies with low cloud and yet by 10 o'clock have a scorching sun in cloudless skies.

January is always rainy. But a day of pouring rain when the heavens open and Mahé disappears under sheets of rain, submerging roads, transforming streams into muddy torrents can easily be followed by day of beautiful sunshine.

Conversely, in April, a sky that should be a glorious blue can take on various shades of grey during the day. In the Seychelles, weather is constantly changing. Neither rain nor sun ever becomes set for long periods.

LE CLIMAT

Les Seychelles ont l'avantage de se situer à l'extérieur de la ligne de passage des cyclones qui touchent la Réunion, l'île Maurice et Madagascar. L'archipel qui ne connaît que rarement des vents réellement forts, est placé sous le régime de la mousson et des alizés bien établis de N.W et S.E. Dans les intersaisons le temps est très variable.

De mi juin à octobre, les vents soufflent presque constamment du S.E dans un ciel clair. Ils s'affaiblissent en novembre pour laisser place aux vents de N.W. qui apportent un ciel chargé parfois de gros nuages de pluie. Les plus fortes précipitations se situent en janvier. Elles atteignent jusqu'à 370 mm. Le régime des vents de S.E revient en mai

Entre ces périodes de vent de N.W. et de S.E, règnent deux courtes périodes de calme plat ou de vents faibles.

On notera qu'avril et mai sont les deux mois les plus ensoleillés de l'année avec 7h 50' et 8h 20' de soleil par jour mais les deux mois les moins ensoleillés affichent encore 5h 20' et 5h 40

Ces légères variations climatiques n'influent guère sur la température qui reste à peu près constante entre 28° et 30°. ainsi que sur le taux d'humidité voisin de 80 %.

Ces données climatiques sont les résultats de longues périodes d'observation, des moyennes statistiques. Au quotidien, la météo parait plus instable tout au long de l'année et les variations de temps sont souvent très rapides. On peut se lever vers 6 h 30 sous un ciel gris, bas et se retrouver à 10 h sous un soleil brûlant dans un ciel sans nuage.

Il est certain que janvier est un mois pluvieux. Mais à une journée de fortes précipitations où toute l'eau du ciel semble vouloir se déverser sur l'île de Mahé, noyant les routes, transformant les petits ruisseaux en torrents boueux, peut succéder une belle journée ensoleillée. Inversement en avril, il n'est pas exceptionnel que le ciel théoriquement du plus beau bleu, prenne quelques teintes grisâtres dans la journée. Aux Seychelles, le temps change continuellement. Ni la pluie, ni le soleil ne sont établis pour de longues périodes.

Décalage horaire :
Les Seychelles sont dans le fuseau + 4 heures GMT ou UTC.
Quand il est 12 heures aux Seychelles, il est 10 heures en Afrique du sud. 9 heures en France. 8 heures en Angleterre, 3 heures au Canada ou aux Etats-Unis côte Est.

Time difference
The Seychelles are in the UTC or GMT +4 time zone. At noon in the Seychelles, time is 10 A.M. in South Africa, 9 A.M. in France, 8 A.M. in England and 3 A.M. in Canada and East Coast of the US.

During the monsoon, large rain-clouds cling to the heights of Mahé which reach 1 000 m.

A l'époque de la mousson, de gros nuages chargés de pluie s'accrochent sur les hauteurs de l'île de Mahé qui avoisinent les 1.000 m.

Des nuages bien blancs et pommelés dans un ciel bleu sont synonymes de beau temps.

A deep blue sky dappled with snow-white clouds means good weather conditions.

THE WINDS

There are two opposing wind patterns, blowing north-westerly or south-easterly between 10 and 20 knots. They virtually share the year between them, with one inter-season period when the winds are variable in strength and direction.

Mid April - Mid Mai :   The winds which blow north-westerly during the rainy season veer gradually to N.E and S.E. At the end of the month, winds may blow northerly. Lent time is the direst. Sun shines, winds are weak.

May : The winds stabilise between east and SE it is the start of the dry season. Calm is not infrequent

June : South-easterly winds predominate slightly. But remain weak. Temperature high, rain scarce

July : South-easterly winds are dominant but can back easterly. They blow at a steady 20 to 25 knots. Winds come with heavy showers

August :   South-easterly winds predominate.

September : Easterly winds build up without overcoming south-easterly winds.

October :   South-easterly winds are still generally dominant.

November :   The weather changes quickly, easterly and south-easterly winds drop rapidly and back to the north-west as the month goes by. Some times from the beginning of the month. Within 5 or 6 days Northerlies and Northwesterlies can stabilize not blowing very strong

December :   North-westerly winds are now predominant. Temperatures and humidity both rise. Winds can get weaker markedly for a short time. It can blow up to 25 Knots. The sea is choppy

January :   North-westerly winds are dominant with short spells of wind from the north or north-east.

February :   No noticeable change. North-westerlies between 10 and 15 knots with periods of calm.

March :   No noticeable change. Until the end of the month, winds blow steadily from the north-west but begin to weaken.

April : With the end of the yearly cycle the south-easterly and easterly winds return.

The south-easterlies are the **trade winds**, generally between 15 and 20 knots but sometimes exceeding 25 knots and occasionally dropping to 10 knots. These winds are associated with moderately cloudy conditions which thicken as one approaches the inter-tropical convergence zone.

Westerly monsoon winds bring heavily clouded skies, with large cumulus clouds that may become stormy. These clouds tend to stay over the islands but generally disperse at night. Squalls are frequent during the rainy season of north westerly winds. The winds freshen slightly during the rather tepid rain showers.

In August, the risk of encountering winds in excess of force 7 are slight, having been recorded in only 1 % of observations. In other months the risk is virtually non-existent.

It is noticeable that northwesterly winds strengthen at daybreak whereas southeasterly winds tend to blow over a wider area. From one year to another, slight wind variations take place in October and November and in March and April. The monsoon can be early or late.

CURRENTS

The entire Seychelles area is subject to currents that develop with the monsoon. **The north-westerly** monsoon gives rise to a current to the east from **December** to **April**. Its average speed is 1.5 knots, though speeds of 4 knots have been recorded locally. In April the current **reverses**. From **June** to **September**, currents flow **westwards** at a regular rate of 1.2 knots but passages through flats can increase the speed to approximately 4 knots. The return to currents flowing east takes place in December. Currents are eastward during 35 % of the year and can veer to the north-east during 12 % of the year, or south-east for the same length of time, without any loss of speed in either case. Similarly, westward currents can turn to the north-west or west. Currents in other directions are rare or very weak. No presence of any such currents has been found in 20 % of observations made.

LE RÉGIME DES VENTS

On observe deux régimes opposés de vents qui soufflent entre 10 et 20 nœuds du N.W ou du S.E. et se partagent presque équitablement l'année avec entre les deux régimes une intersaison où les vents sont variables en force et en direction.

Mi Avril- mi Mai : Les vents qui ont soufflé du N.W pendant la période humide, passent progressivement à l'Est ou balancent entre le N.E et le S.E. L'intersaison s'installe.En fin de mois, les vents peuvent souffler du sud. La période du Carême, la plus sèche de l'année, débute. Le soleil brille et les vents sont faibles.

Mai : Les vents s'établissent entre l'Est et le S.E. On aborde la saison sèche. Les calmes plats ne sont pas rares.

Juin : Les vents de S.E prennent une légère prédominance, mais restent faibles. La température est élevée. Les pluies sont rares.

Juillet : Les vents de S.E sont nettement dominants mais remontent parfois à l'Est. Ils soufflent entre 20 et 25 nœuds et s'accompagnent de grains.

Août : Forte prédominance des vents de S.E

Septembre : Les vents d'Est reprennent un peu sans l'emporter sur les vents de S.E

Octobre : Les vents de S.E restent toujours nettement dominants.

Novembre : Changement rapide de temps. Les vents de S.E et Est faiblissent très nettement et commencent à tourner au N.W dans le cours du mois, parfois même dès le début du mois. En 4 ou 5 jours les vents de Nord et N.W. peuvent s'établir mais sans souffler très forts.

Décembre : Les vents de N.W sont maintenant prédominants. La température augmente avec l'humidité. Les vents peuvent faiblir très nettement par courte période mais ils peuvent souffler jusqu'à 25 nœuds. La mer est alors agitée.

Janvier : Les vents de N.W sont nettement dominants avec toutefois de courts passages au Nord ou NE.

Février : Pas de changement notable. Les vents de N.W soufflent entre 10 et 15 nœuds avec des periodes de calme.

Mars : Pas de changement notable. Jusqu'en fin de mois les vents soufflent franchement du N.W. Mais ils faiblissent nettement et les jours de calme plat ne sont pas rares.

Avril : Fin du cycle d'une année et retour des vents de S.E à l'Est.

Les vents de **Sud Est** dénommés **Alizés ou Trade Wind** par les Anglais, soufflent entre 15 et 20 nœuds et peuvent parfois dépasser les 25 nœuds mais ils peuvent également faiblir à 10 nœuds. Ces vents s'accompagnent normalement de cumulus modérés mais qui augmentent de volume à l'approche de la zone de convergence intertropicale.

Les vents de la mousson d'ouest s'associent à un ciel très nuageux, formé de gros cumulus qui prennent parfois une forme orageuse. Ces nuages se fixent au-dessus des îles et se dispersent généralement pendant la nuit.

Les grains sont assez importants pendant la saison des vents de N.W. Le vent monte sans grande violence sous ces grains noirs qui amènent une pluie un peu tiède.

On ne note un risque de rencontrer des vents **supérieurs à force 7** ou plus que dans 1 % des observations pendant le mois d'Août. Durant les autres mois, ce risque est presque inexistant.

LES COURANTS

Toute la zone des Seychelles est soumise à des courants qui naissent avec les moussons. La **mousson de N.W** crée un courant portant vers l'Est de **Décembre à Avril**. Sa vitesse

---

LES COUPS DE VENTS FORTS

Les coups de vent les plus forts 7 à 8 viennent du nord, généralement en décembre ou du sud et S.E. en juillet. Mais ils sont de courte durée.
L'Equateur n'étant pas très éloigné des Seychelles, les orages peuvent être parfois très violents avec de puissants éclairs. Il convient de débrancher tous les appareils électroniques et de mettre une chaîne autour du pied de mât et de la plonger partiellement dans la mer pour former un paratonnerre.

FRESH GALES

Strongest gales 7 to 8 come from north, generally in December, or from south and southeast in July. They don't go on for long. As equator is not very far, thunderstorms can be very powerful with mighty lightning. It is recommended to unplug all electronic appliances, secure a chain around the mast foot and drop it partially into the sea as a lightning rod.

On notera qu'en fin de journée, les vents de N.W ont tendance à se renforcer dans cette direction alors que les vents de S.E.auraient plutôt tendance à souffler dans un secteur plus large. On note également en octobre et novembre, de même qu'en mars et avril de petites variations de vents suivant les années. La mousson peut être en retard ou en avance.

La déclinaison magnétique est actuellement de

5° 02' ouest.

est en moyenne de 1 à 1,5 nœud mais on a pu noter localement des vitesses de près de 4 nœuds.

En avril, il se produit un phénomène de **renverse.** De **Juin à Septembre**, les courants entraînent constamment vers l'ouest à une vitesse de 1,2 nœud mais là encore le passage entre des bancs peut accélérer la vitesse jusqu'à près de 3 à 4 nœuds. Le retour du courant portant vers l'Est a lieu en décembre.

Les courants venant de l'Est se manifestent pendant 35 % du temps et peuvent infléchir leurs directions vers le N.E pendant 12 % du temps, ou le S.E pendant également 12 % du temps, sans rien perdre de leur vitesse.

Il en est de même pour les courants d'ouest qui varient entre le N.W et l'ouest.

Les courants des autres directions sont peu fréquents ou très faibles. Dans 20 % des observations, on ne remarque la présence d'aucun d'entre eux.

NAUTICAL CHARTS

Most nautical charts of the Seychelles are of British origin. There are four maps which give the depths in metres.

N° 721. This map, to the 1/750 000 scale covers the zone of Mahé and neighbouring islands up to Bird and Denis to the north. It also covers the Amirantes to the west, Astove to the SW and Coëtivy to the SE.

N° 722. Access to Victoria and harbour scale : 1/25 000.

N° 724. This map give details of some of the islands of the Seychelles with different scales : Desroches island. 1/300 000. Ile Bird. 1/35 000. Coëtivy 1/200 000. Providence 1/300 000. African islands 1/75 000. Ile Denis 1/50 000. Curieuse and North coast of Praslin 1/25 000. Passage between Praslin and la Digue with Ste Anne bay 1/25 000. Grande Anse in Pralin 1/25 000

N° 740. Scale 1/300 000. It comprises Mahé and neighbouring islands and stretches to the north up to Bird and Denis islands, to the west to Owen bank and to the East to Topaze bank.

N° 742. This map comprises Mahé and neighbouring islands up to Aride island to the north, Silhouette island to the West and Frégate island to the East. Scale : 1/125 000

LES CARTES MARINES

Les cartes marines utilisables aux Seychelles sont toutes d'origine anglaise. Au nombre de cinq elles donnent les profondeurs en mètres.

N° 721. Cette carte au 1/750 000 couvre toute la zone de Mahé et des îles voisines jusqu'à Bird et Denis au nord. Elle couvre également les Amirantes à l'ouest. Astove au S.W et Coëtivy au S.E.

N° 722. Approches et port de Victoria au 1/25 000.

N° 724. Cette carte donne des détails à différentes échelles de quelques-unes des îles des Seychelles : Île Desroches. 1/300 000. Ile Bird. 1/35 000. Coëtivy 1/200 000. Providence 1/300 000. African islands 1/75 000. Ile Denis 1/50 000. Curieuse et côte nord de Praslin 1/25 000. Passage entre Praslin et la Digue avec Baie Ste Anne 1/25 000. Grande Anse à Pralin 1/25 000

N° 740. Échelle 1/300 000. Elle englobe Mahé et les îles voisines et s'étend au nord jusqu'aux îles Bird et Denis. A l'ouest jusqu'à Owen bank et à l'Est jusqu'au banc Topaze.

N° 742. Cette carte englobe Mahé et les îles voisines jusqu'à Aride au nord, Silhouette à l'ouest et Frégate à l'Est. 1/125 000.

POSITION AU GPS

Les coordonnées des points GPS citées dans cet ouvrage ont été relevées sur les cartes au 1/5.000 ou 1/10.000 éme afin d'obtenir une précision convenable La plupart des GPS donnant les chiffres correspondant aux secondes, en millième de minutes, nous avons retenu ce type de mesure . Le chiffre 50 après la minute correspond donc à 50/100e de minute soit 30 secondes.

Rappelons qu'un mille est égale à 1852 m et qu'une seconde est égale à 30 m. Dans les GPS le troisième chiffre correspond à 1,85 m. et le second à 18,52 m. Une précision amplement suffisante pour bien se situer.

Les cartes à petite échelle ayant été établies à partir de photos aériennes prises entre les années 70 et 80, il est possible que leurs positions présentent un très léger décalage par rapport aux indications données par les satellites. Il convient donc que les navigateurs considèrent avec un peu de circonspection les positions des points GPS. Ces coordonnées n'en fournissent pas moins de précieuses indications sur la position des mouillages en bordure des barrières de corail qui sous ces latitudes, dans des eaux tièdes, prolifèrent et modifient constamment les lignes de sonde.

GPS POSITIONING

The co-ordinates of Global Positioning Systems fixes given in this volume have been recorded on 1/5 000 or 1/10 000 scale maps so as to get the best possible accuracy. Most GPS give figures to one second, or one hundredth of a minute, we have chose this scale of measurement. The 50 figure after the decimal point is equal to 50/100 of a minute that is 30 seconds. Accuracy good enough to locate yourself

One mile is equal to 1852 metres and one second equals 30 metres. On GPS the third figure equals 1.85 metres and the second 18.52 metres

Small scale maps have been set up from air photographs taken between 1970 and 1980, some may show a slight difference with the co-ordinates given by the satellites. Sailors in the Seychelles must be cautious concerning the real positioning of GPS co-ordinates. However, these co-ordinates give precious indications on the position of moorage along the coral reef, as the coral which proliferates constantly modify the sounding depths.

TELEPHONE

Les Seychelles telephone network is outstanding, including digital and mobile (GSM system).

Agreements exist between Les Seychelles and 39 countries, allowing the use of any mobile set provided a a special procedure is implemented by your home operator before your departure.

Prepaid cards sold by Cable Wireless can also be used.

It is possible to join ships close to Les Seychelles through Bon Espoir Station: T 375733

Immarsat link from Les Seychelles: T. 0 + 873 (Indian ocean) + yacht's number Information: 151

Direct calls to the USA and UK available through USADIRECT and UKDIRECT. Information available in the directory any time. Dial **181** Cable Wireless or **185** Air Tel (mobile network)

COMMUNICATIONS TÉLÉPHONIQUES

Les Seychelles sont dotés d'un excellent réseau téléphonique y compris en numérique et mobile ce qui évite l'utilisation des cabines publiques. Le réseau mobile fonctionne en GSM. Des accords ont été conclus avec 39 pays pour permettre aux touristes étrangers d'utiliser leur téléphone mobile. **Cable and Wireless** vend 200 roupies une puce permettant d'établir un montant équivalent de communication. Mais cette puce ne fonctionne que sur un téléphone portable GSM déverrouillé. Cette operation doit être impérativement effectuée en Europe avant le départ pour les Seychelles.

On peut également utiliser des cartes **Prepaid** vendues dans le réseau Cable and Wireless 100 roupies.

Liaisons avec les navires proches des Seychelles par l'intermédiaire de la **station Bon Espoir.** T. 37 57 33

Liaisons par Inmarsat depuis les Seychelles. T. 0 + 873 (ocean indien) + numéro du navire. Renseignements au **151**.

Il est possible de faire des appels direct vers les USA et le Royaume Uni par USADIRECT et UKDIRECT.

On peut obtenir un renseignement dans l'annuaire téléphonique à n'importe quelle heure en composant le **181** pour Cable Wireless. (réseau fixe) et le **185** Air Tel pour le réseau mobile.

Le cours du change de la roupie est d'environ : 5,20 roupies pour un euro ou un dollar US.

The rupie rate is : 5,20 rupies for one euro or one US dollar

TIDES

Tides are semi-diurnal and asymmetrical with a gap of about 6 hours between high tide and low tide. The tidal range is as low as 1.80 m at spring tides and 1.40 m at neap tides. Tides give rise to currents which can be quite strong in the straits between islands or in the channels leading to lagoons, which may empty completely at low tide. There can be quite considerable differences in height between the two daily high tides.

Le marnage ne dépasse guère 1,80 m mais il est suffisant pour découvrir au voisinage de Victoria de vastes étendues de vase sur le plateau côtier.

The tidal range does not exceed 1,80 m but it is large enough to expose extensive muddy bottoms at low tide on the coastal shelf near Victoria.

SEA CONDITIONS

Throughout the equatorial zone of the Indian Ocean the swell is generally moderate. Waves are close to 1 to 2 m becoming higher only in strong winds. A slight south-easterly swell persists even when the winds are north-westerly. This swell, almost imperceptible in open seas, has the inconvenience of creating small waves which break on south-east facing beaches.

THE INTER-TROPICAL CONVERGENCE ZONE

It is in this zone that the change occurs between the south-easterly trades and the westerly monsoon. Not surprisingly this results in highly unstable weather conditions, with fairly light winds, a lot of cloud and rainfall that may at times be very heavy. This weather zone crosses the Seychelles at the latest in December and June and moves north towards the equator in April or May.

There are great meteorological differences between neighbouring areas. One island can be experiencing heavy rain while another has nearly dry weather. The weather can change many times within the space of 24 hours.

Victoria est accessible par deux grands chenaux bien balisés par de nombreuses bouées et tourelles. Mais partout ailleurs, le balisage est très limité car sans réelle utilité.

Victoria is accessible by two large channels well marked up many buoys and turrets. But everywhere else, buoyage is scarce and quite useless.

CYCLONES

Cyclones develop in the south of the Seychelles but rapidly move away to the south-west without affecting the main islands. Only the remote islands in the south, such as Farquhar, Aldabra or Assomption are occasionally affected by the edge of a cyclone.

BUOYAGE

An IA system, as in Europe. Red cylindrical buoys and even numbers to port ; green cones with odd numbers to starboard.

The channels leading to Victoria harbour, the capital of the Seychelles, are perfectly well marked out by numerous buoys. However, everywhere else in the Seychelles, buoyage is poor and limited to some scattered buoys.

LIGHTS

As for the buoyage, the fairway to Victoria harbour, is marked out by many lights which make sailing safe. Ste Anne and Grande Anse bays on Praslin island are accessible by night. But in all other districts, the moorings are in the dark and night sailing is dangerous. The few lights scattered in the Amirantes and the remote islands, can only be used to steer clear of the dangers they signal.

METEO

Bulletin météo par radio sur 1368 khz à 8 h locale.

Station météo T. 38 00 66 et 37 33 77.

LES MARÉES

Elles sont du type semi diurne à inégalité avec un écart d'environ 6 heures entre les pleines et basses mers. Le marnage est assez faible, 1,80 m en vives eaux et 1,40 m en mortes eaux. Ces marées donnent naissance à des courants qui peuvent être toutefois assez forts dans les passages rétrécis entre deux îles où dans les goulets d'accès aux lagons qui parfois se vident entièrement sous l'effet de la marée. On note des irrégularités assez importantes entre les hauteurs des deux pleines mers quotidiennes.

L'ÉTAT DE LA MER

La houle est généralement modérée dans la zone équatoriale de l'Océan Indien. Les creux avoisinent 1 à 2 m et ne dépassent ces hauteurs que par vent fort. On note la persistance d'une petite houle de S.E. même pendant la période des vents de N.W. Cette vieille houle insensible au large a toutefois le risque de faire déferler des petits rouleaux sur les plages exposées au S.E.

LA ZONE DE CONVERGENCE INTERTROPICALE

Dans cette zone s'opère le changement entre les alizés de S.E (Trade Wind) et la mousson d'ouest. Elle se caractérise donc par une grande instabilité de la météo, des vents assez faibles, beaucoup de nuages et des pluies parfois très fortes. Cette zone passe sur les Seychelles au plus tard en décembre et en juin et remonte au nord vers l'Équateur en avril ou mai.

On note de très grandes différences dans les conditions météo entre des points très rapprochés de la même zone. Une île peut être soumise à des pluies intenses et une autre peut bénéficier d'un temps presque sec. La succession d'une grande variété de conditions météo est très rapide en 24 heures.

LES CYCLONES

Ils peuvent prendre naissance dans le sud des Seychelles mais s'éloignent rapidement vers le S.W sans affecter les îles principales. Seules les îles éloignées du sud des Seychelles comme Farquhar, Aldabra ou Assomption peuvent être parfois touchées par la bordure d'un cyclone.

LE BALISAGE

Il est du système IA, c'est-à-dire identique à celui en usage en Europe. Bouées rouges à cylindre et chiffres pairs sur bâbord : Couleur verte, cône et chiffres impairs à tribord.
Les chenaux d'accès au port de Victoria, la capitale des Seychelles, sont parfaitement bien balisés par de nombreuses bouées. Mais en dehors de cette zone, le balisage dans les îles des Seychelles est limité à quelques rares bouées.

LES FEUX

Comme pour le balisage, l'entrée du port de Victoria présente de nombreux feux qui lèvent toute incertitude sur la route à suivre. Les baies de Ste Anne et de Grande Anse dans l'île de Praslin sont également accessibles de nuit. Mais partout ailleurs, les mouillages sont plongés dans l'obscurité et une navigation de nuit serait dangereuse. Les rares feux dans les Amirantes et les îles éloignées servent uniquement aux navires pour passer au large de ces dangers.

MISE EN GARDE SUR LES PLANS DE MOUILLAGE

Les îles Seychelles sont restées pendant longtemps très peu fréquentées tant par les navigateurs professionnels que par les plaisanciers. Les relevés hydrographiques sont donc pour les îles un peu éloignées, bien souvent inconnus. En revanche grâce à la photo aérienne il a été possible de lever des cartes au 1/10.000 d'une bonne précision. Ces documents qui montrent la lisière des plateaux de corail ceinturant la plupart des îles coralliennes, ont été largement utilisés pour dessiner les plans des mouillages de ce Pilote Côtier sur les Seychelles. Mais les sondes font très souvent défaut. Nous les avons relevés sur les principaux mouillages mais il convient d'avancer toujours très prudemment sur les zones de mouillage et de ne pas se fier aveuglément pour les îles lointaines aux chiffres indiqués car certains peuvent dater de quelques années et les fonds de coraux sont toujours en constante évolution. Le chef de bord doit toujours conserver un œil sur le sondeur.
Nous remercions à l'avance tous les navigateurs qui par leurs relevés au sondeur permettront d'améliorer les informations de la prochaine édition.

INHABITANTS OF THE SEYCHELLES

The archipelago has 75,000 inhabitants, an astonishing mixture of Europeans, Chinese, Arabs, Indians and of course Africans. Since 1977 when the whites largely dominated politics and business, a harmonious collaboration has emerged between the different races considerably helped by a high level of crossbreeding in these islands where marriage is not a very restrictive institution.

The great majority of Seychellois are Roman Catholics and Sunday mass is the occasion for everyone to wear their 'Sunday best'. It is the perfect opportunity to admire the young women in their large hats and little girls with their lace dresses and skilfully braided hair.

French, English and Creole are the three official languages. Creole is spoken by a majority of the Seychellois, as throughout the French West Indies, but their special pronunciation and local idioms make it difficult to understand even for a visitor with excellent French.

HISTORY

There is no doubt that the Arab navigators who sailed across the Indian Ocean and along the east coast of Africa to the trading post of **Zanzibar**, knew the Seychelles, since they left traces in a number of documents and ancient Arab graves have been found on Silhouette island. However, the **Portuguese** were the first navigators officially to record the existence and location of the archipelago. The Portuguese sailed by the islands, however, without landing.

It was not until **1609** that a British ship anchored for the first time off **Ste Anne** island and the sailors who landed to collect fruit and fresh water marvelled at the beauty of the shores.

It was not until **1742** that **Mahé de la Bourdonnais**, French governor of the **Ile de France**, today known as **Mauritius**, sent a ship captained by Lazare Picault to determine the approximate position of these inhabited lands. Two more years passed before he came back to take official possession of the Seychelles in the name of Louis XV of France, by erecting a carved stone on St Anne island and burying in the sand a parchment sealed in a bottle. The Seychelles were named in honour of **Moreau de Sechelles**, the king's finance minister.

The first seven French settlers arrived with 123 slaves in **Ste Anne** island in **1770**, but they soon left it to occupy the main island of Mahé. After many years of hardship, the settlers succeeded in growing spices, sugar cane, coffee and sweet potato.

This prosperity aroused the interest of the British who proceeded to attack the fortifications of governor **Queau de Quincy**. Having only a handful of ill trained soldiers, the governor chose to lower his flag and agree to a British occupation, which in all events lasted only a few days. Once the British fleet had disappeared over the horizon, the governor raised the French flag again. Every time a British galleon called in, the governor submitted to the enemy, while maintaining French customs.

La Pierre de Possession fût dressée en 1744 sur l'île de Mahé par le capitaine Lazare Picault pour témoigner que les Seychelles appartenaient désormais au royaume de France.

The Pierre de Possession was erected in 1744 on Mahé island by captain Lazare Picault to testify that the Seychelles had become a french possession.

Pas de grande pauvreté dans les îles Seychelles, où chacun à sa maison plus ou moins spacieuse et confortable.

As everybody has a more or less spacious and confortable dwelling, there is no extreme poverty in Les Seychelles

It was only in 1814, after Napoleon had been defeated, that the Seychelles were brought under the jurisdiction of Mauritius by the Treaty of Versailles and became a dependency within the British Empire. His collaborationist policy earned Queau de Quincy the right to remain governor until 1827, and thus enabled the French settlers to go on expanding their trade and to preserve their native language and cultural identity. Life went along peacefully for many years in these Indian ocean islands under British protection. The British authorities used the island of Mahé only as safe place for some famous prisoners. The Seychellois appeared to be living apart from the outside world, quite indifferent to politics. But in 1964, a young lawyer, **France Albert René** founded the Seychellois Peoples United Party and 12 years later, on **June 29th 1976**, he obtained independence for the archipelago. The Seychelles became a republic within the Commonwealth.

The new government declared itself to be socialist, but President James Mancham was not averse to the settlement of millionaires, mostly Arabs, who bought vast estates, and occasionally whole islands. This encouraged the prime minister, F.A. René, to take power in 1977 to put an end to the seizure of the Seychelles by big foreign landlords. The military coup having met no opposition from the army, a group of mercenaries supported by South Africa, started an action of destabilisation in 1981. Although the attempted coup was nipped in the bud, it evidently had unfortunate repercussions for tourism.

Since 1991, the old political peace having been securely reinstated, President Albert René has been endeavouring to promote a more open tourist policy than during the time of the millionaires, while maintaining quality. The islands are small and it is out of the question to let them be overrun by mass tourism or to give way to the installation of huge tourist centres.

Naturally, yachting has a very big role in the tourist development of this archipelago as the sailing conditions are particularly favourable.

LES SEYCHELLOIS

L'archipel est peuplé par environ **75 000** habitants qui constituent un étonnant mélange d'Européens, de Chinois, d'Arabes, d'Indiens et naturellement d'Africains. Depuis 1977 où les blancs dominaient largement la politique et le commerce, une bonne harmonie s'est établie entre toutes ces races d'autant plus aisément que le métissage est important dans ces îles.

La grande majorité des Seychellois est catholique et la messe du dimanche est toujours l'occasion de sortir ses plus beaux habits. C'est le moment idéal pour admirer les grands chapeaux des jeunes femmes et les robes en dentelle des petites filles dont les cheveux sont habilement tressés.

Le **créole**, l'**anglais** et le **français** sont les trois langues officielles, le créole étant parlé par une grande majorité des Seychellois comme dans les Antilles françaises. Les mots sont d'origine française mais une prononciation particulière et des transformations les rendent parfois difficilement compréhensibles même par une oreille attentive.

L'HISTOIRE

Il est certain que les navigateurs arabes qui fréquentaient l'océan Indien et plus particulièrement la côte d'Afrique avec les comptoirs de **Zanzibar,** avaient connaissance de l'existence des Seychelles puisqu'on en retrouve trace dans quelques écrits et que des tombes arabes fort anciennes ont été découvertes sur l'île Silhouette. Mais ce sont les **Portugais** les premiers qui signalèrent officiellement la position de cet archipel. Les navigateurs portugais se contentèrent toutefois de passer au large sans y débarquer.

Ce n'est qu'en **1609** qu'un navire anglais vint mouiller pour la première fois devant l'île **Ste Anne** et les marins qui débarquèrent pour y chercher de l'eau douce et des fruits, furent émerveillés par toutes les beautés de ces rivages.

Il fallut attendre **1742** pour que le gouverneur de l'île de France, aujourd'hui l'île Maurice, **Mahé de la Bourdonnais** envoie un navire commandé par le capitaine

Notwithstanding British sovereignty, governor Queneau de Quincy was very clever at preserving French tongue and culture through collaboration.

Le gouverneur Queneau de Quincy sut habilement maintenir la langue et la culture française sous l'occupation britannique en pratiquant une politique de collaboration.

Le parlement dans l'île de Mahé

The State House in Mahé island

Lazare Picault pour reconnaître les positions à peu près exactes de ces îles inhabitées. Et ce n'est encore que 2 ans plus tard, qu'il revint prendre officiellement possession des Seychelles au nom du roi de France Louis XV en dressant une pierre sculptée dans l'île Ste Anne et en enfouissant dans le sable un parchemin enfermé dans une bouteille. Le nom de Seychelles fut adopté pour désigner tout l'archipel en l'honneur de **Moreau de Sechelles,** ministre des finances du roi de France.

Les sept premiers colons français accompagnés de 123 esclaves s'installèrent dans l'île Ste Anne en **1770** mais ils la quittèrent assez rapidement pour occuper l'île principale de Mahé. Après plusieurs années d'infortunes, les colons réussirent à démarrer la culture des épices, de la canne à sucre, du café et de la patate douce.

Cette prospérité attira l'attention et l'intérêt des Anglais qui entreprirent d'attaquer les fortifications du gouverneur **Queau de Quincy.** Ne disposant que d'une poignée de soldats peu entraînés, le gouverneur préféra abaisser son pavillon et accepter l'occupation anglaise d'autant qu'elle ne dura que quelques jours. Sitôt la flotte anglaise disparue à l'horizon le gouverneur rehissa le drapeau français. À chaque passage d'un navire de guerre britannique, le gouverneur renouvela sa soumission à l'ennemi tout en maintenant entre temps les coutumes françaises.

Ce n'est qu'en 1814 après la défaite de Napoléon, que l'archipel des Seychelles à la signature du traité de Versailles fut rattaché à l'île Maurice et devint réellement une dépendance de l'Empire britannique. Cette politique de collaboration valut à Queau de Quincy de rester gouverneur jusqu'en 1827 ce qui eut l'avantage pour les colons français de pouvoir continuer à développer leurs exploitations et à maintenir leur langue et leur culture.

La vie s'écoula paisiblement pendant de nombreuses années dans ces îles de l'océan Indien sous la protection britannique, les autorités se contentant d'utiliser l'île de Mahé comme résidence surveillée pour quelques illustres prisonniers. Il semblait que les Seychellois vivaient à l'écart du monde, indifférents à toute politique. Pourtant en 1964, un jeune avocat **France Albert René** fonda le Parti Unifié du Peuple Seychellois qui 12 ans plus tard le **29 juin 1976** obtint l'indépendance de l'archipel. Les Seychelles devenaient une république au sein du Commonwealth.

Le nouveau gouvernement se déclarait socialiste, mais le président James Mancham, ne mit guère d'obstacle à l'implantation de millionnaires en particulier arabes, qui acquirent de vastes propriétés, jusqu'à des îles entières. Ce qui incita le premier ministre F. A. René à prendre le pouvoir en 1977 pour mettre un terme à cette mainmise de gros propriétaires fonciers sur les Seychelles.

Le coup d'État n'ayant rencontré aucune opposition armée, un groupe de mercenaires soutenu par l'Afrique du sud, imagina en 1981 de tenter une action de déstabilisation qui échoua mais ne fût pas naturellement bénéfique pour le développement du tourisme.

Depuis 1991, le calme politique d'autrefois étant bien rétabli, le président Albert René s'efforce de mener une politique touristique plus ouverte qu'à l'époque des milliardaires mais qui reste toutefois de qualité. Les îles sont petites et il ne s'agit pas de se laisser envahir par un tourisme de masse, d'accepter l'implantation de gigantesques complexes touristiques.

La navigation de plaisance a naturellement une place importante à prendre dans le développement touristique de ce vaste archipel où les conditions de navigation sont particulièrement favorables

LA GRANDE PECHE AUX SEYCHELLES

Les eaux des Seychelles sont très poissonneuses aussi le gouvernement accorde des autorisations de pêche à des pays étrangers, en particulier à la France l'Espagne et le Japon pour la grande pêche à plus de 150 milles de Mahé. Cette pêche océanique est pratiquée par des chalutiers de plus de 70 m envoyant par l'arrière des filets de plusieurs kilomètres que tire une vedette accompagnant le chalutier. Les centaines de tonnes de poisson ainsi capturées sont congelées et ramenées à Victoria où ils sont transbordés dans des cargos frigorifiques qui regagnent le Japon ou l'Europe. Il ne faut donc pas s'étonner de voir dans le port de Victoria des chalutiers géants inconnus en France et pourtant immatriculés à Concarneau. Ils restent en permanence dans les eaux des Seychelles, les équipages retournant en France par avion.

LA PECHE LOCALE

En dehors de la petite pêche traditionnelle pour l'alimentation des Seychellois, les bateaux de pêche locaux se sont spécialisés dans une pêche de haute qualité à destination particulièrement du Japon. Les gros poissons pris à la ligne comme à la pêche au tout gros sont immédiatement nettoyés, enveloppés dans du papier et de la glace pour être expédiés en conteneur dans les plus brefs délais vers le marché de Tokyo. Ces poissons qui n'ont pas subi de coups, sont vendus 5 à 6 fois plus cher que le poisson pris au filet.

OCEANIC FISHING IN SEYCHELLES

Les Seychelles waters are well stocked in fish. Some nations Japan, Spain, France... are granted fishing permits. Oceanic fishing is conducted 150 miles away from Mahé by big trawlers more than 70 meters long towing huge, kilometres long, fishing nets with the assistance of a tender. Hundred of tons of fish are caught and deep frozen aboard, carried back to Victoria then loaded into refrigerated freighters and shipped to Europe and Japan. No wonder you may notice in Victoria gigantic trawlers registered in Concarneau and never use in France. They are permanently based in Les Seychelles, Crew members return home by air.

LOCAL FISHING

Outside of traditional fishing for the local market, local fishing boats specialize in high quality fishing for special markets, mainly Japan. Angled big fishes are immediately cleaned, packaged in containers with ice and speeded to Tokyo where these unhurt fishes are sold 5 or 6 times the price of fish caught in fishing nets.

Un chalutier de grande pêche avec sa tour d'observation.

An oceanic trawler with his observating tower.

Le nombre limité de bateaux de plaisance aux Seychelles a permis jusqu'à maintenant de préserver les règles de courtoisie. Les autorités de Seychelles tiennent à maintenir fermement ces bons usages.

Là où des corps morts sont installés, les navigateurs doivent y amarrer leur bateau pour préserver les fonds en ne laissant pas raguer les ancres dans les coraux.

Également en plongée, il ne faut pas casser les branches de corail vivant. Les touristes dans les hôtels apprécient tout particulièrement la beauté des horizons marins au soleil couchant. il ne faut donc pas gâcher ce spectacle en venant mouiller juste devant un hôtel ou un restaurant. Les directeurs sont fermes sur ce point.

On ne doit pas naturellement déposer ses sacs d'ordures sur les plages même en les enfouissant dans le sable. Les déchets doivent être conservés à bord et déposés dans les containers près des ports ou dans les villages.

Et même si les taxes paraissent parfois un peu élevées, il faut honnêtement les acquitter car elles fournissent des fonds au ministère de l'environnement qui œuvre pour maintenir les îles dans leur état le plus naturel possible. Le grand charme des Seychelles est la pureté de l'environnement. Il ne faut pas le gâcher.

La mauvaise conduite de quelques plaisanciers sur les îles Bird et Denis a entraîné une limitation des débarquements par les propriétaires. Une situation fort regrettable.

Un hélicoptère en route sur les deux îles de Petite et Grande Soeur.

A Helicoptere flying above Petite and Grande Soeur.

LES LIAISONS ENTRE LES ILES PAR HÉLICOPTÈRE

À partir du petit héliport de Providence, **Hélicoptère Seychelles** assure les liaisons entre toutes les îles dans un rayon d'une trentaine de milles autour de Mahé, ainsi que vers Bird et Denis. En revanche les Amirantes sont trop lointaines.

Un moyen très pratique pour qu'un équipier embarque ou quitte un bateau sans gêner le déroulement de la croisière. Ces liaisons rapides représentent également une très grande sécurité en cas de blessure grave, accident de plongée ou de maladie. Le transport peut être rapidement effectué jusqu'à l'hôpital de Victoria. Enfin sur le plan touristique un survol des îles en hélicoptère est un enchantement.

From Providence heliport, Helicoptere Seychelles operates flights to all islands 30 nautical miles around including Bird and Denis, excluding The Amirantes too far away Helicopter flights are very convenient for the changing of a crew member without disturbing the cruise. They are a safety asset as they allow quick transportation to Victoria's hospital in case of serious injury, serious illness or diving accident. And, finally, from a tourist point of view, an helicopter flight over the islands is pure delight

Hélicoptère Seychelles à Providence. T. 37 39 00. fax 37 30 55. hors bureau T. 71 34 01. Agence à la Digue . T. 24 42 22 et 51 22 23.

LIAISONS MARITIMES   SEA LINKS

<u>Mahé à Praslin</u> par catamaran rapide Cat Coco. Une heure de traversée. départ quai Inter Island.
Horaire : lundi, mardi, mercredi, vendredi et samedi : départ de Mahé à 7h30 et 16h.
De Praslin à 9h et 17h30.
Vendredi départ Mahé à 7h30 - 13h - 16h30. Départ de Praslin à 9h - 14h30 -18h.
Praslin la Digue :
Départ de Praslin à 7h - 9h30 - 10h30 - 14h30 - 17h.
Départ de la Digue à 7h30 - 10h45 -.11h30 - 15h30 - 16h30 et 17h45
Renseignements T. 32 48 44 fax 32 48 45.

Mahé to Praslin by fast catamaran Cat Coco. One hour trip. départure Inter Island Pier.
Time table: Monday, Tuesday, Wednesday,Fryday and Saturday : departure from Mahé 7h30, 16h. From Praslin: 9h,17h30.
Friday départure from Mahé: 7h30, 13h, 16h30.
Départure from Praslin: 9h, 14h30, 18h. Information: T. 32 48 44 fax 32 48 45.
Praslin to la Digue : Départure from Praslin: 7h, 9h30, 10h30, 14h30, 17h.
Départure from la Digue: 7h30, 10h45, 11h30, 15h30, 16h30, 17h45.

PAR AIR - AIR LINKS

Vers les Amirantes - To les Amirantes : Air Seychelles. T. 38 13 40. et 38 13 00.

Vols intérieurs - Domestic flights. T. 38 45 05.

Vers la Réuniuon - To la Réunion : Air Seychelles T. 38 13 40. - Air Austral T. 32 32 62.

Air France T. 32 24 14. - Air Mauritius. T. 32 24 14.

LE YACHTING AUX ILES SEYCHELLES

Le tourisme de masse reste inconnu dans le petit archipel des Seychelles et le gouvernement n'entend d'ailleurs pas inverser cette tendance en recevant chaque jour plusieurs avions gros porteurs. L'archipel s'est ouvert à la navigation de plaisance il y 4 ou 5 ans mais son isolement à plus d'un mois de navigation de l'Europe constitue un sérieux handicap. Peu de plaisanciers peuvent laisser leur bateau aux Seychelles pour venir y naviguer régulièrement. La quasi totalité de la flotte de plaisance est constituée de voiliers de location : des monocoques et des catamarans entre 10 et 15 m et de quelques voiliers de charters auxquels il faut ajouter une vingtaine de vedettes à moteur pour la pêche au gros.

Les infrastructures portuaires sont en rapport. À Victoria la plaisance est concentrée au quai Inter Island où deux sociétés de location VPM et Sunsail se partagent un grand ponton flottant de 40 m avec eau et électricité, mais les installations à terre se limitent à un bureau et un atelier. pour chaque loueur. Ce n'est qu'à Praslin que Dream Yacht dispose d'une véritable marina privée avec plusieurs pontons flottants dans la baie de Ste Anne. Ces pontons ne sont accessibles qu'en annexe ce qui facilite la surveillance. Sur le rivage un nouveau bâtiment regroupe les bureaux, une boutique, un atelier ainsi qu'un bar et un petit restaurant. Des services de qualité qui viennent compléter ceux offerts par une flotte très récente de monocoque et catamarans. la localisation de cette marina de Dream Yacht dans l'île de Praslin permet de caboter dans toutes les îles voisines de Aride à Grande Sœur sans aucune traversée de plus de 10 milles.

Dans l'île de la Digue, les bateaux de plaisance sont accueillis au port de la Passe mais il n'y a aucune infrastructures pour la plaisance. Il en est de même dans les îles des Amirantes que fréquentent encore peu de bateaux. Mais on note une évolution. Prochainement un hôtel en construction va ouvrir sur l'île et disposera d'un môle pour accueillir une dizaine de voiliers. Un catamaran rapide assurera les liaisons entre Desroches où se trouve le terrain d'avion et Poivre. Les liaisons aériennes entre Mahe et Desroches dure environ une heure pour un coût de 260 roupies aller et retour. Des voiliers vont être mis en location à Poivre par Dream Yacht.

YACHTING IN SEYCHELLES

Mass tourism is still unknown in this small archipelago and the government doesn't intend to reverse the trend in accepting a flock of Jumbos every day. The archipelago was open to yachting only 5 years ago. Distance from Europe, at least one month sailing, is a serious handicap.Only a few owners base their yachts in Les Seychelles and sail regularly. Most of the pleasure cruisers are rented or chartered 10 to 15 m long catamarans or monohull boats, in addition to about 20 powerboats used for big game fishing. Harbour facilities are in proportion. In **Victoria**, by Inter Island quay, two boats rental firms VPM and Sunsail share a large 40 m long floating pontoon with water and electricity supply, both firms running an office and a workshop onshore.

In **Praslin** only, Dream Yacht owns a private marina with several floating pontoons in Sainte Anne bay. These pontoons accessible with a tender only are easy to monitor.
Onshore a new building houses offices, a shop, a workshop, a bar and a small restaurant providing good quality services in addition to a fleet of newly built monohulls and catamarans.From Dream Yacht marina, it is easy to sail out to all neighbouring islands from Aride to Grande Soeur. The crossing between two islands never exceed 10 nautical miles.

La Passe harbour in **La Digue** Island receive yachts but doesn't provide any facilities.
No facilities either in **Les Amirantes** Islands where very few yachts are seen.
Things are changing now. A new hotel is being built to open soon on the island with a mole long enough to berth about 10 yachts.
A speedy catamaran service is planned to Desroches and its airstrip and Poivre. It takes one hour and the return fare is 260 rupees

RÉGLEMENTATIONS POUR LES YACHTS EN CROISIÈRE DANS LES ÎLES SEYCHELLES

Formalités d'arrivée au port

- Victoria dans l'île de Mahé est le seul port officiel d'entrée et de sortie des Seychelles où doivent être effectuées les visites de sécurité, de santé et de douanes. L'île d'Assomption au sud ne peut être considérée comme un port d'entrée et de sortie de substitution que dans la mesure où le transport des officiels par avion est pris en charge par le bateau. Ces charges ne peuvent être inférieures à 30 000 roupies.

- Les bateaux qui arrivent au port de Victoria doivent hisser le pavillon Q et entrer en contact par VHF (canal 16, dégagement ensuite sur 12) avec les autorités du port qui désigne une position de mouillage à l'extérieur du port jusqu'à l'achèvement des formalités de santé, douanes et immigration. Le service Entomological exige que le bateau reçoive une décontamination par pulvérisation.
Le pavillon Q ne doit être abaissé qu'après cette opération. Le coût est de 100 roupies (25 dollars US) pour le transport du personnel et de 200 roupies pour la pulvérisation.
Toutes les communications se font par VHF sur canal 16 en appelant Harbour Control ou Port Victoria en français.

La libre pratique étant autorisée, le bateau peut entrer dans le vieux port et occuper le mouillage désigné. Dans les 24 h de l'arrivée à l'exception des samedis dimanches et jours fériés, le chef de bord doit compléter le rapport d'arrivée en fournissant 3 copies de la liste d'équipage et des passagers ainsi que le certificat d'enregistrement du bateau. L'accès aux bureaux du port doit se faire exclusivement par la porte de sécurité et Latanier Road.
D'autres services du gouvernement peuvent demander des listes d'équipage. Il est recommandé de disposer d'une dizaine de copies.

Taxes portuaires

Ces taxes sont calculées en roupies sur le tonnage GRT en fonction du temps de séjour.
On distingue 3 catégories :
A : moins de 120 heures d'escale.
B : de 120 h à 240 h
C : plus de 240 h.

Moins de 20 tonnes : **A** : 75 roupies - **B** : 60 - **C** : 50
De 20 t à moins de 100 t : **A** : 125 - **B** : 100 - **C** : 75
De 100 t à 300 t : **A** : 300 - **B** : 250 - **C** : 200
300 t et plus : **A** : 500 - **B** : 400 - **C** : 300

Les mêmes taxes, sans réduction, sont appliquées dans toutes les îles et mouillages des Seychelles.
Elles sont payables par semaine. Le certificat du bateau est conservé par les autorités portuaires tant que le bateau n'est pas autorisé à gagner un port étranger.

Mouillages autorisés pour la nuit

Le mouillage pour la nuit est autorisé dans toutes les îles proches sauf à :
Police Bay sud de Mahé

Anse proche de la résidence du Président de la république.
Ile Cocos au nord de Grande Soeur

Pour les îles à plus de 60 milles de Mahé : autorisation auprés de I.D.C dont les bureaux sont situés sur le port de Victoria. Tél.

Pour l'atoll d'Aldabra : autorisation auprès de Seychelles Island Fondation à Victoria.

Départ des îles Seychelles

Les chefs de bord des bateaux de plaisance qui quittent les Seychelles doivent satisfaire aux formalités de port et de douanes. S'ils partent à destination d'une autre île des Seychelles, ils ne sont soumis qu'aux formalités de port.

L'autorisation de départ ne peut être obtenue qu'après règlement de toutes les taxes.

Les formalités de douanes, immigration et port doivent être effectuées durant les heures ouvrables 8 h à 12 h et 13 h à 16 h du lundi au vendredi.

Du fait de cette réglementation, tous les yachts qui quittent les limites du port de Victoria doivent obtenir une autorisation de sortie.

Visites des îles

Les visites des îles privées doivent être faites en accord avec les propriétaires. Certaines îles ou mouillages sont interdits pour des raisons de protection de l'environnement. Des taxes de débarquement peuvent être réclamées pour les personnes débarquant dans certaines îles. Les montants sont variables d'une île à l'autre.

Animaux et plantes

Les yachts transportant des animaux, des oiseaux, des plantes doivent en faire la déclaration à leur arrivée à Victoria. Ces bateaux doivent mouiller à une place indiquée par la capitainerie et ne pas en changer sans autorisation. Ils ne sont autorisés à gagner d'autres îles qu'à la condition que ces plantes et animaux restent à bord.

Les chiens doivent en toutes circonstances rester à bord des bateaux. Ils ne peuvent débarquer qu'avec une autorisation des services vétérinaires. Un débarquement illégal peut être puni de deux ans d'emprisonnement et d'une lourde amende ainsi que de la confiscation de l'animal qui peut être éliminé.
Les personnes venant travailler à bord du bateau ne doivent pas être en contact avec l'animal. Ces mesures sont destinées à maintenir l'archipel des Seychelles à l'écart de la rage.

Le cours du change de la roupie est d'environ :
5,20 roupies pour un euro ou un dollar US.

The rupie rate is :
5,20 rupies for one euro or one US dollar

Formalités d'immigration :

Le chef de bord doit soumettre la liste d'équipage et des passagers au service d'immigration. Independance House à Victoria.

Passagers et équipages arrivant sur un yacht reçoivent un permis de séjour de 2 semaines. qui est renouvelable. La demande doit être faite au moins une semaine avant la date d'expiration. Immigration division 1er étage Indépendance House Victoria.

Aucun visa n'est exigé pour entrer aux Seychelles.

En partant vers un port étranger, le chef de bord doit prendre contact avec le service d'immigration au moins 2 jours ouvrables avant son départ pour régler les formalités d'immigration. Passeports et permis visiteurs doivent être remis au service immigration.

Aucun yacht n'est autorisé à s'arrêter dans une île quand il entre dans les eaux des Seychelles ou quand il part vers un port étranger. Le premier et le dernier port doit être Victoria à moins qu'un arrangement soit conclu pour des formalités à l'île d'Assomption.

Équipage

Toute personne désirant débarquer d'un bateau pour séjourner à terre ou quitter les Seychelles par un autre moyen de transport doit en faire la demande auprès des services d'immigration.

Toute personne qui arrive aux Seychelles par avion et désire embarquer à bord d'un bateau comme équipier, passager ou invité doit posséder une confirmation écrite du chef de bord que cette personne est attendue.

Quand un chef de bord quitte son bateau et le confie à une autre personne, il doit en avertir les services d'immigration. et la capitainerie doit en être informée par écrit.

Un dépassement de la période de séjour autorisée sur un permis constitue une contravention aux lois de l'immigration. Une extension doit être demandée.

Charter privé

Aucun bateau ne peut pratiquer le charter sans avoir obtenu une licence. L'autorisation de quitter Victoria peut être refusée à un bateau privé que les autorités soupçonnent de pratiquer illégalement le charter.

Importations temporaires

Les yachts qui arrivent aux Seychelles sous la responsabilité d'une personne vivant à l'étranger et qui n'entend pas séjourner plus de 12 mois à partir de la date d'arrivée, ne sont pas soumis à des taxes d'importation.

L'importation temporaire est autorisée à la condition que le bateau soit utilisé uniquement à des fins personnelles, qu'il ne soit pas proposé pour le charter, revendu ou échangé. Il doit être réexporté quelles que soient les circonstances dans le délai de 12 mois par la personne qui l'a importé.

Approvisionnement sous douanes

Les douanes sont autorisées à demander une déclaration complète de tous les approvisionnements à bord d'un bateau en escale. De nombreux produits importés aux Seychelles sont soumis à des taxes douanières et certains d'entre eux sont soumis à une autorisation d'importation.

Des taxes pourraient être réclamées pour les denrées consommées pendant le séjour dans les eaux des Seychelles. Une tolérance est accordée pour les approvisionnements régulièrement déclarés. Les chefs de bord doivent prendre les dispositions nécessaires pour que ces produits ne soient pas consommés irrégulièrement.

Les armes

Les armes, les munitions et tous autres objets dangereux doivent être déclarés aux douanes ou Coast guards qui les conservent jusqu'au départ du bateau vers un port étranger. L'usage d'un fusil de chasse sous marine est également interdit.

L'inobservation de ces lois est punie de lourdes amendes.

Les déchets

Il est interdit de jeter à la mer les déchets du bord.

Les vaccinations

la vaccination contre la fièvre jaune est recommandée. Le choléra est nécessaire uniquement pour les visiteurs qui viennent d'une zone infectée par ce virus.

TERMINOLOGIE DES CARTES
CHARTS TERMINOLOGY

La plupart des noms de lieux sont en français dans l'archipel des Seychelles. Cette langue a été conservé pour les cartes. Voici la traduction des termes les plus couramment utilisés.

Most Seychelles names are in french This language is used in all charts. Here are some British equivalents.

Mouillage : mooring
Chenal : channel
Récifs : reef

Banc de corail : coral bank, coral reef
Campement : settlement
plage : beach
bouée : buoy
perche : pole
balise : beacon
île : island
hauts fonds : shallows, shoals
Les sondes sont donnés en métres, les échelles en métres ou en milles marins (1 852 m).
Sounding readings in metres, scales in metres or nautical miles.

REGULATIONS FOR YACHTS CRUISING IN THE SEYCHELLES ISLANDS

Victoria, on Mahé island, is the only official port of entry and departure in the Seychelles, and it is here that all security, health and customs formalities must be completed. The only exception to this rule is Assumption island in the south, but there is an additional charge of around 30,000 rupees for the necessary officials to fly out.

Ships arriving in Victoria harbour must hoist the Q flag and moor outside the harbour at a location given by the harbour authorities on VHF channel 16 until health, customs and immigration formalities have been completed. Boats have to be decontaminated by the Entomological Service. The Q flag cannot be lowered until decontamination is over. The charge for this is 100 rupees (25 US$) to bring the personnel on board and 200 rupees for spraying. Communications with Harbour Control are on VHF channel 16.

Formalities on arrival

Once out of quarantine, boats can enter the old harbour and remain at the designated mooring place. Within 24 hours of arrival, except on Saturdays, Sundays and holidays, the skipper must fill in the arrival form and produce three copies of the list of crew members and passengers and the ship's certificate of registration. The only permitted access to the Port Authorities' building is through the security door and Latanier Road. Other government services may also require a copy of the list and it is advisable to have at least 10 spare copies.

Harbour taxes

Taxes are in rupees and are based upon the vessel's GRT and the length of the visit. A : Stay at port of less than 120 hours B : Stay at port of between 120 and 240 hours. C : Stay at port of over 240 hours
Under 20 tons : A = 75, B = 60, C = 50
From 20 to 100 tons : A = 125, B = 100, C = 75
From 100 to 300 tons : A = 300, B = 250, C = 200
Over 300 tons : A = 500, B = 400, C = 300
The same figures, without reductions, apply whatever the island or moorage in the Seychelles.
These taxes are payable every week. The certificate of registration is held by the authorities until the ship is allowed to sail to a foreign port.

Overnight moorage

Any moorage on the nearby islands except :
Police Bas (Mahé)
Anse Barbaron (Residence of the President of the Seychelles)

Cocos islands

In the natural parks and in Beauvallon bay picking up moorings is compulsory. Islands over 60 miles from Mahé : IDC authorisation required. Moorage is not allowed around African Bank and Cocos islands. Islands
over 240 miles from Mahé : IDL authorisation and, for Aldabra, the authorisation of the Seychelles Islands Foundation (Victoria).

Leaving the Seychelles

Before leaving the Seychelles, skippers of pleasure craft must complete port and customs formalities. If they are sailing for another island of the Seychelles only the port formalities need be completed.
Permission to leave is granted when all taxes have been paid.
Office hours for the completion of customs, immigration end port formalities are : 8 to 12 AM and 1 to 4 PM, Monday to Friday. No yachts may therefore leave Victoria harbour until authorised to do so.

Visiting the islands

The owner's permission must always be obtained before visiting private islands. Some islands or moorings are forbidden for environmental and conservation reasons. Taxes are payable to go ashore on some islands. Taxes vary from one island to another.

Animals and plants
Skippers of yachts with pets, birds or plants on board must declare them on arrival to Victoria. The boats must moor at the location designated by the Harbour Authorities and remain there. Permission to sail to the islands will be granted on condition that the plants and pets remain on board. Dogs must remain on board at all times. They can go ashore only if permission has been granted by the Veterinary Services. Breaking the law can result in up two years' imprisonment, a heavy fine and confiscation and possible destruction of the animal. People boarding the ship must not come into contact with the animal. These protective measures are aimed at keeping the Seychelles archipelago free of rabies.

Immigration formalities

The skipper must give the list of the crew and of the passengers to the Customs Office at Independence House in Victoria.
A renewable 2-week residence permit is issued for incoming passengers and crew members. Application for renewal must be made one week before the expiry date to the Immigration Department on the first floor of Independence House in Victoria. No visa is needed to travel to the Seychelles.
On departure for a foreign port, the skipper must contact the Immigration Department at least two weekdays before to deal with the immigration formalities. Passports and visitors permits must be handed over to the immigration officers. No yacht is allowed to call in at any island when entering or leaving Seychelles territorial waters. The first and last port must be Victoria, except where special arrangements have been made to complete

formalities on Assomption island.Crews

Any person wishing to go ashore and stay in the Seychelles or wishing to leave the territory by any other mean of transport must obtain the agreement of the Immigration Authorities.

Any person coming to the Seychelles by plane and wishing to leave the territory on a boat as crew member, passenger or guest must have a written agreement from the skipper confirming that this person is accepted on board.

When a skipper leaves his/her boat and leaves it to another person, he/she must inform the Immigration Authorities and the harbour master in writing.

Any overrun of the period of validity of a residence permit is an infringement of immigration regulations. An extension must be applied for.

Private charter

No ship is allowed to be used for chartering without a licence. Permission to leave Victoria harbour may be refused to boats suspected of illegal chartering.

Temporary imports

Yachts coming to the Seychelles under the responsibility of somebody living abroad and which do not stay longer than 6 months are not liable to customs duty.

Temporary importation is authorised if the boat is only for personal use and on condition that it will not be used for chartering, be sold or exchanged. It must be exported within 12 months by the same person.

Duty-free supplies

Customs officials may request a complete declaration of all supplies on board for any boat on arrival. Many goods imported to the Seychelles are liable to duty and for certain items an import declaration is required. Taxes may be levied on goods used while in Seychelles waters. However, goods that have been officially declared are normally permitted. Skippers must take the necessary steps to make sure that no goods are illegally used on the boat.

Firearms

Firearms, ammunition and any other dangerous object must be declared and handed in to the Custom Authorities or coastguards for safekeeping until the boat has been authorised to leave for a foreign port. The use of air guns or spear-guns is strictly forbidden. Any infringements of these rules are punishable by heavy fines.

Waste

It is forbidden to throw waste overboard.

Vaccines

Vaccination against yellow fever is advisable. A cholera vaccination certificate is compulsory for visitors from infected areas.

TAXE DE DÉBARQUEMENT

Aux Seychelles bien des petites îles sont privées et leurs propriétaires ne disposent pas de réelles ressources suffisantes avec la seule exploitation du coprah pour les entretenir. Les taxes de débarquement servent donc essentiellement à préserver l'environnement et plus particulièrement les oiseaux d'espèces souvent très rares qui nidifient dans ces îles.

Elles sont généralement surveillées pas deux ou trois gardiens qui organisent les visites. Sur quelques îles les propriétaires exploitent des hôtels souvent réservés à une clientèle appréciant le luxe mais plus encore la solitude. La cohabitation avec les plaisanciers n'est donc pas toujours harmonieuse. Les clients qui ont payé très chers leur séjour, n'apprécient pas beaucoup que le plan d'eau devant leur plage déserte soit occupé par un voilier au mouillage dont l'équipage est parfois un peu bruyant. Certains étant parti sans acquitter la taxe de débarquement mais en y laissant leur sac d'ordure, les propriétaires de plusieurs îles en ont interdit l'accès aux voiliers de location sans équipage. On ne peut que le regretter pour tous les plaisanciers qui respectent les bons usages et le fragile environnement de ces petites îles. Espérons qu'avec le temps les propriétaires reviendront sur leur interdiction en voyant que ce comportement déplorable n'est le fait que de quelques rares plaisanciers.

LANDING FEES

In Les Seychelles many islands are private and their owners don't have enough financial resources limited to coprah farming. Landing fees are used to protect the environment and particularly the birds from rare species

Generally two or three guards may organize visits . In some islands, owners run hotels, the guests of which appreciate luxury and above all ssolitude. Cohabitation with yachtmen is not always harmonious Guests paying a high price are not particularly happy at the sight of a yacht mooring in front of the desert beach they expected with a noisy crew. As some of them sailed away without paying landing fees and leaving trash bags on the beach, owners of a few islands have prohibited access of their island to yachts rented without a local crew. It is regrettable as concern good mannered crews full of respect for the fragile environment of these small islands

Let's hope the interdiction will be raised when owners will be assured of a good behaviour from visitors

Le montant de la taxe de débarquement est indiqué pour chaque île. Elle est payable uniquement en devises étrangéres

The amount of the landing fees, only in foreign exchange, is indicated in the description of each island.

Le héron garde boeuf fréquent dans les îles présentant des marais ou des mangroves.

The Egret are numerous in the island with marshes and mangroves.

Les sternes se réunissent par millions dans l'île Bird entre mai et octobre.

Thousands of sterns gather in Bird island from May to october.

La Frégate mâle gonfle son gosier à l'époque de la reproduction.

The male frigate swells its throat during the nesting period.

BIRDS

The Seychelles are one of the largest reserves of rare seabirds in the Indian Ocean. The mild climate and the tranquillity of the shores provide perfect nesting conditions and the abundance of fish is a major source of food for all species of birds. At some times, thousands of birds make a stop but not all of them nest there. Some species are among the rarest in the world. Due to the remoteness of the islands, most indigenous species found here are unique, such as the singing magpie and the Seychelles warbler or original as the black parrot and the Aldabra rail, the last running bird of the Indian Ocean.

Bird, Cousin and Cousine, Aride and Frégate islands are seabird reserves as is the vallée de Mai in Praslin island.

Aride Island is the favourite place for frigate birds, with their long, narrow wings, which fly in wide circles high in the sky. In the mating season the males can easily be recognised by the huge red swelling on their neck.

During the laying period, Bird island or île aux Vaches are literally covered in swarms of birds fluttering above their nests. The populations of terns, a white seabird with a black back, is estimated to be about 2 million. Males will readily attack any intruder who dares to get close to their nests. It could even be risky to go bareheaded during the nesting season.

These are just some of the birds most commonly seen in the Seychelles.

The paille en queue : This small white bird looks like a gull with a yellow-beak. Its tail is made of very narrow feathers, nearly twice the length of its body. Its eyes are circled with black.

The Seychelles swallow : Of the stern family, this very thin little white bird with a sharp pointed beak, lives mostly in trees. The female lays its one egg without a nest, sticking it on a twig.

The Cardinal : Of the size of a sparrow, the cardinal is named after its lovely read feathers. The wings and the beak are black. It often lands on the deck to peck at crumbs.

The Egret : This small wading bird is white with pink legs and beak. It is seen on the shores and inside the islands in marshes. In the Amirantes and on Aldabra Island green backed herons can be observed. The natives because of their peculiar cry call them Makak.

The Kestrel : the natives call this very small bird katiti because it constantly chirps as it flies.

The blue pigeon : Adults display a red plumage, a white neck and a blue back. These are the colours of the Dutch flag, that is why it is called "pizon olonde" which means "Dutch pigeon" in Creole.

The sooty stern : This black bird with a white neck has a very sharp beak and lays only one egg. It keeps flying over the sea looking for fish.

The loooor noody . This middle shaped black bird with a very sharp beak looks like having a white cap. Their numerous colonies nest in the trees.

The black paradise flycatcher : Some couples live in la Digue island. The Seychellois because of its very dark blue plumage and its long tail names this bird "Veuve". It nests in trees.

LES OISEAUX

Les Seychelles possèdent les plus grandes colonies d'oiseaux marins dans l'Océan Indien. La douceur du climat et la tranquillité des rivages favorisent la nidification et les eaux poissonneuses constituent d'importantes réserves alimentaires. Certains mois de l'année des milliers d'oiseaux marins se regroupent dans plusieurs petites îles principalement pour y nicher.

On y trouve également des espèces terrestres parmi les plus rares du monde. Du fait du grand isolement de l'archipel des Seychelles, la plupart des espèces indigènes présentent un caractère unique, comme la Pie Chanteuse ou la Fauvette des Seychelles ou original comme le Perroquet Noir ou le Rale d'Aldabra, dernier oiseau non volant de l'océan indien.

Le Booby à pattes rouges

Red footed booby

Les îles **Bird, Cousin, Cousine, Aride** et **Frégate** sont des réserves d'oiseaux de mer. Exemptes de prédateurs, elles abritent également plusieurs espèces d'oiseaux très menacées.

L'île **Aride** est le lieu de séjour favori des Frégates dans les îles granitiques. Ces grands oiseaux aux ailes longues et étroites qui volent en décrivant de larges cercles hauts dans le ciel. À l'époque des amours on reconnaît les mâles à l'énorme boule rouge que forme leur gosier en se gonflant.

À l'époque de la ponte des œufs, l'île **Bird** est recouverte de nuées d'oiseaux qui volent en tous sens au dessus des nids. On peut estimen'hésitent pas à harceler et menacer de leur bec, l'intrus qui ose approcher leur nid.

Le Fairy Stern pond un seul oeuf collé sur une branche.

The Fairy stern lays only one egg and stick it on a branch.

Voici une liste succincte des oiseaux que l'on peut rencontrer le plus fréquemment dans les îles des Seychelles :

Le Paille en queue. Cet oiseau de mer blanc à bec jaune, possède plusieurs plumes de la queue très étroites et presque deux fois plus longues que son corps. Ses yeux sont cerclés de noir et ses ailes sont également barrées de noir.

La Sterne blanche ou Gygis blanche. Cet oiseau marin blanc très gracieux, au long bec pointu comme un dard, niche essentiellement perché dans les arbres. La femelle pond sans nid en collant son unique œuf sur une branche.

Le Cardinal : De la taille d'un moineau, le cardinal doit son nom à la belle couleur rouge de sa robe. Ses ailes sont noires ainsi que son bec. Il ne craint pas de se poser sur le pont des bateaux pour picorer des miettes de pain.

Le Warbler des Seychelles, un oiseau rare même dans les parcs naturels.

The Seychelles Warbler is rare bird even in conservation parks.

Le Héron garde-boeuf. Ce petit échassier tout blanc à pattes et bec jaunes ou roses, se repère le long du rivage et dans l'intérieur des îles où il affectionne les zones marécageuses. On peut aussi observer des petits hérons à dos vert dénommés localement *Makak* du fait de leur cri, ainsi que des hérons cendrés.

La Crécerelle. Ce tout petit oiseau de proie est appelé par les seychellois *katiti* car il vole en poussant de petits cris à la recherche de lézards et de geckos dont il se nourrit.

Le Pigeon bleu. Les adultes présentent une robe rouge, une gorge blanche et un dos bleu, les couleurs du drapeau hollandais d'où son nom local, pizon olonde,

La Stern fuligineuse. Cet oiseau noir à gorge blanche et bec très pointu ne pond qu'un seul œuf. Il passe l'essentiel de sa vie à voler au dessus de la mer où il se nourrit de poisson.

Le Noddy à bec grèle. : De taille moyenne, cet oiseau noir au bec pointu semble affubler d'une casquette blanche. Il niche dans les arbres en des colonies très nombreuses.

Le Gobe mouche de paradis. Quelques dizaines de couples vivent dans l'île de la Digue. Cet oiseau est appelé par les seychellois *veuve* du fait de son plumage sombre, bleu nuit, et sa grande queue. qui rappellent la coiffe des veuves du XVIIIe siècles.

Les Puffins. Le puffin d'Auduben blanc à dos noir et le puffin du Pacifique, plus grand et entièrement gris noir avec des pattes roses, planent sans relâche au dessus des vagues et viennent à terre la nuit pour nicher dans des terriers.

PIRATES

At the start of the 17th century, pirates and freebooters were mercilessly hounded by warships throughout the Carribean and many of them, fearing capture and hanging, took refuge in the Seychelles archipelago, where they enjoyed easy sailing conditions and almost complete impunity. The Seychelles provided a convenient base for attacking and boarding lone merchant ships in the Indian Ocean.

L'imagerie populaire à glorifier les pirates qui bien souvent étaient d'une terrifiante sauvagerie.

Public knowledge has glorified pirates but most were of unbelievable cruelty.

Les pirates possédaient des voiliers rapides qu'ils avaient naturellement obtenus par prise, mais ils manquaient généralement de bons navigateurs.

Freebooters had very fast prized sailships, but generaly they were poor navigators

Many pirates were famous for their cruelty. The crews of the ships they were hunting were terrified, which made their capture easier. The rare ones who fought courageously against them has the ears and nose cut off before being executed or dumped into the sea from the top of the masts. Conversely, many sailors, being tired of the harsh living conditions aboard merchant ships, joined the pirates in spite of the risk to die during a battle or to end up hanged to a yard if captured by a French or British battleship. However some pirates, fed up with fighting, ended their life as shopkeepers or innkeepers.

Officers were appreciated for their sailing experience and pirates often needed carpenters, caulkers and riggers. Many a pirate ship sank because of poor maintenance conditions or because of sailing errors.

Olivier Le Vasseur, nicknamed "The Buzzard" was the most famous freebooter of the Seychelles and of the Indian Ocean as he regularly plundered the coasts of Madagascar, Mauritius and the Réunion. He was captured and hanged in the Réunion in 1730. On the verge of being executed, he handed out a piece of paper, threw it to the mob and shouted : "Find my treasure, if you can". On the sheet were drawn many mysterious signs. As the island of Mahé was his homeport, his treasure would logically be hidden there. In 1941, an Englishman called Wilkins began digging in Bel Ombre, but he died out of exhaustion, having found nothing but a few coins and some rifles. The authorities fearing treasure hunters digging around forbid treasure hunting. Only people with seriously established historical records can nowadays be granted a digging permit.

The numerous caverns on the wild coast of Silhouette Island are use by Jean François Hodoul said to be hiding places for chests full of gold doubloons and jewellery, but no discovery has ever been recorded. It is true to say that any discoverer is well advised to remain silent.

Hodoul was more of a freebooter than a pirate, but nevertheless he indulged in slave trafficking. When he retired from this profitable job, he built a castle on Mamelles Island, one of the oldest houses of the Seychelles. He is buried in Mahé and his grave bears the inscription "He was just", probably when he shared the booty with his comrades.

George Taylor, former lieutenant of the Royal Navy, was also a renowned pirate. He captured the "Virgen del Cabo", a Portuguese galleon property of the Vice-king of India who had an enormous treasure in her hull. Battered by many storms, she had lost her escort-ships and was ready to oink.

LES PIRATES

Au début du XVIIe siècle, les pirates et flibustiers se trouvaient durement pourchassés par les navires de guerre dans toutes les mers des Antilles et bon nombre d'entre eux de crainte d'être pris et pendus vinrent se réfugier dans l'archipel des Seychelles où ils bénéficiaient à la fois de conditions tranquilles de navigation et d'une presque totale impunité. Des Seychelles, il était commode de partir à l'attaque des navires de commerce isolés dans l'Océan Indien.

Bon nombre d'entre eux s'illustrèrent par leurs cruautés, car en terrorisant les équipages des bateaux qu'ils prenaient en chasse, ils réussissaient généralement à s'en saisir plus rapidement. Les courageux qui s'étaient bien battus avaient les oreilles et le nez tranchés avant d'être exécutés en étant jetés du haut de la mature. En revanche, il n'était pas rare que quelques marins, ne pouvant plus supporter la vie pénible des navires marchands, rejoignaient la flibuste en dépit des risques de mourir rapidement dans un combat ou de finir pendus à une vergue s'ils venaient à être capturés par un navire de guerre anglais ou français. L'honnêteté oblige toutefois à dire qu'ils existaient des pirates retraités qui las des combats devenaient commerçants ou aubergistes.

Les officiers étaient appréciés pour leurs connaissances en navigation et les pirates avaient également besoin de charpentiers, de calfats et de gréeurs. Plus d'un voilier pirate fit naufrage par maladresse en navigation ou par suite d'un mauvais entretien.

Olivier Le Vasseur dénommé **La Buse** fut l'un des plus célèbres pirates des Seychellles et même de tout l'Océan Indien car il pillait également sur les côtes de Madagascar, de l'île Maurice et de la Réunion. En 1730, il fut capturé et pendu à la Réunion. Au moment de son exécution, il brandit une feuille qu'il jeta à la foule en criant « *Trouve mon trésor, celui qui pourra* ». Sur une grille étaient dessinés de nombreux signes mystérieux. Comme l'île de Mahé était son port d'attache, il est logique de penser que son trésor y est dissimulé. En 1941, un Anglais Wilkins entreprit à Bel Ombre d'importantes fouilles mais il mourut d'épuisement et n'ayant mis à jour que quelques pièces et fusils. De crainte que l'île soit labourée en tout sens par les chercheurs, les autorités ont interdit toutes les fouilles. Seule une entreprise disposant d'informations historiques sérieuses, pourrait aujourd'hui obtenir une autorisation de recherche.

Les nombreuses grottes du rivage très sauvage de l'île Silhouette sont également citées comme des caches pouvant receler des coffres pleins de doublons d'or et de pierreries, La légende affirme que **Jean François Houdol** qui utilisait Silhouette pour base de repli aurait dissimulé ses trésors dans plusieurs grottes. Mais aucune découverte n'a jamais été signalée. Il est vrai que celui qui a eu la chance de découvrir un trésor n'a pas intérêt à se faire connaître.

Hodoul, se disait plus corsaire que pirate mais il n'en pratiquait pas moins la traite des noirs. Retiré de ce commerce fructueux, Hodoul se fit construire le château des Mamelles qui reste une des plus vieilles demeures des Seychelles. Il est enterré à Mahé et sa tombe porte l'épitaphe " *Il fut juste*", vraisemblablement dans la répartition des prises

Georges Taylor, un ancien lieutenant de la Royal Navy, était egalement un pirate célèbre pour avoir capturé la Virgen del Cabo, un galion portugais appartenant au Vice Roi des Indes et qui transportait une fortune gigantesque. Durement éprouvé par plusieurs tempêtes, il avait perdu son escorte et était sur le point de couler.

Les pirates ont pendant longtemps écumé l'Océan Indien en toute impunité car les Seychelles offraient dans les îles des mouillages tranquilles à l'écart des grandes routes maritimes. Les grottes des îles granitiques servaient de caches pour les prises.

Pirates plundered the Indian Ocean for years with total impunity as they had numerous moorings in the Seychelles off the main sea routes. They used the caverns of the granite islands to hide their loot.

Comère saumon
Rainbow runner

Vivaneau chien rouge anglais
Tow spot red snapper

Thon Albacore
Yellowfin Tuna

Cordonnier Picot
Shoemaker spinefoot

Marlin Bleu
Blue Marlin

FISH

As in all tropical waters, there is a great variety of fish of all shapes and colours. More than 150 species are said to be found there, to the delight of amateur divers.

There are also numerous dolphins in the deep waters between the islands of the Seychelles where big game fishing enthusiasts can sometimes catch marlin and swordfish weighing over a hundred kilos. But sharks and barracudas may also rise to the bait. Fortunately, these carnivores are rare in the neighbourhood of the islands, particularly in the shallow bays, where bathing is quite safe.

No cases of shark attacks have ever been reported in the waters of the Seychelles. However, swimming in the dark offshore waters is not recommended.

These are the fish most commonly seen around the islands in shallow waters and offshore in the 40- to 60-meter deep waters of the archipelago shelf and elsewhere, where the depth can exceed 1 000 m

ANLGELFISH more 35 cm

One of the easiest families to identify, these colourful fish, not edible, are shaped like a table tennis bat in outline and are flattened from side to side. They are often brightly coloured and found together in pairs on most coral reef areas. They are generaly invertebrate or coral browers. These fishes are not edible

BUTTERFLLY FISH more 15 cm

Similar in outline to the Angelfish but much smaller in size they are characterised by predominantly yellow, black and white markings. Almost all are coral feeders and are found close to coral colonies and reefs.

DAMSELS more 10 cm

A very diverse group of colourful small reef fish ranging from the plucky hum bug stripped Sergeant Majors to the shy irredescent blue damsels found in huge clouds over the reef top These fishes are not edible.

GROUPERS more 1,30 m

Although they can grow large on the outer reef, most groupers found on coral reefs tend to be around the 35-45 cm mark. A large variety are commonly found and are known locally as " vieille" a successful predator on smaller fish and invertebrates they often have favourite territories around the reef where they live in large colonies

LION AND SCORPION FISH more 25 cm

Both these families are related and are worth being aware of because of their venomous spines, these are only ever used defensively so do not harrass them and they will leave you alone ! Lion fish have fan like pectoral fins which look like feathery wings and are generally found floating above or beside coral heads, rocks etc. Scorpion and Stone fish are extremely well camouflaged to blend in with their surroundings and are normally on the bottom on rocks or coral rubble.

MORAY EELS more 1,25 m

The distinctive snake shape of these eels is an instant recognition feature : as very few sea snakes have ever seen been seen in Sechelles if its long and sinuous its probably a Moray ! Morays have an undeserved reputation for being aggressive which is due to the way they gap their jaws open, which they have to do to force water over their gills. They are however, very short sighted so do not tease them with your fingers ! Eels are not found frequently

WHALE SHARKS AND REEF SHARKS

Reef sharks may be seen on the more remote reefs but tend to be shy creatures which very soon disappear. If you encounter any shark over 2.0 m, it is wise to leave the water unless you know what type it is ! There are more between October and December

Look out for the huge spotted Whale shark wich often cruise close to the surface, they are harmless but can easily be injured by contact with a boat at speed ! They are surveyed in Seychelles waters and may have a numbered tag implanted next to the dorsal fin. If you see a tagged shark, please report it on returning to base and if possible check the tag number !

LES POISSONS

Comme dans toutes les eaux tropicales, les poissons présentent une très grande variété de forme et de couleurs. On en compte dit-on près de 150 espèces différentes. De quoi ravir les amateurs de plongée sous marine.

Les **dauphins** sont également nombreux dans les eaux profondes entre les îles des Seychelles où les amateurs de pêche au tout gros peuvent parfois capturer des **marlins** et des espadons pesant plus d'une centaine de kilos. Mais les **requins** mordent eux aussi aux hameçons tout comme les barracudas. Heureusement ces poissons carnivores fréquentent rarement le voisinage des îles et moins encore les anses peu profondes où l'on peut se baigner en toute sécurité. On n'a jamais enregistré d'accident dû à une attaque d'un requin dans les eaux des Seychelles. Les bains au large dans les eaux sombres sont toutefois à déconseiller.

Vieille Plate grise
White blotched grouper

Voici la liste des poissons que l'on rencontre habituellement autour des îles dans les petits fonds et plus au large sur les fonds de 40 à 60 m du plateau de l'archipel ainsi que dans les grands fonds de plus de 1.000 m qui l'entourent.

ANGLE FISH plus de 35 cm
C'est une des familles les plus aisées à identifier. Ces poissons plats colorés qui ne se mangent pas, ont la forme d'une raquette de tennis. Ils sont souvent de couleurs vives et nagent par couple dans toutes les zones coralliennes.

POISSON PAILLON plus de 15 cm
D'un aspect semblable à l'anglefish mais nettement plus petit, ils se reconnaissent à leur couleur où le jaune prédomine avec des marques noires et blanches. Tous se nourrissent de coraux et vivent sur les récifs.

Poisson perroquet à écailles jaunes
Yellowcole parrotfissh

LES DEMOISELLES plus de 10 cm
C'est un groupe varié de petits poissons colorés qui vont du Sergent Major jusqu'à la Demoiselle bleu métallisé. Elles évoluent en rangs serrés au dessus des bancs de corail. Ces poissons ne sont pas comestibles.

LE MÉROUS plus de 1,30 m
Bien qu'ils puissent atteindre de grosses tailles sur la frange extérieur de la barrière de récifs, la plupart des mérous que l'on rencontre mesurent entre 30 et 45 cm. Une espèce commune est appelé evieille aux Seychelles. Le mérou est un redoutable prédateur des petits poissons et des invertébrés. Leurs territoires de chasse se situent prés de la barrière de corail où ils vivent en grandes colonies.

Honeycomb rockcod
Mérou gâteau de cire

POISSON LION ET SCORPIONS plus de 25 cm
Ces deux familles sont proches l'une de l'autre et il faut prendre garde à leur épine dorsale venimeuse. Ils ne s'en servent que pour se défendre. Mieux vaut donc les laisser tranquille. Les poissons Lions ont des nageoires pectorales semblables à un ventilateur. On le rencontre habituellement au-dessus des têtes de corail ou des rochers. Les poissons scorpions savent se camoufler pour échapper à leur ennemi en prenant la couleur des fonds rocheux ou des bancs de corail.

Les raies se dissimulent à plat sur le fond sous une fine couche de sable que les rendent totalement invisibles. Attention au dard des raies manta.

Rays lay flat on the bottom under a thin layer of sand which makes them totally invisible. Take care of the sting of manta rays.

LES ANGUILLES plus de 1,25 m
Leur aspect de serpent permet de reconnaître aisément les anguilles car il n'existe pas de serpent marin dans les eaux des Seychelles. Tout ce qui est long et sinueux est à coup sur une moray. Les anguilles moray ont une réputation imméritée d'aggressivité car elles ouvrent constamment leurs mâchoires pour faire circuler l'eau dans leurs ouïes. Les anguilles sont assez rares.

REQUINS BALEINE ET DE RÉCIFS
Les requins de récifs se rencontrent sur les bancs de corail les plus éloignés. Ce sont des créatures timides qui disparaissent dès qu'elles voient un bateau. Si toutefois vous apercevez un requin de plus de 2 m, il est prudent de sortir de l'eau, à moins que vous connaissiez bien son espèce. On en rencontre le plus entre octobre et décembre. Attention au gros requin baleine qui nage près de la surface. Ils sont inoffensifs mais peuvent se blesser gravement en heurtant les pales d'hélice. Dans les Seychelles ils sont surveillés et peuvent porter un numéro d'identification fixé à la base de leur nageoire dorsale. Si vous rencontrez un requin marqué, veuillez le signaler.

Les requins ne sont pas rares en lisière des grands fonds.

Sharks are not infrequent along deep waters.

GIANT TURTLES

The Seychelles, along with the Galapagos islands, have the biggest sea turtles in the world. Giant turtles weigh more than one hundred kilos, can reach one meter in height and live to over a hundred **years. But ever since the days when freebooters made gargantuan meals of turtle meat, the**se giant species have gradually been decimated. Nowadays they have completely disappeared from most of the Seychelles islands. It is only on the isolated island of **Aldabra**, 600 miles away from the main island of Mahé that very old and very big turtles still live in colonies, burying their eggs in the sand, where they remain for two months before hatching.

A small colony of thirty giant turtles has been established on **Curieuse** island, where they live in semi freedom. Esmeralda, the oldest turtle in the Seychelles is nearly 200 years old according to the Guinness Book of Records. Weighing more than 320 kilograms, it lives on Bird island where, according to historians, it landed after escaping from the wreckage of the ship l'Hirondelle, which stored turtles in its hold as a reserve for food and ballast.

MARINE TURTLES

Numerous marine turtles live in the waters of the Seychelles archipelago, where they feed on aquatic plants and small molluscs. It is not unusual to come across them in the open sea, as they swim from one island to the other.

Sea turtles can swim fast and far off the shores.

There are two types of marine turtle :

Les tortues de mer peuvent se déplacer rapidement à de grandes distances de la terre

Caret turtle or Hawksbill turtle : These have particularly beautiful shells, with brown markings. There shells were used for making many decorative objects before catching them was prohibited. When attacked, the caret turtle dives deeply and can stay underwater for more than an hour.

Giant turtles can weigh up to 300 kg and be more than one meter high.

Green turtle : These do not dive as deep or as long as caret turtloe but can swim faster. Green turtles are the more numerous on Aldabra island. But thousand of other green turtles come ashore and lay their eggs on the uninhabited islands south of the Amirantes. Many sea turtles can be seen around **Grande Soeur** and **Petite Soeur.**

Les tortues géantes peuvent atteindre les 300 kg et une hauteur de plus de 1 m

LES TORTUES GÉANTES

Les Seychelles sont avec les Galapagos, les îles où vivent à terre les plus grosses tortues du monde, des géantes de plus d'une centaine de kilos, hautes de près d'un mètre qui ont largement dépassé les 100 ans. Mais depuis l'époque où les flibustiers faisaient des repas pantagruéliques de chair de tortues, ces espèces géantes ont été peu à peu décimées. Elles ont aujourd'hui totalement disparu à l'état sauvage de la plupart des îles des Seychelles. Ce n'est que sur l'île isolée d'**Albara** à plus de 600 milles de l'île principale de Mahé que des très vieilles tortues vivent encore en colonies, enfouissant leurs œufs dans le sable où ils restent deux mois avant d'éclore. Ce ne sont toutefois pas les plus grosses aux Seychelles car elles manquent de nourriture et subissent un régime amaigrissant.

Une petite colonie de 150 tortues géantes a été implantée dans l'île **Curieuse** où elles vivent en semi liberté. **Esmeralda** la plus vieille des tortues des Seychelles d'après le livre des records approcherait les 200 ans. Pesant plus de 320 kg, elle vit dans l'île Bird où d'après les historiens, elle aurait débarqué en 1808 à la suite du naufrage du voilier l'*Hirondelle* qui entreposait dans ses cales des tortues comme réserve de nourriture et lest.

LES TORTUES DE MER

De nombreuses tortues de mer vivent dans les eaux de l'archipel des Seychelles où elles se nourrissent de plantes aquatiques et de petits mollusques. Il n'est pas rare d'en rencontrer au grand large, car elles entreprennent de longues traversées d'une île à l'autre.

On distingue deux sortes de tortues de mer :

La tortue caret : Sa carapace est fort belle avec des taches brunes. Elle était très utilisée pour la confection de nombreux objets d'ornement avant que sa pêche soit interdite. La tortue caret plonge profondément pendant plus d'une heure lorsqu'elle se sent attaquée.

La tortue verte : Elle plonge moins profondément et longtemps que la tortue caret mais nage plus vite. L'île d'Aldabra est l'une des îles au monde où la densité des tortues vertes est la plus grande. Mais on peut estimer que les milliers d'autres viennent pondre leurs œufs dans les îles peu peuplées du sud des Amirantes.

Dans les environs de Praslin, on rencontre le plus de tortues de mer au voisinage de **Grande Soeur et Petite Soeur.**

Les îles Seychelles constitue un petit monde isolé dans l'océan Indien qui bénéficie d'énormes richesses sur le plan de l'environnement tant dans la géologie que dans la flore et la faune. Ces îles ont eu la chance de ne subir aucune altération jusqu'à nos jours et d'échapper à toute pollution. Mais cette nature souvent sauvage est très fragile et on ne peut que louer le gouvernement des Seychelles d'avoir entrepris un vaste programme de préservation et protection de l'environnement, en particulier de la mer, par la création de parcs marins.

L'ouverture des Seychelles à la navigation ne date véritablement que de deux ans. Elle ne pourra être maintenue que si tous les navigateurs respectent les réglementations et participent à la protection des coraux, des cocos de mer comme des oiseaux rares, des poisons et tortues géantes.

The Seychelles are an isolated place in the Indian Ocean which has maintained a great geological, environmental and wild life richness. Luckily, these remote islands have remained untouched up to now and have been spared by pollution. However this nature is very fragile and the government of the Seychelles must be thanked for its efforts to preserve and protect the environment through sea park reserves.

The Seychelles have been open to sailing for only four or five years. This can be maintained only if yachtsmen and navigators strictly abide by the regulations and help to protect the corals, the cocos de mer, the fish and the giant turtles.

THE COCO DE MER PALM TREES

The tall palm tree which grows in Vallée de Mai on Praslin and in some rare places on Silhouette and Curieuse, produces very big and very heavy coconuts which bear a disturbing likeness to a woman's buttocks. After falling onto the beach, some of the nuts were carried away by currents and, after years at sea, were washed up on African shores, where their peculiar shape aroused the imagination of villagers and European sailors.

These nuts, they thought, came from paradise and fetched very high prices in northern countries and in India until a navigator discovered the May valley palm grove. He transported an entire cargo of them hoping to make a fortune selling them in India. But the bottom can be said to have fallen out of the market when it became obvious that the nuts were earthly in origin.

Today, the Seychelles' government strictly forbids picking and collecting the nuts. They grow on about 4,000 palm trees in the May valley, which can reach a height of 45 m and are said to be up to 800 years old. It takes some 25 years for a young female palm tree to give its first fruits and of every twenty nuts only two or three will mature to their final rounded shape allowing them to be made into fruit dishes or other decorative objects.

The largest concentration of coco de mer in the world is in Vallée de Mai, forming a small jungle.

La Vallée de Mai où se situe la plus grande concentration au monde de coco de mer forme une véritable petite jungle.

LE COCO DE MER

Un grand palmier qui pousse dans la vallée de Mai dans l'île de Praslin et en quelques rares endroits des îles Silhouette et Curieuse, a la particularité de produire des noix très lourdes et volumineuses qui ont une ressemblance fort troublante avec une paire de fesses féminines. Tombées sur le sable de la plage, quelques-unes de ces noix furent entraînées par les courants et après des années de dérive vinrent s'échouer sur une plage de la côte d'Afrique où leurs formes excitèrent l'imagination des villageois et des navigateurs européens.

Ces noix venaient pensait-on du paradis terrestre et se vendaient à prix d'or dans les pays du nord et aux Indes jusqu'au jour où un navigateur découvrit la palmeraie de la Vallée de Mai. Il embarqua une large cargaison espérant faire fortune en les revendant aux Indes. Mais l'origine paradisiaque n'étant plus crédible, les cours s'effondrèrent.

Le gouvernement des Seychelles interdit cependant strictement toute cueillette et ramassage de ces fruits étonnants que produisent environ 4 000 palmiers qui dans la vallée de Mai peuvent atteindre 45 m de hauteur et dont l'âge est estimé pour certains à plus de 800 ans. Il faut attendre 25 ans pour qu'un jeune palmier femelle donne ses premiers fruits et sur la vingtaine de noix deux ou trois seulement atteignent la maturité et présentent ses formes bien arrondies qui permettent d'en faire des coupes à fruit ou autres ornements.

Les troncs élancés et souples des cocotiers peuvent atteindre 45 m.

The high and flexible boles of coconut trees can reach 45 m.

Un dessin qui évoque de belles fesses ce qui valut pendant longtemps à ces noix de coco bien des vertus aphrodisiaques et de vives convoitises du fait de leur rareté.

A strange shape which recalls a woman's buttocks made people believe that these coconuts had aphrodisiac power. Their rarity made them precious.

A PRASLIN :
Côte d'Or. Octopus Diving. T.
23 23 50.

DREAM YACHT à Praslin loue
un Sovereign 54 et un
Mayottte 47 avec compresseur
pour les bouteilles de plongée
et désalinisateur.

A MAHÉ
Island Ventures Dive.

Beauvallon. Berjaya hôtel. T.
24 71 65. mobile. 51 59 92.

Bleu Marine diving centre.
Anse la Blague. T. 23 21 78.

DEEP SEA DIVING

Large round shaped rocks of the granite islands are to be found underwater down to the shelf 50 or 60 m below sea level. The loveliest underwater landscapes are around Mahé and the surrounding islands. But the coral islands also display beautiful shelving underwater landscapes with rocks eroded by the sea. The sculptured rocks are covered with soft coral and sponges. Large numbers of fish are found almost everywhere as most islands are isolated in the middle of the ocean. It is also possible to dive to some of the many wrecks. Most dives are at a depth of between 8 and 20 m. Thirty-metre dives are rare.

The best diving conditions are when the winds change : in April and May, or in October and November. At these times the temperature of the water is in the region of 29° and visibility around 30 m. In December and January, north-westerly winds cloud the water and, if they are strong, it is preferable to dive in sheltered places of the south-east coast. These strong winds bring waters rich in plankton to the northern island shelf where big fish are mostly to be found. Manta rays and whale sharks can be seen here when the seasons change.

Diving conditions remain good in Amirantes and the islands further south.

From February until the middle of May, the sea is still and clear. Visibility increases in August with the temperature of the water at 24°. It is however advisable to wear isothermal suits for long dives.

The use of spear-guns is forbidden at all times throughout the Seychelles islands. They will be confiscated by the customs. As a conservation measure, it is forbidden to collect coral, shellfish and any other aquatic organism.

For favourite diving spots and periods, please refer to the list on next page.

Underwater diving is an opportunity to visit an enchanting, colourful and strange-shaped world.

Chaque plongée est l'occasion de découvrir un monde féerique de couleurs et de formes tourmentées.

Meeting a sea turtle is possible, but it rarely happens because these animals are very shy.

La rencontre d'une tortue de mer n'est pas exceptionnelle mais elle reste toutefois rare car ces animaux sont craintifs.

Near the coral reef, swarms of multicolored fish swim around.

Sur les récifs de la barrière de corail, les poissons multicolores se déplacent en bancs parfois très denses

LA PLONGÉE SOUS MARINE

Les gros rochers arrondis des îles granitiques se retrouvent sous la mer jusqu'au plateau de 50 à 60 m de profondeur. C'est autour de Mahé et des îles avoisinantes que l'on peut découvrir les plus beaux fonds sous marins mais les îles coralliennes présentent également de beaux tombants aux rochers sculptés par l'érosion marine. Les roches sculptées sont recouvertes de corail tendre et d'éponges. On rencontre des poissons en grand nombre presque partout car les îles sont pour la plupart isolées dans l'océan. Il est possible de plonger sur plusieurs épaves. La profondeur moyenne des plongées se situe entre 8 et 20 m. Les plongées à 30 m sont rares.

Les meilleures conditions pour la plongée se rencontrent au changement de vent : en avril et mai et en octobre et novembre. La température de l'eau atteint alors 29° et la visibilité avoisine les 30 m. En décembre et janvier, les vents de N.W troublent un peu la pureté de l'eau et s'ils soufflent en force, il faut plonger sur des sites abrités des côtes S.E. Ces vents forts amènent des eaux riches en plancton sur le plateau des îles du nord où les gros poissons sont plus nombreux. Les raies Manta et les requins baleincs se repèrent surtout aux changements de saison.

Les conditions de plongée restent bonnes dans les Amirantes et les îles plus éloignées au sud.

À partir de février, la mer est claire et calme jusqu'à la mi mai. La visibilité augmente en août avec une température de l'eau de 24°. Un vêtement isothermique est toutefois recommandé pour les longues plongées.

L'usage du fusil sous marin est interdit en permanence dans toutes les îles des Seychelles. Ils sont mis sous scellés par les douanes. Il est interdit de ramasser du corail, des coquillages et tout autre organisme marin afin de préserver les fonds sous marins.

Voici la liste des sites de plongée les plus appréciés en fonction de l'époque de l'année :

MAHE

Février à Novembre :

Côte nord de Mahé, de la baie Ternay à la pte Nord : Baie Ternay, Ray's pt, Willy's rocks, Whale rocks, Horse rocks, Danzille rocks, Auberge reef, Danzilles reef, Dredger werck, Scala reef, Corsaire reef, Twin barges werck, Fisherman'cove reef, Beau Vallon reef, Aquarium, Vacoa reef, Coral reef, Sunset rocks, Vista bay rocks, Îlots sud et nord.

Décembre et Janvier :

Près du parc de Ste Anne : Beacon island, Pinnacle Pte. Cerf island reef, Harrison rocks, Turtle rocks, Cheedle rocks.
Plongées profondes :

Mars - Mai et Octobre - Novembre :

Côte ouest de Mahé : Île Conception, Île Thérèse, Trois Dames, Île aux Vaches, Chaussée de Mahé à Praslin : Shark rocks, Brissares, Ennerdale wreck, Ennerdale rocks, Bounty reef.

PRASLIN ET LA DIGUE

Février - Novembre :

Les Sœurs, East Sister bank et West Sister bank.

Mars - Juin et Septembre - Novembre :

East Pte Aride, Aride bank, Whale rock, Hautes Roches, les Trompeuses, Cousine sud,

Septembre - Mai :

Baba's Rock, South Félicité, Roche Marianne, Sister rocks, Chimney rocks, Renommée rocks, Shark rocks, Caïman rocks, Anse Maron, Round island, Anse Coco,
Toute l'année par beau temps :
Channel rocks ; Roche en bas, Anse Severe, White bank, Ave Maria rocks, Félicité bank, Red pte, Booby rocks, St Pierre, Coral gardens.

LE CORAIL

Ce mollusque forme à l'état vivant des ramifications très fines et très fragiles. Aussi est-il vivement recommandé d'en prendre le plus grand soin. Un coup de palme peut briser une ramification vieille déjà de plus de 10 ans. Les bateaux doivent toujours jeter l'ancre en dehors des bancs de coraux sur des fonds de sable. En mourant le corail se transforme en une matière dure semblable à une pierre blanche très calcaire qui sous l'action de la mer s'effrite et se transforme peu à peu en un sédiment compact qui au cours des millénaires a formé sur les sommets d'anciens volcans des îles plats ou des atolls.

THE CORAL

This creature, when it is alive is made of very slim and fragile twigs. It is strongly advised to take great care of them as a single palm strike can break a ten years old twig. Boats must anchor away from the corals on sandy bottoms. When it dies, the coral forms white clay which is transformed by the sea into compact sediments. These sediments formed islands or atolls on top of volcanoes.

A decompresion chamber is available at Victoria's hospital in Mahé

Un caisson de décompression est installé à Mahé dans l'hôpital de Victoria.

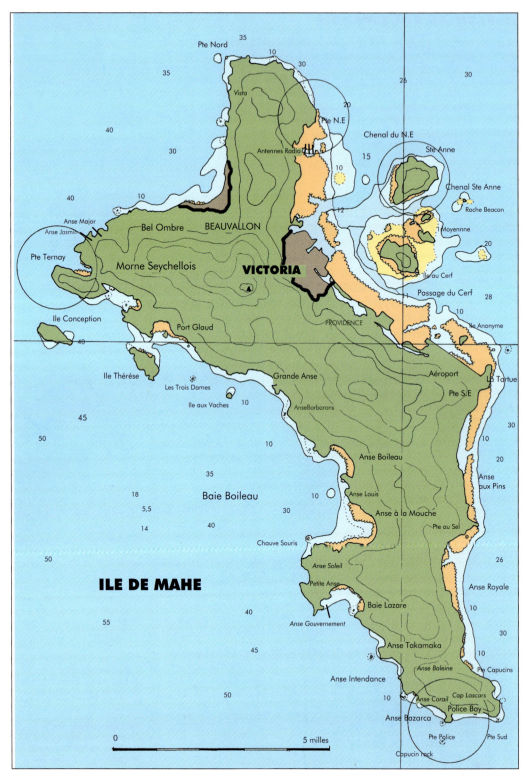

Pte Nord

Vista

Pte N.E

Chenal du N.E

Ste Anne

Antennes Radio

Chenal Ste Anne

Roche Beacon

Moyennne

Anse Major

Anse Jasmin

Bel Ombre   BEAUVALLON

Pte Ternay

Ile au Cerf

Morne Seychellois

VICTORIA

Passage du Cerf

Ile Conception

Ile Anonyme

PROVIDENCE

Port Glaud

Ile Thérése

Grande Anse

Aéroport

La Tartue

Pte S.E

Les Trois Dames

AnseBarbarons

Ile aux Vaches

Anse Boileau

Anse
aux Pins

Anse Louis

Baie Boileau

Anse à la Mouche

Pte au Sel

Chauve Souris

Anse Soleil

Anse Royale

ILE DE MAHE

Petite Anse

Baie Lazare

Anse Gouvernement

Anse Takamaka

Anse Baleine

Pte Capucins

Anse Intendance

Anse Corail

Cap Lascars

Police Bay

Anse Bazarca

Pte Police

Pte Sud

Capucin rock

0   5 milles

MAHE ISLAND

65 000 inhabitants live on this 27-Km-long island. They represent 88 % of the total population of the Seychelles. On the East coast, Mahé, with its port of Victoria, the capital, is the centre of activity for the whole archipelago. Most visitors arrive at the international airport, which borders the ocean on the east coast, 4 miles south east of Victoria.

Mahé, which is never more than 8 km wide, has a mountain range of granite peaks rising to 900 m at its highest point, is covered with thick vegetation with many long filaos lianas. On the summits, often cloud-capped during the monsoon clouds, humidity is high. There is no shortage of water on the island. The coastline of Mahé is heavily indented with many inlets lined by fine sand beaches. Some have large hotels, but many others, especially in the south, are still unspoilt.

ILE DE MAHE

Sur cette île longue de 27 km vivent 65.000 habitants soit 88 % de la population de l'archipel des Seychelles. C'est dire que Mahé avec le port de Victoria la capitale sur la côte Est, est le centre actif de tout l'archipel, le point de débarquement des touristes sur l'aéroport international qui borde la mer à 4 milles au S.E de Victoria.

Mahé qui dans sa plus grande largeur ne dépasse par 8 km présente une chaîne de pics de granit qui atteint 900 m au point culminant et que recouvre une épaisse végétation où dominent les longues lianes des filaos. L'humidité est très grande sur ces sommets où s'accrochent les nuages de la mousson. L'approvisionnement en eau ne pose aucun problème dans toute l'île. Le rivage de Mahé dans l'ensemble est assez tourmenté et dessine de nombreuses anses que bordent de belles plages de sable fin. Si certaines sont bordées de grands hôtels, beaucoup d'autres, particulièrement vers le sud, ont conservé un aspect sauvage.

The islands of the National marine park in front of Victoria and the beautiful sandy beach of Takamaka west coast of Mahé.

Les îles du parc marin de Ste Anne à l'est du port de Victoria et la belle plage de sable blanc de Takamaka sur la côte ouest de Mahé.

VICTORIA HARBOUR

Originally, the main harbour of Mahé was situated behind St Anne and Cerf islands in a bay 300 m across accessible through a fairly narrow channel providing sailing ships with anchorage and shelter from nearly all the winds, even the south-easterlies since the channel is partially blocked by a coral reef 700 m offshore.

The shallowness of the bay and limited space available meant that the commercial port had to be constructed outside the bay, with quays being built along the shoreline. The heavy swell when south-easterly winds are strong is effectively broken by the rocky reefs and the group of islands of Ste Anne and au Cerf.

Naturally, the bay of the old port which nowadays has been deserted by large ships has become the anchorage for yachts.

Victoria harbour seen form the north. In the foreground Inter island quay and the big trawlers quay. On the rigth the old harbour entrance. Shallows have been covered with coral sand to gain precious ground.

Le port de Victoria vu du nord avec en premier plan le quai Inter Island et celui des grands chalutiers. A droite, l'entrée du vieux port. Des hauts fonds sont recouverts de sable corallien pour gagner de précieux terrains sur la mer.

The basin of the old port and the hills of Ste Anne in the distance. Merchant ships moor half way together with some sailing boats.

Le plan d'eau du vieux port avec en arrière plan l'île Sainte Anne. Les navires de commerce mouillent à mi distance et quelques bateaux de plaisance en font de même.

LE PORT DE VICTORIA

Le port principal de Mahé en arrière de l'île Sainte Anne et de l'île au Cerf, était à l'origine une anse d'environ 300 m de diamètre accessible par un goulet assez resserré qui mettait les voiliers au mouillage à l'abri d'à peu près tous les vents et même de ceux de S.E. car le goulet est barré à 700 m à l'extérieur par une barrière de récifs. La profondeur réduite dans l'anse et plus encore l'espace limité, ont conduit à développer le port de commerce à l'extérieur de l'anse par l'aménagement de quais en lisière du rivage. La houle par vents forts de S.E.est efficacement cassée par les bancs de roches et le groupe des îles Ste Anne et au Cerf. Tout naturellement l'anse du vieux port, délaissée par les grands navires, est devenue le mouillage principal des yachts.

Victoria est un grand port de pêche mais également de commerce par où transite tout l'approvisionnement des Seychelles, largement ouvertes aux tourisme.

Victoria is an important fishing harbour. It is alos the transit point for all goods arriving at the Seychelles.

LE VIEUX PORT OU BASSIN

La profondeur varie entre 5 et 8 m dans le vieux port dans sa partie centrale jusqu'à la hauteur de l'**île Hodoul** qui est reliée à la rive N. W de l'anse par un haut fond couvert par endroits de moins de 1 m. L'île Hodoul a été récemment agrandie par la construction d'une ceinture de rochers et le comblement du terre plein par des alluvions draguées autour de l'île. Un aménagement est prévu dans les prochaines années lorsque les terrains se seront bien consolidés.

Attention au haut fond dans le S. W de l'anse qui déborde largement le rivage.

Les quais au nord de l'anse sont réservés au port de pêche et ceux au sud aux douanes et coast guards. Ils se prolongent jusqu'au slip d'un chantier naval.

Quelques bateaux de plaisance de grande croisière restent au mouillage dans l'anse de part et d'autre du chenal central. La tenue d'une ancre dans les fonds de vase est convenable et l'abri est sûr même par vent d'Est la houle étant cassée à l'extérieur par les bancs de récifs.

Le **Yacht Club** dispose d'un ponton flottant où les bateaux s'amarrent en pointe des deux bords dans 2,50 m d'eau. Ce ponton s'appuie sur un môle étroit que borde une large cale de mise à l'eau au pied du bâtiment du club nautique. À la terrasse en plein air s'ajoute un auvent qui protège bien du soleil ou de la pluie. Le bar est réservé aux membres du club mais on peut déjeuner ou dîner sous l'auvent d'un repas simple préparé sur place. Les navigateurs de passage peuvent faire suivre leur courrier au club.

L'entrée du vieux port se situe entre les quais des cargos et des grands chalutiers. Attention sur bâbord à une grosse tonne sur laquelle le cargo en bout de quai passe une aussière.

The old harbour entrance is located between the cargos and trawlers quay. Caution to a big floating buoy where the cargo at the end of the quay is tied with a mooring line.

Voir carte de situation en page 7 et 42

Le plan d'eau de l'ancien port offre un mouillage bien abrité de la mousson de N.W par les hauteurs de Mahé. Le clapot est plus désagréable par vent de S.E.

The stretch of water of the old port provides a moorage well sheltered from the NW monsoon by the hills of Mahé. But south-eastern winds make it quite uncomfortable.

À quelques mètres du Yacht club, la petite maison de bois de **Marine Charter Association** est le lieu de rendez vous de tous les professionnels du yachting et des skippers des voiliers de charter et des vedettes de pêche au tout gros. Le bar est le lieu idéal pour résoudre un problème technique.Les bateaux s'amarrent à un ponton flottant en L qui s'avance jusqu'à une petite balise verte. Mais attention, la profondeur ne dépasse pas 1 m à basse mer le long du ponton sauf en avant du poste de carburant. Les voiliers calant 1,80 m doivent attendre la pleine mer pour accoster et les plus grands doivent se ravitailler à un camion citerne au quai Inter-îles.

LE QUAI INTER ÎLES

Au nord du quai des cargos et des grands chalutiers, s'ouvre une darse bordée au sud par des quais où s'amarrent plus particulièrement les grands chalutiers senneurs pratiquant la pêche au thon dans l'océan Indien. Plusieurs viennent de Concarneau ou de la Réunion et sont accompagnés d'un cargo frigorifique.

Dans le fond de la darse, un quai appelé localement la **Chaussée**, est utilisé par les goélettes qui desservent les îles de Praslin et de la Digue. Les grands yachts peuvent également y accoster momentanément. Les bateaux de location de VPM et Sunsail s'amarrent à un ponton flottant bordant un perré inaccostable au sud du quai Inter-îles. Ce ponton est équipé d'une prise d'eau, la seule du port de Victoria en dehors des manches à eau du port de commerce. Les bateaux en escale peuvent s'y approvisionner après autorisation d'une des deux sociétés de location VPM ou Sunsail.

Le ponton des voiliers de location s'appuit sur le terre plein du quai inter îles où accostent les goëllettes qui assurent les liaisons avec les principales îles de l'archipel. Le centre ville n'est pas trop éloigné et le terre plein est tranquille le soir.

The pontoon for rented sailboats is next to the inter-island quay where the shooners linking together the main islands are berthed.
City centre is not far and the strip is quiet in the evening.

THE OLD HARBOUR OR DOCK

The entrance can be spotted between the large fishing boats or cargo ships berthed alongside the quay. A large floating bollard on the left side is used to fasten a hawser from ships drawn alongside the south quays of the dock. Take care not to forget it in the dark.

Water depth varies from 5 to 8 m but Hodoul island is linked to the NW shore by a causeway covered in less than one meter of water. Also be careful of the shallows in the south-western part of the bay. Hodoul island has been enlarged with a ring of rocks filled by alluvia dragged from around the island. Further constructions are planned later on when the soil is stabilized.

Water depth varies from 5 to 8 m but Hodoul island is linked to the NW shore by a causeway covered in less than one meter of water. Also be careful of the shallows in the south-western part of the bay.

Sail towards the far end of the bay aiming for the coppice on **Hodoul** island. The quays on the north side of the bay are reserved for fishing boats and the south quays are for the customs authorities and coastguards. They continue as far as a shipyard slipway.

Several large pleasure craft anchor either side of the central channel. The muddy bottom provides relatively firm anchorage, well sheltered even from east winds as the swell is broken up by the offshore coral reef.

The **Yacht Club** facilities are limited to a floating pontoon where boats moor stern-to in a depth of 2.50 m. This pontoon rests on a narrow mole along a wide slipway in front of the clubhouse. An awning provides good protection from sun and rain for an open-air terrace. A small restaurant and bar serves meals to club members. Visiting sailors can have their mail forwarded to the club.

A few metres away from the Yacht Club, the little wooden house of the **Marine Charter** Association, is the rendezvous for all the local yachting professionals and skippers of charter vessels and fishing boats. The bar is the ideal place if you have any technical problems.

Boats moor alongside an L-shaped floating pontoon except in front of the fuelling post. Boats moor along a floating pontoon marked by a small green buoy. Be careful though, because depth is not over 1 m at low tide along the pontoon except ahead of the fuelling post. Sailing boats drawing 1.80 m must wait until high tide to comme along side and larger ones must be refuelled by a tanker lorry at the Inter-island quay

THE INTER-ISLAND QUAY

North of the quays for cargo ships and large trawlers, there is a basin lined on the south by quays where large seine trawlers that fish for tuna in the Indian Ocean moor. Many come from Concarneau or from Reunion and are escorted by a refrigerated cargo ship.

At the bottom end of the basin is a quay used by the schooners which provide transportation to the islands of Praslin and La Digue. Large yachts can also moor alongside temporarily. The boats of the hiring companies VPM and Sunsail dock on a floating pontoon, south of the inter-island quay, close to a riprap where berthing is impossible.

Le vieux port de Victoria, l'abri principal des bateaux de plaisance aux Seychelles au voisinage du ponton du Yacht club.

The old port of Victoria is the main shelter for pleasure boats in the Seychelles in the neighbourhood of the Yacht club pontoon.

L'île Hodoul dans le fond du vieux port avec à droitele ponton du Yacht club en avant du club house et à gauche le bâtiment du Yacht Charter Association avec le poste de carburant.

Hodoul island located inside the old harbour in front of the Yacht club house and to the left of the Yacht Charter Association building with the fuel station.

Le port de Victoria est un des plus grands centres de pêche de l'océan Indien. Les navires usines japonais, espagnols mais également français y relâchent avec leurs flottilles de chalutiers.

Victoria harbour is one of the largest fishing centres of the Indian Ocean. Japanese, Spanish and French factory ships put in it with their trawlers.

Le club house du Yacht Club qui dispose d'un agréable petit restaurant où se rencontrent tous les navigateurs de Mahé

The club house of the Yacht Club has a nice small restaurant. It is the rendezvous of all yachtsmen in the Seychelles.

This pontoon has the only available water point in Victoria harbour, other than the water shafts of the commercial port. Sailing boats can make water/take on water there if they obtain permission of one of the hiring companies, VPM or Sunsail. (See practical hints).

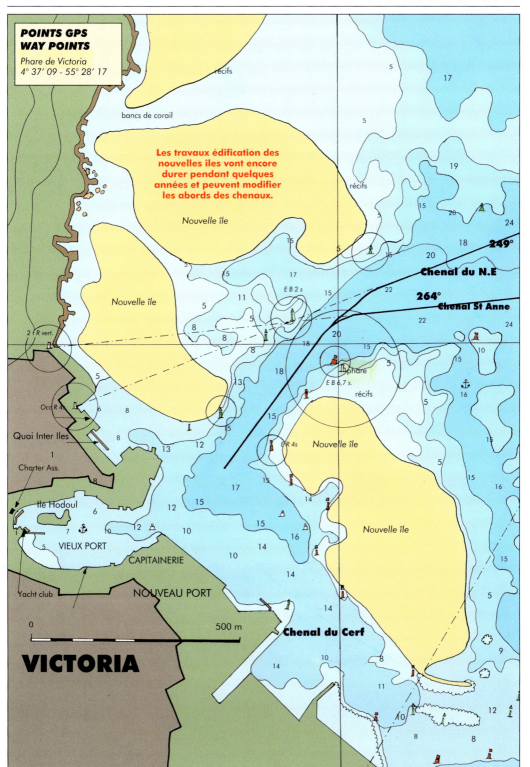

**POINTS GPS
WAY POINTS**
Phare de Victoria
4° 37′ 09 - 55° 28′ 17

Les travaux édification des
nouvelles îles vont encore
durer pendant quelques
années et peuvent modifier
les abords des chenaux.

récifs

bancs de corail

Nouvelle île

Nouvelle île

récifs

Nouvelle île

249°

Chenal du N.E

264°

Chenal St Anne

E B 2 s.

2 F R vert.

Occ R 4s

Quai Inter Iles

Charter Ass.

Ile Hodoul

phare

E B 6,7 s.

récifs

Nouvelle île

E R 4s

Nouvelle île

VIEUX PORT

CAPITAINERIE

NOUVEAU PORT

Yacht club

0   500 m

Chenal du Cerf

VICTORIA

LES CHENAUX DE VICTORIA

On accède au port de Victoria par deux chenaux : le chenal principal orienté vers le N. E et le chenal S. E du Cerf ainsi que par un troisième passage plus réduit : le chenal de Ste Anne.

La majorité des plaisanciers naviguant aux Seychelles sur des bateaux de location, leur toute première navigation consiste à sortir du port de Victoria. Nous donnerons donc en premier lieu, contrairement à la tradition, les instructions pour sortir du port.

FAIRWAYS TO VICTORIA

Three fairways lead to Victoria harbour, the main channel is north-easterly, the Cerf channel which is south-easterly and Ste Anne secondary channel. As most yachtsmen coming to the Seychelles sail on rented boats, their first going to sea leads them out of Victoria harbour. That is why, we exceptionally give the instructions for leaving Victoria harbour.

LA SORTIE PAR LE GRAND CHENAL DU N.E.

Profond de plus de 15 m, ce large chenal est emprunté par les grands navires et il n'est pas nécessaire sur un bateau de plaisance de se placer sur l'alignement à 210° qui n'est d'ailleurs repérable que de nuit.

Sortant du vieux port, on se dirigera vers le N.E. Le chenal est bien délimité de chaque bord par des balises en lisière des enrochements qui ceinturent les nouvelles îles gagnées sur la mer et élevées à l'aide des coraux morts dragués dans les chenaux. On vient ainsi doubler la petite tourelle blanche du phare au sud de la passe large d'environ 300 m qui coupe la barrière de corail. De là, on prend une route au **69°** qui fait ranger sur bâbord 3 bouées vertes. Par le travers de la 3 éme bouée, la pointe sud de l'**île Ste Anne** vient masquer la pointe nord de l'**île Moyenne** au **106°**. On peut alors s'éloigner vers le N.E vers la mer libre sans craindre aucun danger si l'on reste à plus de 500 m de la côte N.W de l'île Ste Anne. La bouée de danger isolée signale à l'Est un haut fond couvert de 4,80 m qui n'intéresse que les navires. Il est assez fréquent que des chalutiers océaniques viennent mouiller en lisière du chenal au nord de la balise de danger isolé.

LEAVING VICTORIA BY THE MAIN NORTH-EAST CHANNEL

This wide fairway is more than 15 m deep and is commonly used by large ships. A pleasure boat does not need sail on the 210° course, which is conspicuous only at night.

Leaving the old harbour, follow a NE course. The channel is well marked up on either sides by buoys lining the enrockments encircling the new islands made out of dead coral debris dredged from the channel. Round the small white tower of the lighthouse south of the 200 m wide pass which crosses the coral barrier. From that point, follow a **69°** course, leaving the 3 green buoys on port. Abeam of the third buoy, the tip of Ste Anne island conceals the north tip of **île Moyenne** on the **106°** course. Sailing towards high seas to the NE is then very safe, steering 500m away from the NW coast of Ste Anne island. The danger buoy on port marks up a shallow 4.80m deep which concerns only large ships.

Large oceanic trawlers often lay their anchor on the side of the channel, north of the isolated danger buoy.

L'édification de plusieurs îles sur les plus hauts fonds par le pompage du sable, n'a pas modifié sensiblement les chenaux d'approche sur le port de Victoria.

Building of several islands made out of dredged sand didn't change the access channels in Victoria harbour

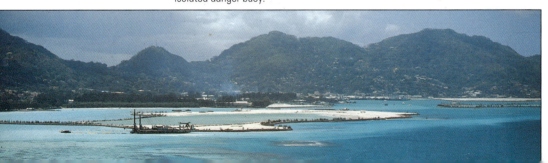

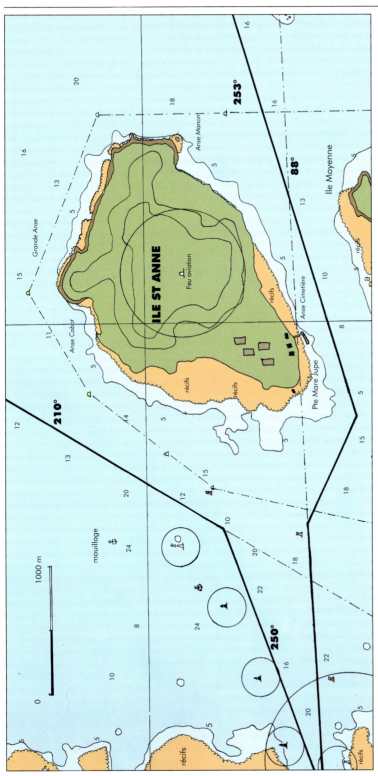

La tourelle du phare à l'entrée du port de Victoria avec en arrière plan les hauteurs du massif granitique de Mahé.

The lighthouse at the entrance of Victoria harbour with Mahé granite heights in the background

Voir carte de situation en page 7-42 et 49

L'édification de vastes îlots sur la mer à la manière des polders a modifié le paysage et les chenaux en avant de Victoria. On voit ici du nord la passe du grand chenal N.E. avec en arrière plan une nouvelle île en cours de comblement.

Building of large polder like islands changed the scenery and channels ahead of Victoria. The great N.E channel seen from north with one of the new islets in the distance.

Les enrochements délimitent mieux le chenal que des tourelles en lisière des bancs de coraux.

Rock lines mark the channel better than the buoys along the coral reef

La bouée de danger isolé en début du grand chenal N.E. q'uil faut venir reconnaitre d'assez près.
The isolated danger mark at the entrance of the N.E channel to be identified closely

La tourelle blanche de l'unique phare en rade de Victoria.

The white tower of the only lighthouse in Victoria harbour

LA SORTIE PAR LE CHENAL STE ANNE

Son seuil étant voisin de 5 m, ce chenal large de 600 m, passant dans le S.E.E de l'île Ste Anne, est aisément praticable par un bateau de plaisance mais il ne présente qu'un petit raccourci vers Praslin et la Digue.

Lorsqu'au nord, du phare de Victoria, on voit la rive nord de la petite **île Séche** haute de 30 m, venir au **87°** sur la pointe sud de l'île **Ste Anne**, on peut faire route dans cette direction. On s'écartera de la pointe de St Anne pour naviguer à mi distance des îles Ronde et Moyenne et l'on s'éloignera vers l'Est en passant un peu au nord de l'île Séche.

DISTANCES
En milles par la route la plus c ourte.
In nautical miles by the shortest route
Victoria à Praslin Est : 21
Victoria à la Digue : 28
Victoria à île aux Récifs : 16
Victoria à Île Frégate : 26

LEAVING VICTORIA BY STE ANNE CHANNEL

Its depth being close to 5m, this 600m wide channel is easily practicable to pleasure boats but is only a small shortcut towards Praslin and La Digue
When, to the north of the Victoria lighthouse, the northern coast of the small 30 m high île Sèche is visible, steer an 87° course towards the tip of Ste Anne. Steer clear of the tip of Ste Anne island to sail half way between Ronde and Moyenne islands and sail eastward towards the north of île Sèche

LA SORTIE PAR LE CHENAL DE L'ÎLE AU CERF.

On emprunte ce chenal lorsqu'on veut se diriger vers le sud de Mahé.

Sortant du vieux port, on passe entre les navires à quai et les enrochements des nouvelles îles, balisés par des perches rouges. Mais attention, le balisage s'inverse après être passé devant la darse qui creuse le terre plein sud du port car le chenal au Cerf est balisé pour un bateau qui vient du sud. On laissera donc sur tribord les bouées rouges ce qui conduit à piquer un peu plus au sud pour revenir vers l'Est. Les cinq bouées sur bâbord indiquent clairement le petit virage à prendre. A sa sortie, on débouche dans le **Passage du Cerf** qui est large de 500 m et profond d'au moins 10 m.

Bien que la couleur de l'eau renseigne sur la proximité des hauts fonds de corail, on se tiendra de préférence du côté de l'île au Cerf en passant à petite distance des bouées jaunes qui délimitent la lisière du parc naturel. Lorsqu'on se trouvera dans le sud de l'île au Cerf, on s'éloignera vers l'E.S.E jusqu'à voir sortir, au loin, la pointe sud de Mahé, derrière l'avancée extrême de la côte Est de Mahé constitué par l'île Sudéte en bout de la piste de l'aéroport.

On aperçoit alors très distinctement l'**île aux Rats**, un amas de roches que surmonte un unique palmier. On peut piquer dès lors plein sud pour passer à environ 50 m dans l'Est de l'îlot. Mais attention à l'écueil de **la Tortue** qui émerge seulement de 1 m à 100 m dans l'Est de l'île aux Rats

LEAVING VICTORIA BY THE CERF CHANNEL

Use this channel when you want to sail to the south of Mahé.

Leaving the harbour, sail between the ships berthed along the quays and the enrockments of the new islands marked by red poles. Take care of the buoyage reversing which takes place after the south basin of the harbour, as the channel buoyage is made for incoming ships. Leave the red poles on starboard steering southwards then veering back to the east. The five buoys on port clearly indicate when to veer. At the mouth, you reach the Cerf channel which is 500 m wide and 10m deep. The colour of water shows the location of shallows on corals, but it is advisable to sail close to Cerf island close to the yellow buoys which mark up the limits of the conservation park. When the south tip of Cerf island is reached, steer E.S.E to the extreme south tip of Mahé island until you can see, behind the eastern tip of Mahé, **Sudète** island linked to the shore by the airport runway. From there Rat island can be seen distinctly, a small cone-shaped rock with one palm tree on top. Care should be taken of the Turtle reef which is only 1m above the water and lays 100m to the east of Rat island.

Attention dans l'Est de l'île aux Rats qui déborde la pointe extrême Est de Mahé près de l'aéropor, à la roche découvrante de 1 m de la Tortue.

Take care to the La Tortue emerging rockhead east of Ile aux Rats at the far end of Mahé, close to the airport

L'ENTRÉE A VICTORIA PAR LE GRAND CHENAL DU N.E.

Orienté au **210°**, le grand chenal du N.E. laisse à environ 700 m sur bâbord l'île **Ste Anne** en forme de cône et couverte d'une belle végétation. On se contentera de déborder à distance cette côte N. W de Ste Anne qui est ourlée d'une frange de roches. Il est conseillé de bien reconnaître de nuit comme de jour la bouée de danger isolé. Deux bouées rouges délimitent la lisière Est du chenal. Lorsque l'îlot **Beacon** ou **île Sèche**, haut de 30 m, se dégage juste derrière la pointe sud de l'île Ste Anne, on peut suivre cet alignement au **87°** derrière soi pour venir virer de près la petite tour blanche du phare dans l'entrée du port de **Victoria**.

Si l'on vient du nord de Mahé, on pare tous les dangereux hauts fonds débordant les nouvelles îles en bordure de la côte N.E. de Mahé en faisant route au **158°** sur la pointe accore de l'île au Cerf, qui apparaît de loin comme une bande verte assez élevée Cette route vient couper le chenal principal du N. E à hauteur de la première bouée verte. Même avec un bateau de plaisance, il faut suivre scrupuleusement ce balisage car les balises sont plantées à ras des coraux, mais les rives des nouvelles îles délimitent clairement à l'approche de Victoria la route à suivre. Il n'y a plus de risque de talonner la lisière des bancs de coraux, les fonds étant assez accores.

Le chenal de Ste Anne passe sur un seuil à 5 m entre l'île Moyenne en premier plan et l'île Ste Anne. Au loin les hauteurs au nord de l'île Mahé.

Sainte Anne channel leads over 5m shallows between Ile Moyenne in the foreground and Sainte Anne. In the distance, Ile Mahé mountain range

Une échancrure dans le massif montagneux aide à situer de loin le port de Victoria en venant du N.E.

An indentation in the mountain range facilitates Victoria harbour identification when coming from NE

Les îles ont été edifiées sur les bancs de coraux couverts de moins de 2 m d'eau sans supprimer les anciens mouillages.

The islands have been built over coral reef. Ancient moorings are still available

Des chenaux étroits entre les îles permettent de rejoindre l'ancien rivage qui a conservé son état naturel

Narrow channels between the islands allow to join the previous shoreline

Un creux dans la barrière montagneuse qui domine la ville de Victoria, aide à situer de loin l'entrée du bassin, une anse naturelle presque circulaire, qu'on localise également entre les grands navires de pêche et de commerce amarrés à quai. Une grosse tonne de mouillage sur la gauche est utilisée pour amarrer une aussière en pointe pour un navire accosté le long du quai sud du bassin. Attention à ne pas l'oublier dans l'obscurité. On se dirigera vers le fond de l'anse sur le bosquet de l'**île Hodooul.**

Les hautes antennes de la station radio qui émet dans tout l'océan Indien, prennent appui sur le fond du lagon.

The tall transmitter masts of the radio station broadcasting all over the Indian Ocean are deeply rooted in the bottom of the lagoon.

Voir carte de situation en pages 42 et 49

La côte N.E de Mahé entre le port de Victoria et l'aéroport. La faible profondeur interdit partout l'accès des plans d'eau intérieurs aux voiliers de croisière.

Mahé NE coast between Victoria and the airport. Shallow depth doesn't allow access to the inner water stretch

Les nouvelles îles ont été édifiées en construisant des cordons en enrochements et en remplissant ces anneaux de câble par draguage.

The new islands have been built with rock rings filled with dredged sand

THE MAIN CHANNEL COMING FROM NORTH-EAST

Pointing **210°**, it leaves at approximately 700m on starboard side the cone-shaped island of **Ste Anne** covered with lovely vegetation. Over 10 m deep, this channel is the way for large ships. Due to its width, it is unnecessary for small pleasure craft to keep exactly to the 210° line. Simply stay clear of the N W coast of Ste Anne, lined with a small fringe of rocks. It advisable to identify, by day or night, the isolated danger buoy. When the **Beacon** islet or **île Séche**, 30 m high, is seen behind the south tip of Ste Anne island, you can follow this line **87°** behind to veer close to the small white tower of the lighthouse which marks the northern end of the coral reef in the entrance to Victoria harbour.

In this north fairway, the channel is more than 15 m deep up to the bay channel, where the sounding line still shows more than 12 m. The edge of the new islands along the N.E. coast of Mahé, is marked by numerous beacons and red buoys numbered from 2 to 10 to port and green from 1 to 11 to starboard.

Coming from the north of Mahé, keep clear of the shallows to the north-east of the island by steering **158°** towards the steep point of Cerf island, which appears in the distance as a raised green band. This route crosses the main channel at the first green buoy of the main channel.

Even with a pleasure craft, the buoys need to be followed fairly closely since they are close to the coral reef. But, when aproaching Victoria, the shore of the new islands clearly show the way. No more risk to hit the fringe of rather steep coral reefs.

Take special care not to head straight on the inter-island quay or the pontoons of the VPM base which can be seen distinctly from buoy No. 5. On no account miss out rounding buoy No. 7 since there is little or no water in the triangle made by buoys 5, 7 and 9.

A break in the mountain barrier overlooking the town of Victoria helps to locate the entrance to the dock, an almost circular natural harbour. It can also be spotted between the large fishing boats or cargo ships berthed alongside the quay. A large floating bollard on the left side is used to fasten a hawser from ships drawn alongside the south quays of the dock. Take care not to forget it in the dark.

Sail towards the far end of the bay aiming for the coppice on Hodoul island.

ACCÈS DE NUIT À VICTORIA

Le port de Victoria accueillant de nombreux cargos et des chalutiers de haute mer, son accès de nuit ne présente aucune difficulté par le chenal du N. E grâce à un balisage lumineux très complet. En revanche l'accès par les chenaux Ste Anne et au Cerf est impraticable dans l'obscurité.

Un feu fixe rouge sur le sommet 252 m de l'île Ste Anne et un feu rouge à éclat sur une colline 125 m au nord de Victoria signalent aux avions en approche sur l'aéroport ces deux dangers. Ces deux feux rouges bien visibles de la mer encadrent le feu blanc (éclat 6,7 sec.) d'une portée de 7 milles du phare en rade de Victoria visible jusqu'à 7 milles et l'alignement d'approche à **210°** qui est donné par deux feux rouge à occultations visible de 200° à 220°. Les feux fixes rouges qu'on aperçoit dans l'ouest signalent des mâts radio qui n'intéressent que les avions.

En suivant cet alignement à 210° on vient jusqu'à la hauteur du feu blanc (2 éclats 5 sec.) de la bouée de danger isolé qu'on laisse à distance sur tribord et l'on poursuit sa route sur encore un demi mille pour venir couper l'alignement à **264°** de deux feux fixes rouges par un feu blanc (éclat 2 sec.) Ce second alignement conduit jusque devant l'entrée du port de Victoria encadrée par le feu blanc du phare que déborde à petite distance le feu rouge (2 éclats 4 sec.) d'une bouée et le feu vert (éclat 2 sec.) d'une balise en lisière des enrochements d'une nouvelle île. On passe encore entre deux feux rouge (éclat 4 sec.) et vert (éclat 5 sec.) avant d'arriver devant les quais des cargos et chalutiers éclairés par des lampadaires ou l'on repère aisément l'entrée du vieux port. Le feu vert (éclat 5 sec.) est important car il marque le virage pour rejoindre le quai Inter île et le ponton plaisance également bien éclairé car c'est le point d'accostage de tous les bateaux assurant les liaisons avec Praslin.

Attention dans l'entrée du vieux port au coffre qui peut être relié à un navire par une aussière.

ENTERING VICTORIA HARBOUR IN THE NIGHT

Victoria harbour shelters numerous cargo ships and long distance trawlers, entrance at night is easy by the north-east channel due to extensive light beacons. However, the entrance by Cerf or Ste Anne channel is impossible at night.

One fixed red light on top of St Anne island (252 m), and one flashing red light on top of a hill (125 m) north of Victoria signals the danger to planes landing at night on the airport. Two red lights well conspicuous frame the white light (flashing 6,7 sec) with a 7 miles range and two red lights with occultations visible between 200° and 220° marks the 210° approach course.

Steer on this range up to the white light (2 flashes 5 seconds) of the buoy pointing an isolated danger on starboard and follow the route for half a nautical mile until the intersection of the 249° range when two fixed red lights line up with a white light (flashing 2 seconds). This second range lead to the entrance of Victoria harbour marked on starboard by the lighthouse white light (flashing 6,7 seconds) and a green light (flashing 2 seconds) of a beacon near the new island rocks embankment.

The narrow channel between the new islands is still marked on port by the red light (flashing 4 seconds) of a buoy and on starboard the green light (flashing 5 seconds) of a beacon close to the reef where is easy to see the quays of the cargos and trawlers well conspicuous by lampposts. This green light is important as it marks the turning point to the inter-island quay and the boat-hire pontoon. At the beginning of night, traffic is often important as boats arrive from Praslin. Care must be taken in the old harbour to the mooring buoy near the entrance which may be linked to a ship by a mooring rope.

LES FEUX DE NAVIGATION DANS L'ÎLE DE MAHE

PORT DE VICTORIA :

Ile St Anne à l'Est de Victoria sur le sommet à 252 m feu fixe rouge aéronautique allumé en permanence. 4°36,3 - 55°30,2.

Alignement à 210° : deux feux rouges à occultations, visibles de 200° à 220°.

Bouée de danger isolée. 4°36,2 S - 55°29,1 E.

feu blanc 2 éclats 5 sec.

Tourelle du phare, entrée de la rade. 4°37,1 - 55°28,2 :

feu blanc éclat 6,7 sec. portée 7 milles.

Alignement à 264° : feu blanc éclat 2 sec. et 2 feux rouges verticaux fixes à 1 170 m du feu blanc.

Feux fixes rouges sur mâts radio au nord du port.

FEUX AUTOUR DE MAHÉ

North East point. 4°34,9 - 55°27,9. feu éclat rouge pour les avions. visible 202,5° à 000°,5. allumé en permanence.

Police Point sud de Mahé 4°48,3 - 55° 31,2. feu blanc 2 éclats 15,4 sec. visible de 276° à 128°. Portée 7 milles.

Cap Ternay : 4°38,3 - 55°22,1. tourelle feu blanc scintillant rapide (2) 10 sec. visible de 026° à 221°. Portée 10 milles.

ENTRE MAHÉ ET PRASLIN

Ilot des Mamelles. tourelle. feu blanc éclat 2,5 sec. Portée 11 milles.

POINTS GPS
WAY POINTS

Phare de Victoria
4° 37' 09 - 55° 28' 17
Entrée du chenal de Ste Anne
à mi distance entre Ste Anne
et l'île Séche
4° 36' 55 - 55° 31' 10
Entrée du chenal au Cerf
à 500 m au sud de l'île
Cachée
4° 38' 77 - 55° 30' 30

LE CHENAL DE STE ANNE

Orienté à environ **245°**, il passe entre les îles **Ste Anne** et **Moyenne** en laissant au sud, le petit îlot de l'**île Sèche** haut de 30 m, dénommé également **Beacon** sur les cartes anglaises. De la pointe sud de l'île Ste Anne qu'il faut bien dégager, on se dirigera vers la tourelle blanche du phare au sud de la passe. Aucune roche n'est à craindre jusqu'au voisinage du phare.

Le chenal de Ste Anne n'est pas utilisé par les grands navires car sa profondeur ne dépasse pas 5 m mais il est aussi simple à suivre que les deux autres chenaux par un bateau de plaisance. Attention le soir au soleil couchant au contre jour qui masque les points de repère.

De nuit : le chenal de Ste Anne est impraticable faute d'un balisage lumineux.

STE ANNE CHANNEL

Sailing between Ste Anne and Moyenne islands, leaving the small 30 m high islet of Ile Sèche (called **Beacon** on British maps). From the southern tip of Ste Anne island head on the white turret of the lighthouse south of passage. No rocks to be feared until close to the lighthouse. The channel is not used by large ships because of its limited 5-m depth but, for a pleasure craft, it is as easy to follow as the other two channels. Care should be taken at sunset because it is difficult to see the dangers.

At night : Ste Anne channel is not passable at night because of the absence of lights.

LE CHENAL DU CERF

Il permet de rejoindre le port de Victoria par le S.E. en longeant de loin les enrochements des nouvelles îles et du terre plein de l'aéroport puis une frange de roches qui s'étend jusqu'à la passe sud du port de commerce. Ce chenal est assez dangereux car mal balisé.

On déborde largement l'**île Anonyme** haute de 40 m couverte de cocotiers pour venir passer à au moins 500 m au sud de l'**île du Cerf** qui est ourlée d'une frange de récifs. Attention si l'on vient du sud près de la côte à la présence de l'**écueil de la Tortue** qui affleure à 700 m dans l'Est de l'**île au Rat**, un petit amas de pierre haut de 12 m portant un unique palmier à son sommet. La roche de la Tortue se repère généralement à l'écume blanche des vagues qui y brisent violemment. La roche est bien isolée et le passage à terre aisément praticable mais mieux vaut par mer agitée arrondir l'écueil par l'Est. Cette roche affleurante est particulièrement dangereuse à marée haute par mer calme lorsqu'elle est invisible sous les eaux.

Les travaux édification des nouvelles îles vont encore durer pendant quelques années et peuvent modifier les abords des chenaux.

Work in progress for a few years to come may modify the channels access.

PASSAGE ENTRE LE PORT DE VICTORIA ET LE CHENAL DU CERF

Si l'on vient du N.E. pour emprunter le passage du Cerf, on prendra garde également dans l'Est de l'île au Cerf, à 1,6 mille à la **roche Harrison** qui pointe dans le groupe de roches du **Grand Rocher.** Elle se situe par 4° 38' Nord et 55° 31,9 Est. Le passage à terre profond de 5,80 m est aisément praticable en se plaçant sur l'alignement à **262°** du **Morne Seychellois** le point le plus élevé de Mahé par le sommet de l'île du Cerf et légèrement dans l'ouest de l'alignement à **179°** de la pointe sud de Mahé par la **pointe de la Rue** près de la roche de la Tortue.

La plus grande profondeur du chenal du Cerf avoisine les 10 m et suit sensiblement à mi distance les deux rives jusqu'à la hauteur de la perche qui balise l'extrémité sud de la barrière de récifs en avant du port de Victoria.

Cette passe sud large de 600 m et profonde de 4 à 5 m est bien délimitée par plusieurs bouées et balises. Attention en contre-jour au soleil couchant qui peut les masquer.

Le changement du sens du balisage s'opère à partir de la première darse du port de commerce. La balise n°13 verte est à laisser à bâbord et la balise rouge n° 12 à tribord. Mais il suffit désormais de longer les navires à quai pour rejoindre le vieux port ou le quai Inter Îles.

Si **venant du sud**, le long de la côte Est de Mahé, on hésite à emprunter le passage étroit entre le chenal du Cerf et les darses de port Victoria, on peut rejoindre le chenal de Ste Anne plus au nord, mais il faut prendre garde au Grand Rocher qui pointe à 1,6 mille dans l'Est de l'île Longue et dont les abords ne sont pas très accores.

Si la pointe sud de Mahé est visible en venant du nord derrière la pointe de l'**île de Suéte** en bout de la piste de l'aéroport, on est certain de ne pas risquer de heurter une roche dans l'Est des îles Ste Anne et au Cerf.

De nuit : le chenal du Cerf est impraticable faute d'un balisage lumineux.

THE CERF CHANNEL

This provides access to Victoria harbour from the south-east and runs parallel to the airport runway then from a rocky edge stretching to the southern channel of the commercial port.. This channel is dangerous as it is badly marked

Keep clear of **Anonyme** island which is 40 m high and covered with coconut palms, and sail at least 500 m south of **Cerf** island, fringed by a coral reef. If you approach from the south and sail close to the south shore be careful of **Turtle** reef, which breaks the surface 700 m from **Rat** island, a small cone-shaped rock 12 m high with one palm trees on top. Turtle reef can usually be seen from a distance thanks to the white spray of waves breaking over it.

Tout le rivage au sud du port de Victoria est débordé par de larges plateaux de récifs qui obligent à suivre exactement le chenal .

The south bank of Victoria harbour is lined with a large reef forcing you to stay in the channel

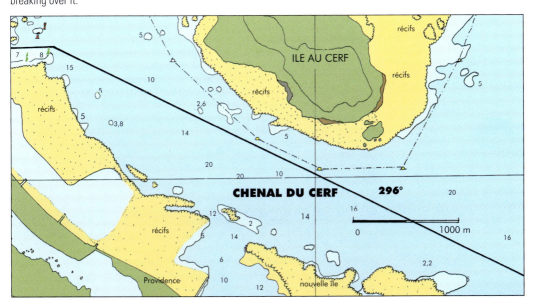

Although there is a clear passage between the reef and the shore, it is advisable to round it to the east as this rock is not visible at high tide when the sea is calm.

When approaching from the north-eas to follow the Cerf channel, take care of **Harrison reef,** 1.6 miles east of Cerf island, which is the largest of a group of rocks. It is located exactly 4° 38' N 55° 31,9 E. The way to the shore is easily passable, steering a course in the 262° range on the Morne Seychellois, the highest summit of the island of Mahé by the summit of Cerf island and slightly west of the 359° range of the southern tip of Mahé and the **Pointe de la Rue** near Turtle rock.

A rock east of Ste Anne and Cerf islands can be avoided by keeping the southern tip of Mahé in sight.

Cerf channel has a maximum depth of 10 m and is roughly half way between the two shores and should be followed as far as the pole marking the southern end of the coral reef barring the entrance to Victoria fairway.

This southern passage is 600m wide and 4 to 5m deep. Take care at sunset because it is difficult to see the dangers.

The buoyage reversing begins from the first dock onwards. The green No. 13 buoy should be left to port and the red No. 12 to starboard. Then, simply sail along by the side of the berthed ships to reach the old harbour or the inter-island quay.

Coming from south, along the east coast of Mahé, it is questionable to enter the small passage between the Cerf channel and Victoria harbour basins. It is better to join the Ste Anne channel further north, keeping clear of **Grand Rocher** surrounded by shallow waters, 1,6 mile east of Longue island

At night : The Cerf channel is impassable at night due to the absence of lights.

LA BAIE DE PROVIDENCE

À 1,3 mille au S.E du goulet, entre le chenal du Cerf et les darses du port de Victoria, entre deux nouvelles îles, de vastes étendues de graviers blancs de vieux coraux et quelques haies de filaos en attendant de futures constructions, une large passe donne accès au vaste plan d'eau de Providence qui offre un abri sûr car la houle est cassée à l'extérieur de la passe par les hauts fonds. Les vents dominants de N.W ou S.E peuvent toutefois lever un peu de clapot en prenant le plan d'eau en enfilade. Les fonds partout supérieurs à 5 m et qui peuvent même atteindre 12 m dans la partie Est, autorisent l'entrée de bateaux importants. Il ne manque pas actuellement de place pour mouiller dans des eaux bleu pale, un peu laiteuses. Il est prévu d'aménager la darse qui creuse le rivage au S.W en port de pêche mais le site pour le moment est encore désert. Le rivage est en partie bordé par la route côtière à 4 voies avec en arrière plan les hauteurs de granit brunâtres du Morne Seychellois.

PROVIDENCE BAY

11,3 mile SE of the narrows between the Cerf Channel and Victoria basins, between two new islands, large expanses of white dead coral gravel and a few filaos lines, a large passage give access to Providence bay providing a safe shelter as the swell is broken up outside of the passage by shallows. However, prevailing NW or SE winds make it a little uncomfortable.

Le vaste mouillage de Providence n'est pas encore amménagé et conserve enocre l'allure d'un lagon

Providence large mooring area is not yet equipped and still looks like a lagoon

Water depth varies from 5m to 12m in the eastern part, allowing large ships to enter the bay. There is plenty of space for moorage in pale blue, slightly milky water. In the future, the basin digged into the SW shore will be converted in a fishing harbour but is still desert by now. The shore is partly lined with a 4 lanes driveway with the brown graniteheights of Morne Seychellois in the distance.

This southern passage is 600m wide and 4 to 5m deep. Take care at sunset because it is difficult to see the dangers.
The buoyage reversing begins from the first dock onwards. The green No. 13 buoy should be left to port and the red No. 12 to starboard. Then, simply sail along by the side of the berthed ships to reach the old harbour or the inter-island quay.
At night : The Cerf channel is impassable at night due to the absence of lights.

LE MOUILLAGE DU CHANTIER

Juste à l'ouest de l'aéroport, dans le district de Providence, près d'une grande grue rouge et blanche, un creux dans le plateau côtier permet d'approcher du rivage et d'un chantier naval (Charly Marzocchi) qui assure les réparations importantes sur les yachts. Une perche verte qu'il faut laisser à bâbord signale le début du chenal au milieu d'un plateau de corail. Un slip peut mettre à terre des bateaux jusqu'à 40 tonnes. Le mouillage en avant du chantier est bien abrité des vents d'ouest mais rouleur par vents de S.E. C'est essentiellement un abri technique sans aucun attrait touristique.
On trouve en ce lieu des ateliers de mécanique bien équipés (C et B Marzocchi) des petits ateliers de polyester pouvant assurer la plupart des réparations (Denis Horner, Larue Glass, Mazorcchi, D Barallon) ainsi que différents mécaniciens concessionnaires de marques de hors bord (Mercury - Yamaha). A noter également la présence de professionnels dans les travaux sous marins

SHIPYARD MOORING

Just to the west of the airport, close to a large red and white crane, a break in the coastal reef provides access to the shore and shipyard handling major yacht repairs. A green pole marks the entrance to the channel in the middle of the coral reef. There is a slipway allowing boats up to 40 tons to be hauled out. The mooring in front of the shipyard is well sheltered from westerlies but is uncomfortable when winds are from the south-east. The site is of no interest for tourism.

Le chantier près de l'aéroport peut mettre à terre des bateaux jusqu'à 40 tonnes.

The shipyard close to the airport allows to pull ashore boats up to 40 tons.

Il est possible dans la baie de Talbot près de l'aéroport d'assurer l'entretien et les réparations de yachts importants.

The south bank of Victoria harbour is lined with a large reef forcing you to stay in the channel

Voir carte de situation en page 42 et 63

Big Ben, au centre de Victoria, une petite replique datant de 1916, de la célébre tour horloge de Londres. Les Seychelles étaient à cette époque sous l'autorité de la couronne britannique.

Big Ben in the centre of Victoria is a small replica of the famous London tower dating back to 1916. The Seychelles were then under the sovereignty of the British crown.

L'archevêché de Mahé est une trés belle construction du siècle dernier.

The archbishop's palace of Mahé is a beautiful last century's building.

Le pittoresque marché de Victoria ouvert chaque matin, est fréquenté également par quelques échassiers.

The picturesque market place of Mahé is open every morning It is also visited by some wading birds.

VICTORIA CENTRE

La capitale des Seychelles est une ville de 20.000 habitants dont le bord de mer est entièrement occupé par les quais du port de commerce où viennent s'amarrer quotidiennement des porte-containeurs, mais également de nombreux gros chalutiers pour la pêche à la senne battant pavillon français, espagnol, japonais ou russe.

Quelques esplanades de verdure et deux ou trois avenues bordées de cafés, de banques et de bâtiments officiels séparent le port de la ville plus ancienne qui a conservé quelques constructions du siècle dernier, en particulier une grande cathédrale et un bel archevêché. La circulation est suffisamment dense pour être réglée par quelques feux tricolores et le stationnement est en partie payant.

La petite ville plus moderne s'étend vers le sud car Victoria ne peut s'étendre vers l'ouest car elle est adossée à une haute barrière montagneuse qu'il faut franchir par une route aux nombreux lacets dès que l'on veut se rendre sur la côte ouest.
Le niveau de vie aux Seychelles est suffisamment élevé pour que l'on trouve à Victoria à peu près tous les produits et les services d'une ville européenne. Les hommes d'affaires roulent en voiture à air conditionné, les téléphones cellulaires sonnent aux terrasses des cafés et les bus circulent sur des routes bien bitumées tandis que les enfants se dirigent en uniforme vers les écoles.

Au sud du port de Victoria, les hauts fonds sous moins de 2 m d'eau comme dans la partie nord, ont été en grande partie recouverts de débris de corail récupérés en creusant des canaux autour des parcelles asséchées selon la technique des polders hollandais. Cela explique que l'ancien rivage, aux gros rochers de granit noir, se trouve aujourd'hui séparé de la mer par un étroit chenal aux eaux un peu blanchâtres et par de vastes terrains plats et bas couverts de plantation ou de grands bâtiments. Sur le plan touristique, ce rivage au sud de Victoria a perdu tout attrait car aux terrains gagnés sur la mer s'ajoute la vaste entreprise de l'aéroport international. On passe à distance pour emprunter le chenal au Cerf.

VICTORIA CITY

The capital of the Seychelles is a city of 20,000 inhabitants. The shoreline is taken up by the harbour quays along which container ships moor every day, together with many large seine trawlers, sailing under French, Japanese or Spanish flags.

Some esplanades and avenues lined with bars, banks and official buildings separate the harbour from the older city, which has kept some 19th century buildings. Several traffic lights are needed for the traffic which at times can be quite dense. There may be a charge for parking.
A new town stretches southwards along the side of a range of mountains which has to be crossed to reach the west coast by way of a winding road with many hairpin bends. The standard of living in the Seychelles is quite high. All the products and facilities of a European city can be found in Victoria. Businessmen have air conditioning in their cars, cellular phones keep on ringing outside cafés and buses drive along good asphalt roads as children go to school wearing uniforms.

To the south of Victoria harbour, shallows are less than 2m deep as in the north part. They have been filled up with coral debris coming from the diggings of the channels around the dried stretches of land : a technique very similar to that used for the Dutch polders. The former shoreline, with its large black granite rocks is now separated from the seaside by a narrow channel with whitish waters and by wide flat stretches of farmland and tall buildings. This south district of Victoria has no interest for tourists as it is also partly used for the premises of the international airport. Steer away to the Cerf channel.

Voir carte de situation en page 42

INFORMATIONS PRATIQUES - USEFUL TIPS

SERVICES ADMINISTRATIFS
OFFICIAL SERVICES

À Victoria :
Seychelles Tourisme Marketing Authority
Tél 62 00 00. fax Bel Ombre
Airport office   Phone 37 32 25
Seychelles Yacht club.   Tél 32 23 62
Port de Commerce - Main Harbour :
Port Office   Phone 22 47 01 fax 22 40 04
Se

TAXES DE SÉJOUR
Tous les bateaux de plaisance qui cabotent dans les eaux de l'archipel des Seychelles doivent acquitter une taxe de séjour égal à 50 F par bateau et par jour jusqu'à une longueur de 20 m.

VISITOR'S TAXES
All pleasure boats sailing in Seychelles waters must pay a visitor's tax of 50 F per day and per boat up to 20 metres.

MÉTÉO
SBC, Seychelles Boarding Corporation. La radio publique des Seychelles diffuse en ondes moyennes sur 1368 Khz, un bulletin météo en créole entre 7h30 et 8h15. Le même bulletin est repris en anglais entre 8h30 et 8h 45.
Seychelles Radio peut donner un bulletin sur demande par VHF sur canal 16. Le dégagement se fait sur canal 26 ou 27.
La station météo de Mahé Tél 38 33 77 peut donner un bulletin plus détaillé sur les îles éloignées.

WEATHER FORECASTS
SBC, Seychelles Boarding Corporation. The public radio of Seychelles broadcasts on medium waves 1368 Khz, a weather report in creole between 7.30 and 8.15 AM. The same weather bulletin is broadcasted in English between 8.30 and 8.45 AM.
Seychelles Radio can give a forcast on demand on VHF channel 16. Clearance on channel 26 or 27.
The weather station of Mahé (Phone 38 33 77) issues a detailed bulletin concerning the remote islands.

COMMUNICATIONS
Cable and Wireless à Victoria. Tél 32 22 21
Location possible de téléphone portable GSM.
B.B.C Indian Ocean relay station. Grande Anse.
Tél 28 40 00.

APPROVISIONNEMENT EN GAZOLE
Marine Charter Association dispose dans le vieux port d'un poste de carburant ouvert tous les jours de 7 h à 18 h qui délivre du gazole. Appel en VHF sur canal 16.
Du fait de la faible profondeur au droit du ponton, l'accès à la pompe n'est possible pour un voilier qu'avec moins de 1,80 m de tirant d'eau à la P.M Le ravitaillement pour les bateaux plus importants peut se faire par camion citerne sur rendez vous soit au port de commerce, soit au quai Inter-Ile. SEYPEC tél 224.240

Tarif gazole détaxé : de 1,50 à 2 SR .

Taxé : 4,50 SR.
Dans les autres îles l'approvisionnement en gazole est très difficile. Quelques hôtels disposent de réserve pour leur générateur électrique.
Sur demande, IDC peut déposer des bidons de gazole dans les îles très éloignées suivant les rotations des navires. Le gazole doit être payé à l'avance.

FUEL OIL SUPPLIES
Marine Charter association has a fuel station in the old harbour opened everyday from 7 AM until 6 PM which sells fuel oil. Call on VHF channel 16.
Be carefull though, because depth is not over 1 m at low tide along the pontoon except ahead of the fuelling post. Sailing boat drawing 1,80 m must wait high tide and larger ones must be refuelled either by a tanker lorry at the inter-island quay or in the commercial port appointements to be taken with SEYPEC phone 224 - 240.

Fuel oil : 4,50 rupees. Taxe free 1,70 to 2,50
Everywhere else, refuelling is very difficult. Some hotels have fuel tanks for their electric generators.
Upon demand, IDC can bring jerrycans on remote islands according to the boats movements. Fuel must therefore be paid in advance.

APPROVISIONNEMENT EN ESSENCE
Un seul point de ravitaillement à quai à Victoria : Marine Charter Association. Pour des quantités transportables, on peut s'approvisionner aux stations service.

Dans l'île de Mahé
En ville près du carrefour de Big Ben.
En face de la sortie de l'aéroport.
À Beauvallon à environ 500 m de l'embranchement des routes nord et sud en allant vers Victoria. Tél 247.256.
Au milieu de l'anse aux Pins.

à Praslin
Station à Grande anse   Tél : 233.240

Baie Sainte Anne   Tél 232.076.

A La Digue : vers Source d'Argent 500 m après l'église Ste Marie

Pas de ravitaillement possible dans les îles éloignées sauf en jerry cans.
Se renseigner avant de quitter Victoria auprès des hôtels.

Le cours du change de la roupie est d'environ : 5,20 roupies pour un euro ou un dollar US.

The rupie rate is : 5,20 rupies for one euro or one US dollar

PETROL SUPPLIES
There is only one petrol station on the quay of Victoria : The Marine Charter Association.
For quantities that can be carried away, any petrol station will make the day.

In the island of Mahé :
In town, close to Big Ben junction.
Facing the aiport exit.
In Beauvallon 500 m away from the north and south road junction leading to Victoria.
Phone 24 72 56.
In the middle of Anse des Pins.

In Praslin :
Grande Anse station   Phone : 23 32 40
Sainte Anne   Phone 23 20 76.
No refuelling is available in remote islands.other than with jerricans in Praslin and La Digue.

APPROVISIONNEMENT EN EAU

À Victoria :
Au port de commerce avec le dispositif d'approvisionnement des navires de commerce.
À Marine Charter association en quantité modérée par un tuyau souple.
Au quai Inter Îles au ponton flottant de VPM et Sunsail dans la mesure où une place est libre. Par jerricans au Yacht club.

A Praslin
À la jetée sud de la baie de Ste Anne. (tuyau en bout du môle). Autorisation à demander par VHF canal 16. Contacter William Rose.

La Digue : dans le port de la Passe.

Dans les îles éloignées, il est impératif de recueillir l'eau de pluie.

WATER SUPPLIES

In Victoria :
In the commercial port at the water supply station of merchant ships.
To the Marine Charter association in limited quantities with a hose.
At the VPM or Sunsail pontoons of Inter island quay if room is available.

In Praslin
At the southern jetty of Ste Anne. (Pipe at the far end of the mole). Contact William Rose.
La Digue in the port of la Passe.
In remote islands, gathering rainwater is the only solution.

AVITAILLEMENT EN VIVRES

À Victoria :
Super marchés :
Seychelles Marketing board.   Tél 28 50 00.
Continental   Tél 32 37 02 fax 32 13 48
Krishna Mart.   Tél 32 26 55
Teemooljee and Co.   Tél 22 43 31 fax 22 46 42.
Un marché est ouvert en ville tous les jours sauf le dimanche jusqu'à 16 h. et le samedi jusqu'à 12 h. Il

est recommandé de venir le matin. On y trouve beaucoup de poisson, des légumes en particulier des tomates, des avocats suivant la saison, des œufs, des bananes, des mangues et une grande variété d'épices.
Pains dans plusieurs boulangeries et super marchés.

VINS - WINES

Wines Pty. Tél 32 2.663. Le vin est assez cher 52 roupies la bouteille. Wine is a little expensive.

Avitaillement par shipchandler :
Southern Ocean Shipchandler.
      Tél 37 32 02 - 51 09 91
Mahé shipping   Tél 38 05 00

FOOD SUPPIES

In Victoria :
Supermarkets : see informations in french
An open market takes place everyday except Sunday in town until 4 PM and un Saturdays until noon. It is preferable to come early. Fish, vegetables, especially tomatoes, avocados are available depending on the season, eggs, bananas, mangoes, and a great variety of spices.
Bread is found in the numerous bakeries and supermarkets.

SHIPSHANDLERS
Southern Ocean Shipchandler.   Phone 37 32 02 - 51 09 91
Mahé shipping   Phone 38 05 00

PHARMACIE
CHEMISTS

Behram's Pharmacy Victoria House. Tél 225 559.
On peut trouver en dehors de l'organisation de la santé publique, des médicaments dans le circuit privé.

TAXIS

Taxi stand :   Tél. 32 25 15 et 32 26 53

BANQUES
BANKS

Banque Française Commerciale de l'Ocean Indien
Victoria   Tél 28 45 55 fax 32 26 76
Barclays Bank   Tél 22 41 01
Nouvo bank   Tél 22 50 11

CARTES DE CREDIT
CREDIT CARDS

American Express   Tél 32 24 14
Diner's club.   Tél 22 53 03
Visa Card.   Tél 38 38 38
Master Card   Tél 38 38 38

ACCASTILLEURS
SHIPCHANDLERS

Mazorchi Charles.   Tél 37 34 39.
Indian Ocean Marine Co Fishing port (Spécialité pêche et mécanique).   Tél 22 45 05.
Marine Equipement and Services.Mason Tél 34 47 07.
Adesho Marine. Nouveau port.   Tél 22 42 16.

MÉCANICIENS MOTEUR DIESEL
DIESEL REPAIRS

Naval Service   Tél 22 45 26
Marzocchi Charles   Tél 37 34 39
Shipyard electrical Brian Marzocchi Tél 37 36 67
A Praslin :
Barry Suffé   Tél. 23 21 91
A la Digue :
Guilly Morel   Tél 23 43 62 et 23 40 29
Kiki Smith   Tél 23 44 02

MECANICIENS MOTEUR HORS BORD
OUT BOARD MOTORS REPAIRS

Abhaye Valabhji Tél 37 38 81 (Yamaha).
Allied agencies   Tél 22 44 41.
Classic Mer Power. (Mercury). Tél 37 37 31.
Indian Ocean Marine   Tél 22 45 05 (Tohatsu).
Larue Glass Works. Pte Larue Tél 37 37 17
Westergreen Eddie.   Tél 22 40 58.
Esparon Edouard   Tél 24 10 82
Classic Mer Power Tél 37 37 31 concess. Mercury.
Marine Equipement service. Tél 32 31 52

REFRIGERATION

Froid 2000.   Tél 51 2.0 20.
Cooling Plus.   Tél 37 41 71 - 51 60 06
Steeve Pillet.   Tél 34 46 72
HIS Entreprise. Providence. Tél 37 37 00
Vincent Pillay   Tél 32 27 21

CHANTIERS DE REPARATION
BOAT BUILDERS OR REPAIR

Naval Service. Nouveau port de Victoria. slip way jusqu'à 40 m. Tél 22 45 26 fax 22 55 93
Mazorchi Charles. (slipway).   Tél 37 34 39
Larue Glass Works. Providence. Tél 37 54 33 et 37 37 17. (pas de slipway).
Boat Builders. La Digue. (construction de goélettes en bois). Tél 23 42 21
Praslin Boat Yard. baie Ste Anne. (chantier bois). Tél 23 24 45.
Joseph Prea Travail sous marin   Tél 51 54 04

REPARATIONS PLASTIQUES
FIBER GLASS REPAIRS

Mazorchi Charles.   Tél 37 34 39
Larue Glass works. Providence. Tél 37 37 17 et 37 54 33
Davids Baralon (finitions petites pièces). Tél 37 37 39.

VOILERIE - SAILS

Sail Training Scheme au Yacht club. Tél 32 22 32

ÉLECTRONIQUE REPARATIONS
ELECTRONICS REPAIRS

SEYMI Electronic Maritime Tél 22 47 52 - fax 22 46 77
Seychelles Electronic and Co. Tél 22 47 41.
Eddie Prea   tél 51 00 60
Electronix 2000   Tél 37 60 62

ELECTRICITE

DC electrical Maintenance
Ralph Monty   Tél 37 17 60 mobile 51 02 24
Brian Marzocchi   Tél 37 36 67

CLUBS DE PLONGÉE - DIVING SCHOOLS

Le Diable des Mers. Beauvallon   Tél 24 71 04.
Under Water Centre. Padi 5 star dive center. Coral Strand Hotel. Mahé   Tél 24 73 57
Paradise Sun hotel Praslin. Tél 23 24 63

MATÉRIEL DE PLONGÉE
REPARATION ET LOCATION
DIVING SERVICES

Diable des Mers Beauvallon Tél 24 71 04.
Octo Plus.   Tél
Pro Diving   Tél 37 63 77
Savuka dive Praslin Anse Bois de Rose. Tél 23 39 00
Seychelles under water center. Coral Strand Hotel Beauvallon   Tél 24 73 57
Paradise Sun Hotel. Praslin. Tél 23 22 55

LOCATION DE VOITURE - CAR HIRE

Echo Rent a car.   Tél 37 33 73 - fax 37 31 13
Exoticars.   Tél 26 11 33
Hertz.   Tél 32 24 47 - fax 32 41 11
Avis   Tél 22 45 11
Budget.   Tél 34 42 80.
Europcar International. Tél 22 53 02
City car Hue.   Tél 37 52 89
Eden Rent a Car.   Tél 26 63 33
Sunshine.   Tél 22 46 71
Mein's car hire. Tél 26 63 66, fax 37 57 32.
V Drive Tél 37 31 71
Thrifty. Tél 24 70 52 mobile 51 02 52.

CARTES MARINES
NAUTICAL CHARTS

Au port de commerce. To the commercial harbour : Service Account et Adesho shipchandler.

LE PARC NATIONAL DE SAINTE ANNE

Ce parc créé pour assurer la protection des fonds sous marins, englobe en avant de Victoria dans un rayon de 3 milles, les îles Ste Anne au nord et Cerf au sud qui sont reliées entre elles par des hauts fonds d'où émergent les îles Ronde, Moyenne et Longue.

L'ÎLE STE ANNE

De forme tronconique, couverte d'arbres avec un sommet atteignant 250 m de hauteur, l'île Ste Anne est débordée au sud par un petit môle construit autrefois pour une station de chasseurs de baleine dont on peut voir encore quelques installations et c'est dans cette île Ste Anne que les premiers colons français s'installèrent en 1770.

Sur la côte ouest s'élevaient quelques gros réservoirs de pétrole. Ces installations ont été rasées pour laisser la place à un vaste complexe touristique. Pour assurer les liaisons avec Victoria l'ancienne petite jetée a été prolongée parallèlement au rivage par un épi en enrochements dont on peut accoster le quai intérieur.

La plus grande partie de l'île a conservé une nature sauvage et les promenades dans l'intérieur sont reglementées afin de préserver la flore et la faune du parc. La surveillance est assurée par les rangers des parcs marins.

Dans le chenal Ste Anne au sud de l'île, il faut se rapprocher de la rive nord et laisser au sud les 2 ou 3 bouées de mouillage installées au voisinage de l'île Moyenne. On peut mouiller dans l'Est du môle de débarquement en se tenant à distance de la lisière des récifs. Attention à la présence de quelques gros blocs de béton sur lesquels venaient s'amarrer les caboteurs à l'époque des installations pétrolières. Seuls de gros anneaux émergent à marée haute. Le mouillage peut être un peu clapoteux Le site plaisant, assez sauvage, est dominé sur les hauteurs par des parois de roches noires et un peu violacées. Une bouée est installée dans le prolongement du môle.

L'île Ste Anne vue du S.W avec en premier plan la plage de la pointe de Mare Jupe et sur la droite le petit abri au sud de l'anse du Cimetière.

Ste Anne island as seen from the south-west. On the foreground, Mare Jupe point and on the right the small jetty to the south of the cove of Cimetière

Vu de l'ouest, le petit archipel des îles du parc de St Anne en avant du port de Victoria. A gauche les îles Moyenne et Long, et à droite la petite île Ronde et l'île au Cerf. La haute chaîne montagneuse du centre de Mahé barre l'horizon

Seen from west, Sainte Anne park islets little archipelago ahead of Victoria.On the left Moyenne and Long islands and on the right Ronde island. The high mountain range of Mahé bars the horizon

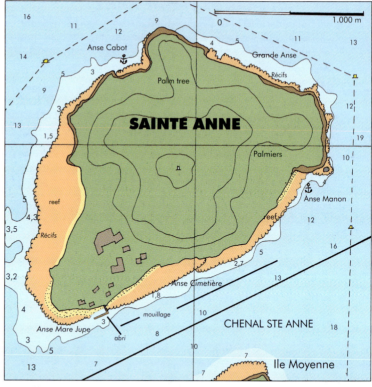

Le meilleur mouillage se situe sur cette côte S.E. de Ste Anne en lisière des bancs de coraux mais il n'y a pas de place bien définie. On se tient entre la jetée et la petite anse **Manon** au N.E suivant la force et l'orientation des vents. L'anse Manon près de la roche **Albert** est généralement rouleur et les fonds dépassent vite les 12 m.

Dans l'anse **Cabot** au nord de Ste Anne, la profondeur est de 7 à 8 m et la houle par vent fort de S.E. qui a tendance à contourner la pointe nord de l'île, rend le plan d'eau rouleur. On est obligé de mouiller près des coraux vers lesquels le bateau peut se rapprocher dangereusement. Sur la côte ouest de Ste Anne, les bouées de mouillages pour les pétroliers encore mentionnées sur les cartes, ont été supprimées.

Le mouillage y est également convenable mais les bâtiments en construction ne constituent pas pour le moment un décor très attrayant. La pointe extrême S.W. de l'île Ste Anne forme la belle langue de sable fin de **Mare Jupe** devant laquelle on peut également mouiller.

Les plongées sont fort belles sur les hauts fonds rocheux au N.W. et au SE de Ste Anne. Les parrots qui aiment croquer le corail y sont particulièrement nombreux.

L'île Ste Anne présente un relief très accidenté. Une épaisse toison s'agrippe aux rochers dont le granit apparait un peu violacé.

Sainte Anne uneven relief. Thick vegetation clings to the violet granite

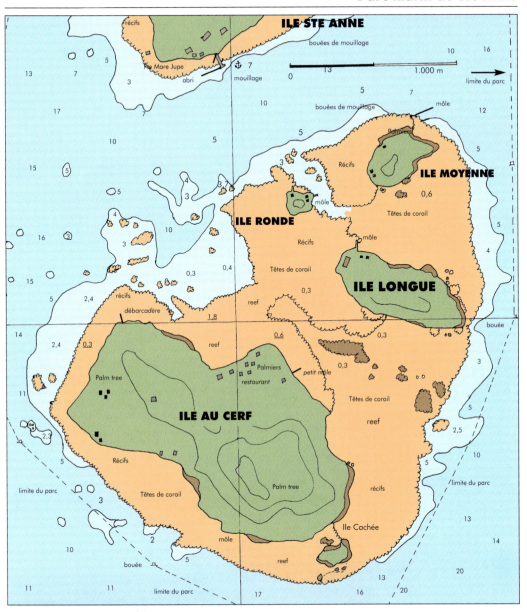

ILE STE ANNE

bouées de mouillage

récifs

Ile Mare Jupe

abri

mouillage

1.000 m

0   13   limite du parc

bouées de mouillage   môle

ILE MOYÉNNE

Palmiers

Récifs

0,6

Têtes de corail

môle

ILE RONDE

Récifs

môle

Têtes de corail

0,3   0,4   0,3   **ILE LONGUE**

reef

bouée

débarcadère

1.8   reef   0,6   0,3

0,3

petit môle

Palmiers

restaurant

Têtes de corail

Palm tree   **ILE AU CERF**   reef   2,5

Récifs

môle

Têtes de corail   récifs   limite du parc

limite du parc

Palm tree

Ile Cachée

bouée   reef

limite du parc

L'ancienne jetée se prolonge par un terre plein formant un petit port abri à la pointe sud de l'île Ste Anne.

The former jetty is extended with a platform providing a small harbour shelter at the south end of Sainte Anne

Attention à d'anciens anneaux d'amarrage sur des blocs de béton au ras de l'eau au nord du port abri.

North of the shelter harbour, take care of ancient mooring rings attached to concrete blocks at water level

69

La profondeur est réduite dans tous les chenaux entre les îles. Parfoismoins d'une demi mètre à basse mer. On remarque la petite cale sur la rive Est de l'île Ronde.

Water depth is reduced in all channels between the islands. Occasionally less than 0.5 m. Take note of the slip on the east bank of Ile Ronde

De belles plages de sable fin et blanc comme du talc entourent la plupart des îles du parc de Ste Anne.

Nice white sand beaches surround most of the Sainte Anne park islets

THE SAINTE ANNE NATIONAL PARK

This park was created to ensure the protection of undersea life. Less than 3 miles from Victoria, it comprises Ste Anne islands to the north and Cerf to the south. They are linked by a shelf from which emerge the islands of Ronde, Moyenne and Longue.

SAINTE ANNE ISLAND

Ste Anne island, with its truncated shape, is covered with trees and has a summit 250 m high. Landing is from the south at a small mole built long ago and used as a station for whale hunting; some of the old installations can still be seen but the main buildings are now a National Youth Service camp. Walking inland is forbidden because of wildlife conservation. Surveillance is taken care of by the N.Y.S. camp. It was on Ste Anne island that the early French settlers set up in 1770.

On the west coast, old gas tanks have been demolished and replaced by a tourist resort. The old little jetty has been extended parallel to the shoreline. It is possible to come alongside the inner quay. Wildlife has been preserved in most of the island. Walking is regulated.

In Ste Anne channel, to the south of the island, one has to sail close to the north bank and leave to the south the 2 or 3 mooring buoys near Moyenne island. One can moor East of the angled jetty keeping away of the coral reefs. Beware to a few concrete blocks formerly used as moorings by tankers. Iron rings only surface when the tide is high. The best moorings are located SE of Ste Anne along the coral barrier between the jetty and the small Manon inlet depending to the wind

The pleasant setting, is rather wild and has an overhanging cliff of black and violet rocks. A buoy is set in front of the little mole. Mooring is also possible on the west side, but the camp buildings rather spoil the view. The western end of Ste Anne consists of a tongue of fine sand, named **Mare Jupe** in front of which mooring is possible.

The best moorings are located SE of Ste Anne along the coral barrier between the jetty and the small Manon inlet depending to the wind Manon inlet is frequently choppy; water depth is 7 to 8 m and, when the SE wind is strong, the swell circling around the northern tip of the island make it quite uncomfortable. One has to lay anchor dangerously close to the coral reefs. Along the Ste Anne NW coast, mooring buoys for tankers still mentioned on the charts have been removed.

Diving is particularly good in the rocky shallows to the NW and SE of Ste Anne. There are large numbers of parrot fish which like to nibble away at the coral. You can also moor in **Anse Cabot** to the north or **Anse Manon** to the east.

L'ÎLE MOYENNE

D'une superficie de 9 ha, elle présente une végétation assez rare. On l'aborde en annexe sur la plage à l'ouest. Deux tortues géantes dépassant les 50 ans, vivent dans cette végétation assez dense où l'on trouve quelques cocos de mer.

Aux deux restaurants *Jolly Rogger* et *Manson* s'ajoute une habitation en ruine, dite la maison des chiens car elle fut construite par une Anglaise un peu excentrique qui voulait l'utiliser pour recueillir les chiens abandonnés.

L'île Moyenne est débordée au nord par un plateau rocheux couvert de peu d'eau.

MOYENNE ISLAND

This island of 9 ha, has fairly rare vegetation. It can be reached by tender on the beach to the west. Two giant turtles over 50 years old live in this rather thick vegetation where one can find some cocos de mer. There are two restaurants *Jolly Roger* and *Manson* and a house in ruins, named the house of dogs because it was built by an eccentric Englishwoman who used it as a home for stray dogs. Moyenne island is lined by a rocky reef on the north side.

L'ÎLE RONDE

Il ne faut pas beaucoup de temps pour faire à pied le tour de ce petit îlot aux abords assez francs bien que peu profonds. À côté du centre d'information du parc, un restaurant *chez Gaby*, où l'on sert une bonne cuisine créole, a été aménagé dans une ancienne chapelle. Une bouée de mouillage est installée dans l'ouest de l'île.

Rappelons qu'il ne faut pas mouiller d'ancre dans le parc pour éviter de briser des branches de coraux. Les bateaux s'amarrent obligatoirement sur les bouées de corps morts entre Ste Anne et les îles Ronde et Moyenne. On peut également mouiller dans le chenal de Ste Anne par 3 à 4 m en se tenant dans le N.W. de l'île Ronde.

RONDE ISLAND

It takes no time at all to walk round this small islet, which is quite easy to reach. Besides the park information centre, there is a restaurant, in a converted chapel where good Creole cooking is served. A mooring buoy is available on the west side of the islet.

L'ÎLE AU CERF

Le relief de l'île Cerf longue de 3.000 m et large de 1500 m, est assez accidenté, le plus haut sommet atteint 120 m. Une épaisse végétation recouvre toutes les pentes. Quelques tortues géantes vivent sous l'ombrage des arbres en semi liberté au voisinage des rares habitations. La faible profondeur oblige à rester à distance à la lisière du plateau rocheux couvert de moins de 1,50 m qui entoure toute l'île . On peut toutefois mouiller tout près de la pointe N.W de l'île Cerf et d'un ponton en se présentant par le N.W. De nombreux pâtés de coraux tapissent les fonds au nord du ponton, mais il reste un creux profond de 3 à 10 m dans l'Est où l'on peut venir mouiller en se dirigeant vers le S.E. les cabanes. Un chemin conduit depuis le ponton jusqu'au restaurant sur la rive nord. Le second ponton au N.E de l'île Cerf n'est guère utilisable car les fonds découvrent à basse mer au voisinage.. A proximité est installé un petit restaurant de plein air *Kapok Treee* . C'est l'endroit idéal pour déjeuner en compagnie de quelques sympathiques seychellois. Des petits bateaux à moteur rapides assurent le transport des visiteurs depuis le port de Victoria.

La côte S. E de l'île au Cerf est débordée par une barrière de récifs qui interdit toute approche en bateau des quelques rares plages. Les débarquements y sont également interdits pour préserver la nature, sur le petit îlot sauvage dont le passage à terre est impraticable. Cet **îlot Caché** est d'ailleurs une propriété privée.

Le passage entre l'île au Cerf et l'île Longue est impraticable pour la plupart des bateaux.car il ne reste que 50 cm d'eau en basse mer de vives eaux.

The entrance fee to the natural park is 25 rupees per person per day. Please remember that any form of underwater fishing, even without breathing apparatus, and collecting shellfish are strictly forbidden. There is a charge of 50 rupees for overnight mooring to one of the buoys. Tickets are on sale in the Park.

Le droit d'accès au parc naturel est de 50 roupies par jour et par personne. Rappelons que la chasse sous marine sous toute ses formes y compris en apnée est interdite ainsi que le ramassage des coquillages. Le mouillage de nuit sur bouées donne lieu à la perception d'une taxe de 50 roupies par bateau. Les billets sont délivrés sur place.

Restaurants :
Kapok Tree. T. 32 29 59
Frères de la Côte T. 32 47 49

Le creux de l'île au Cerf où se situent sous l'ombrage des palmiers plusieurs petits restaurants
En arrière plan, on aperçoit l'île Anonyme et l'îlot Sudéte en bout de l'aéroport.

Ile au Cerf cove with shaded restaurants. In the background Anonyme Island and Sudéte islet at the end of the airport

Le parc est un merveilleux site pour la plongée sous marine mais il n'est possible de s'y promener qu'en annexe. On peut toutefois approcher la pointe S.E de l'île au Cerf.

The park is a magnificent skin diving spot that can be reached only with a tender. However, it is possible to sail close to the S.E tip of Ile au Cerf

THE ISLAND AU CERF

One lands on this island 3 km long and 1.5 km wide on a beach on the NE coast, but the shallow waters mean anchoring offshore, on the edge of the rocky reef covered with only 1.50 m of water. The island is quite hilly, rising to 120 m at the highest point. Dense vegetation covers all the slopes. There are a few houses, with giant turtles living half-wild in the shade under the trees nearby. Close to the old NE mole there is a small open air restaurant *Turtle Beach* (Tel 225.536). It is the ideal place for lunch, in the company of a friendly group of locals. Small fast motor crafts bring visitors from Victoria harbour. The island was named after the frigate Le Cerf which landed in Victoria bay on November 1st 1756. On board was Nicolas Morphey, who had come to take possession of The Seychelles in the name of the King of France.

The SE coast is lined by a rocky reef making it impossible to sail close to the few beaches that exist. To preserve the wildlife, landing is prohibited on the privately owned Caché islet, where going ashore is impossible anyway.
The channel between Cerf island and Longue island is not passable for most craft. During spring tides there is only about 50 cm of water at low tide.

L'ÎLE LONGUE

Un môle accostable déborde la pointe N.W, mais une prison est installée à proximité et pour cette raison les débarquements sont strictement interdits dans toute l'île.

LONGUE ISLAND

As a prison is built on the north-western part of this island, landing is strictly forbidden in all the island.

L'ÎLE SÈCHE

Elle n'est pas englobée dans les limites du parc de Ste Anne mais elle constitue tout de même une réserve naturelle pour de nombreux oiseaux de mer qui viennent y nicher. Leurs vols gracieux est toujours un beau spectacle que l'on peut admirer en restant à distance de ce gros rocher haut de 30 m qui émerge à 1,6 mille dans l'Est de la pointe sud de l'île Ste Anne. L'île Séche est un bon point de repère pour s'engager dans le chenal de Ste Anne.

SECHE ISLAND

It is not included in Ste Anne park but it is a natural reserve for many seabirds nesting there. Their elegant flight can be enjoyed from a distance, away from this 30m high rock breaking the water 1.6 miles to the east of the southern tip of Ste Anne island. Sèche island is a good landmark when entering Ste Anne channel.

L'ÎLE AUX RÉCIFS

Cet îlot isolé à 18 milles dans l'Est de **Mahé,** n'est peuplé que par quelques colonies d'oiseaux de mer. Le bâtiment blanc au sommet n'est en vérité qu'un gros rocher blanc de forme carrée. L'île comme son nom l'indique est ceinturée de nombreuses têtes de roches et des récifs acérés particulièrement au sud. Il est préférable d'aborder l'île par l'Est mais les débarquements en annexe ne sont possibles que par mer peu agitée

AUX RÉCIFS ISLAND

This isolated islet, 18 miles east of Mahé is inhabited only by colonies of seabirds. What looks like a white building on the summit is in fact only a large white rectangular rock. The islet is named after the numerous rocks showing on the surface and the sharp reefs especially to the south. It is best approached from the east.

L'île au Cerf doit son nom à la frégate Le Cerf qui arriva en baie de Victoria le 1ᵉʳ Novembre 1756. À son bord se trouvait Nicolas Morphey qui venait prendre possession des Seychelles au nom du roi de France.

The island was named after the frigate Le Cerf which landed in Victoria bay on November 1st 1756. On board was Nicolas Morphey, who had come to take possession of The Seychelles in the name of the King of France.

Zone interdite au mouillage :

Pour protéger une conduite d'eau douce qui vient de Victoria, il est strictement interdit de mouiller dans une bande large de 500 m qui relie la pointe sud de l'île Ste Anne à la pointe ouest de l'île au Cerf. Il en est de même entre l'île au Cerf et le rivage de Mahé. où deux balises indiquent l'orientation à 32° de la canalisation.

No mooring zone

Because of a soft water pipeline coming from Victoria, mooring is strictly forbidden in a 500 m wide zone between the southern tip of Ste Anne and the western tip of au Cerf islands. For the same reason, no moorage is allowed between the shores of Cerf island and Mahé, two buoys mark up the 32° orientation of the pipeline.

Le parc est le lieu de détente pendant le week end des habitants de Victoria qui y viennent en petites embarcations. On ne peut approcher du rivage qu'en annexe

The park is a leisure resort. Victoria dwellers gather there with small crafts at week end. Landing is possible with a tender only

Vue du S.E., l'île Longue où il est interdit de débarquer car toute l'île est une prison.

Seen from SE, Ile Longue where landing is prohibited as it is a prison

La végétation est partout très dense dans l'île au Cerf. Un sentier conduit jusqu'au sommet où se situe un ancien cimetière. La vue est fort belle sur tout le parc de Ste Anne.

Vegetation is dense in Ile au Cerf. A narrow path leads to the summit where an ancient cemetery is located. The view is amazing.

LE TOUR DE L'ÎLE DE MAHE

Cette navigation représente un parcours d'environ 40 milles, le long d'une côte qui présente tout particulièrement à l'ouest une assez grande variété de paysages et de multiples possibilités d'abri dans des sites parfois très sauvages car certaines anses sont inaccessibles par la route. Le tour de l'île de Mahé est une croisière qui peut laisser d'aussi bons souvenirs que le tour des îles de Praslin ou de la Digue.

**POINTS GPS
WAY POINT**
Ile Séche
4° 36'75 - 55° 31' 45

LA CÔTE AU NORD DE VICTORIA

Entre le port de Victoria et la pointe N. E de Mahé, le rivage élevé que longe une petite route sinueuse, est débordé par un large plateau de roches coralliennes affleurantes et même découvrantes à basse mer. Seules quelques embarcations de faible tirant d'eau peuvent venir s'échouer près du rivage. Il est difficile de repérer la lisière des hauts fonds qu'il faut arrondir largement.

Sortant de **Victoria** par le grand chenal N. E, il faut après avoir doublé la tour blanche du phare, venir jusqu'à la seconde bouée verte où l'on prendra une route au **353°**. On navigue alors en toute sécurité dans des fonds de 5 à 10 m. En route inverse, en venant du nord, on piquera au **158°** sur la pointe ouest de l'île au Cerf, une longue bande de verdure.

Sur le plateau de roches à mi-distance entre Victoria et la pointe N. E se dressent les grandes antennes de la station Radio Seychelles qui constituent un excellent point de repère. Au pied, le rivage a été en très grande partie comblé et les antennes se trouvent désormais en retrait du rivage qui présente une ligne presque rectiligne d'enrochements.

DE LA POINTE N.E À LA POINTE NORD

Le rivage élevé, couvert d'une végétation très dense où les habitations sont peu visibles, peut être longé à moins d'une centaine de mètres entre la pointe N.E et la pointe extrême nord. À partir de la plage de **Carana**, de gros blocs de rochers arrondis ne laissent place qu'à quelques plaques de sable. De belles villas occupent plusieurs avancées. À la pointe Nord, le passage à terre de l'îlot, un amas de roches surmonté d'un unique palmier est aisément praticable.

Sur la côte au nord du port de Victoria et des nouvelles îles, les hauts fonds débordent le rivage sur plus de 1500 m. Les bateaux doivent emprunter le début du grand chenal N.E pour rejoindre la pointe Nord Est de l'île.

On the coast to the north of Victoria harbou and the new islands, shoals line the shore on more than 1500 m. Ships must sail in the first part of the large NE channel to reach the north-east point of the island.

DISTANCES

En milles par la route la plus courte.
In nautical miles by the shortest route.

Mahé à Silhouette :	11,8
Mahé à Île Bird :	52
Mahé à île Denis :	47
Mahé à Coëtivy :	144
Mahé à île Plate :	65
Mahé à Desroches :	120
Mahé à St Joseph :	136
Mahé à African banc :	120
Mahé à Alphonse :	215
Mahé à Providence :	380
Mahé à atoll de Farquhar :	420
Mahé à Aldabra île Picard :	630
Mahé à Cosmoledo :	560
Mahé à Astove :	570
Mahé à Mayotte :	780
Mahé à pte nord de Madagascar :	570
Mahé à Île du Nord :	15

Tour de Mahé environ 44 milles

SAILING AROUND THE ISLAND OF MAHE

This is a cruise of about 40 miles, along a shoreline presenting a great variety of landscape, especially to the west, with numerous coves offering shelter. These are sometimes quite wild as they are inaccessible by road. Cruising around Mahé is likely to prove just as enjoyable as cruising around Praslin or La Digue islands.

THE NORTHERN COAST OF VICTORIA

Between Victoria harbour and the north-eastern tip of Mahé, the hilly coastline is followed by a winding road. Running offshore is a wide coral reef with rocks that sometimes break the surface and are even uncovered at low tide. Only crafts with a shallow draught should attempt to come aground on the shore. The shallows are barely visible and it is advisable to steer clear.

Sailing out of Victoria by the wide SE channel, once you have passed the white tower of the lighthouse, follow a route where the NE point is at least at **353°**. This will ensure depths of 5 to 10 m. In the opposite direction, coming from the north, you should steer at **158°** towards the western tip of Cerf island, a long green strip.

Emerging above the rocky shelf half way between Victoria and the NE tip, the tall masts of a radio station are an excellent seamark. In a few years time, this shore will have been transformed when the extension to the port and town have been built.

FROM THE NE POINT TO THE NORTHERN POINT

The raised coastline covered with very dense vegetation where houses are barely visible, can be followed less than 100 m offshore between the NE point and the extreme northern point. From the beach of **Carana**, big rounded rocks leave little space for some sand patches. Many of the promontories have beautiful villas. At the northern point, the way to the shore from the islet topped by a solitary palm tree is easy.

LA NAVIGATION DE NUIT AUTOUR DE MAHÉ

En dehors du port de Victoria, l'île de Mahé ne montre que deux feux destinés simplement à signaler l'île aux navires qui passent dans l'ouest ou le sud. La pointe extrême ouest, le cap **Matoopa** montre un feu blanc scintillant rapide 10 secondes d'une portée de 10 milles et la **pointe Police** sur le flanc ouest de la pointe sud montre un feu blanc (2 éclats 4 secondes) visible également jusqu'à 10 milles.

Toute navigation de nuit le long des côtes de Mahé est dangereuse car on risque de prednre le gouveranil ou l'hélice dans de nombreux filets qui ne sont pas signalés.

NAVIGATION AT NIGHT AROUND MAHE

Outside Victoria harbour two lights signal Mahé island to ships sailing by to the west or south. The extreme south tip, **Mapoota** cape is marked up by a quick flashing white light (10 secondes) ranging 10 miles. And **Police** point on the west coast of the south point is marked up by a white light (2 flashes 4 secondes) also visible 10 miles offshore.

Night sailing close to the coasts of Mahé is dangerouse because of many buoys for fish traps which can be mess up rudder or propellers.

FEUX AUTOUR DE MAHÉ

North East point. 4°34,9 - 55°27,9. feu éclat rouge pour les avions. visible 202,5° à 000°,5. allumé en permanence.

Police Point sud de Mahé 4°48,3 - 55° 31,2. feu blanc 2 éclats

15,4 sec. visible de 276° à 128°. Portée 7 milles.

Cap Ternay : 4°38,3 - 55°22,1. tourelle feu blanc scintillant rapide (2) 10 sec. visible de 026° à 221°. Portée 10 milles.

**WAY POINTS
POINTS GPS**

Mouillage de la plage de
Carana
4° 33' 30 - 55° 27' 30

Ilot du Nord
4° 33' 60 - 55° 25' 90

La pointe extrême nord de Mahé
où de nombreuses maisons sont
disséminées au milieu des
palmiers. Les plages de sable
sont très rares en ces parages
rocheux.

*The north far end of Mahé where
numerous houses are scattered in
the midst of palm trees*

Le virage de la pointe nord en
venant de l'Est.

North tip curve seen from east

Le passage à terre du petit îlot
qui émerge à la pointe N.W, est
praticable.

*The way to the shore of
the small islet close to the NW
point, is passable.*

Un rivage très rocheux où il est
difficile de trouver une possibilité
de mouillage en dépit de sa
beauté.

*Despite of a beautiful scenery, a
rocky shoreline makes mooring
rather uneasy*

Voir carte de situation en page 42

Les hôtels se sont installés près des rares plages de sable.

Hotels are built close to the scarce sand beaches

Un beau chaos de gros rochers arrondis comme on en trouve dans l'île de la Digue. Mahé n'a rien à envier en beauté avec les autres îles

A nice tangled heap of rocks as can be found on Digue island.

Le rivage au nord de Mahé est dominé par un massif montagneux aux pentes très boisées, qui atteint près de 1000 m d'altitude.

North of Mahé, the shore is dominated by mountainous wooded slopes up to 1000 m

DE LA POINTE NORD A BEAUVALLON

Sur 2,2 milles, le rivage presque rectiligne est dominé par un massif montagneux élevé, si abrupt vers le sommet que les parois de granit sombre apparaissent à nu. Mais plus bas, les pentes sont partout couvertes de cocotiers et d'albiciens, de grands arbres parasols. Le rivage est une suite de gros blocs de granit arrondis. Les maisons sont peu visibles dans les creux et cette végétation luxuriante.

Les hauteurs de l'île assurent naturellement une excellente protection contre les vents de S.E. En revanche, tout le rivage est exposé à la houle de N. W qui vient battre les rochers. A mi distance, entre la pointe Nord et l'anse de Beauvallon, juste au nord d'une grande villa sur une avancée, l'anse de **Glacis** offre un abri convenable sur des fonds de sable par 7 à 8 m. Un charmant mouillage dans un superbe cadre de verdure.

Une petite anse juste au nord de la pointe de **Blache** peut offrir également une possibilité de mouillage pendant la journée. Attention à quelques têtes de roches isolées jusqu'à une cinquantaine de mètres de la côte, tout particulièrement au voisinage de la pointe. Les takamakas viennent ombrager une belle petite plage de sable blanc. On peut mouiller juste au nord de la pointe de **Northolme** près de *Sunset beach hôtel* par 7 à 8 m sur fond de sable mais attention là encore à des roches isolées au S.W de la pointe sur plus de 250 m.

Plus au sud, un plateau rocheux oblige à s'écarter d'une bonne centaine de mètres du rivage qui forme un bel amas de gros rochers ronds qui se termine par la longue plage de Beauvallon.

Le rivage au sud de la pointe de Northolme à l'approche de la baie de Beau Vallon. Les fonds de sable plat sont déjà couvert de moins de 5 m d'eau.

The shore south of Northholme tip, close to Beauvallon bay. Sandy bottom is covered by less than 5 m of water

La plage au nord de la pointe de Northolm où se situe un bel hôtel et un petit abri pour les barques de pêche.

The beach north of Northholme tip where a nice hotel and a small shelter for fishing boats are located

Voir carte de situation en page 42

Les gros rochers arrondis en granit ocre forment un superbe environnement mais ils rendent les débarquements difficiles même en annexe.

Large round ochre granite rocks provide a superb environment but make landing difficult with a tender

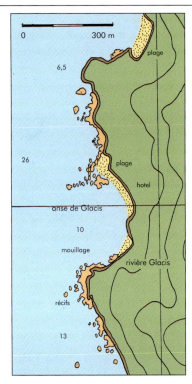

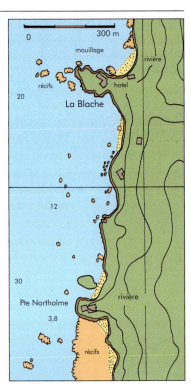

Location de voiture
Thrifty. T. 24 70 52

Restaurants :
Le Corsaire (le soir)
T. 24 71 71
Tamarinier. T. 24 76 11.
Le Baobab. T. 24 71 67
La Fontaine T. 24 78 41
La Perle Noire
T. 24 70 46

Les débarquements sont difficiles par houle de N.W et un platin de roches borde la plage vers Bel Ombre.

FROM THE NORTH POINT TO BEAUVALLON

For 2.2 miles, the shore is nearly straight and overlooked by a high mountain range. The steep slopes towards the summit are of dark bare granite. Lower down, the slopes are covered with coconut trees and albicians, a breed of large parasol trees. The shoreline is a succession of big rounded rocks. Houses are barely visible behind the lush vegetation.

The island's mountainous backbone provides good protection from south-east winds. On the other hand, the shores are swept by a heavy swell from the north-west. Half way between the north tip and Beauvallon bay, just north of a large villa on a promontory, the residence of former president John Mancham, **Glacis** bay provides suitable shelter with a sandy bottom lying in 7 to 8m.

A second cove, close to a large house also provides anchorage in the daytime. Be careful of several rocks up to 50 m from the shore and also close to the longest promontory. Takamakas provide the little white sand beach with shade. Mooring is possible north of the *Sunset Beach Hotel* north of **Northolme** point, in a depth of 7 or 8m with a sandy bottom, but once again, be careful of a 250m long stretch of submerged rocks to the SW of the point.

Farther south, steer clear of the shore because of a rocky reef made up of a large heap of rounded rocks ending in the long Beauvallon beach.

LA BAIE DE BEAUVALLON

Cette vaste baie est le site touristique le plus fréquenté de Mahé. Elle est ourlée par une magnifique plage en lisière de grands arbres sous lesquels se dissimulent quelques petits restaurants. Beauvallon est le meilleur mouillage au nord de Mahé par vent de S.E. En revanche le plan d'eau est très rouleur par vent de N.W car il ne bénéficie d'aucune protection et les débarquements sur la plage peuvent alors être dangereux.

La baie de Beauvallon est fort belle au soleil couchant lorsque les derniers rayons du soleil éclatant de l'Equateur illuminent la barrière montagneuse avec parfois en arrière plan un ciel noir chargé de pluie. La plage est le point de départ des vedettes de pêche au tout gros et d'excursions autour de Mahé ou vers Silhouette dont le profil se découpe à l'horizon. Beauvallon est également le centre le plus important de plongée sous marine de Mahé.

Une route suit la mer de près ou à courte distance. La ligne verte des arbres est coupée par deux grands hôtels mais plusieurs autres se dissimulent dans la végétation. Même par mer apparemment calme, les vagues sous l'action d'une petite houle résiduelle, viennent briser sur la plage ce qui ne facilite pas les débarquements en annexe.

Afin de ne pas gêner la vue des touristes qui résident dans les hôtels de Beauvallon, il est interdit de mouiller en dehors des deux zones de mouillages organisés dans la demi-partie Est de la baie et délimitées chacune par quatre bouées jaunes. La première la plus à l'Est se situe sur des fonds de 5 à 8 m, la seconde sur des fonds également de sable plat et ferme par 8 à 10 m.

Entièrement ouverte en direction du N. W, la baie de Beauvallon n'offre une possibilité de mouillage que par vent du N. E au Sud par l'Est, sous l'abri des hauteurs de l'île. Par la mousson d'ouest des vagues très creuses déferlent sur la plage.

À l'extrémité nord de la plage, on peut s'approvisionner dans un super marché et quelques boutiques. Pour le carburant, il faut parcourir près d'un km pour rejoindre l'unique station service de la côte ouest un peu après l'embranchement des routes nord et sud menant à Victoria. En revanche, les bars, restaurants, pizzeria (Baobas est une bonne adresse) et grands hôtels sont nombreux en lisière de la plage et l'on trouve également dans ce site plusieurs clubs de plongée.

**POINTS GPS
WAY POINTS**

Mouillage de la plage de Glacis
4° 34'30 - 55° 25'90
Mouillage de la Blache
4° 34' 95 - 55° 25' 90
Mouillage de Beauvallon
4° 36' 35 - 55° 25' 80
Abri de Petit Port
4° 36' 80 - 55° 25' 25

En arrière de la plage de Beauvallon sur plus de 2 km, on trouve la plus grande concentration de restaurants de Mahé, de la petite guinguette où l'on dîne en plein air autour d'un buffet jusqu'au restaurant gastronomique. Le plus célèbre est la Scalla à Bel Ombre, cuisine italienne T. 24 75 35. Réservation nécessaire.

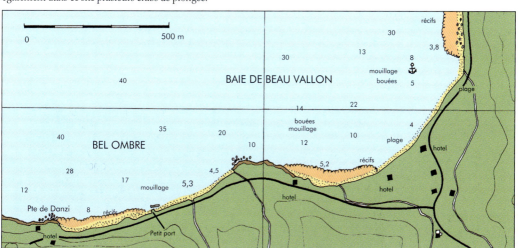

BEAUVALLON BAY

This long bay is the most popular tourist spot of Mahé. It is fringed by a superb beach lined with tall trees overshadowing small restaurants. Beauvallon is the best mooring north of Mahé when winds blow SE. As the bay is completely open to the NW, is is uncomfortable and possibly dangerous when the winds are NW

Beauvallon bay is beautifull in the sunset with the last sunshine rays on the mountain range with some times a background of rainy black clouds. Big game fishing boats and charter vessels depart from the beach. Beauvallon is also the most important diving centre in Mahé. A coastal road runs parallel to the sea. The green line of trees is broken by two large hotels but many others lie hidden by the vegetation. Even when the sea is calm, waves break on the shore due to a remaining surge. This does not make it easy to go ashore with a tender. To save the view for tourists in Beauvallon hotels, mooring is forbidden outside two small areas located in the eastern part of the bay; each area marked with four yellow buoys. Water depth from 5 to 8 m in the first one to the east, 8 to 10 m in the second over a firm and flat sandy bottom.

Beauvallon bay is completely open to the NW and is a suitable moorage only when wind blow N.E. to S.E. A very heavy swell results in big waves on the beach during the western monsoon. To go ashore is possible only with a tender; it is not always easy as waves break on the shore, even when the sea is calm. It may be preferable to moor in the western part of the beach near a small fishing boats shelter ahead of a big building easily recognizable. Water depth is 5 to 10 m over sandy bottom.

Supplies can be obtained from a supermarket and a few shops to the northern end of the beach. The only fueing stationl point on the west coast is one km inland just after the junction between the roads from the north and south.

Beauvallon, la plus belle plage de Mahé s'etend sur 2 km. Les fonds descendent en pente douce mais la mer brise en rouleaux par vent de N.W.
Plusieurs grands hôtels se dissimulent derrière la haute rangée d'arbres qui borde la plage .

The lovely Beauvallon beach, the largest in Mahé, stretches for 2 km. Bottoms go down quickly enough to sail close to the shore in settled weather. But the mooring zone is limited by the regulation protecting bathers. Numerous large hotels are half hidden by rows of high palms lining Beauvallon beach.

Ce mamelon rocheux est un bon point de repère pour situer de loin le mouillage de Bel Ombre dans l'ouest de Beauvallon.

This rocky hillock is conspicuous and helps locate the moorage of Bel Ombre.

BEL OMBRE

Attention à l'extrémité ouest de la plage de Beauvallon à la présence d'un plateau rocheux qui s'étend jusqu'au pied d'un grand rocher remarquable en forme de pain de sucre sur les hauteurs des collines. Le rivage est ensuite à nouveau assez franc. Un épi brise-lames en enrochements délimite un abri pour quelques barques de pêche qui se tiennent sur des va et vient car l'abri est assez médiocre par brise du large et intenable lorsque les vents de N. W sont bien établis. Une grande maison blanche à colombages est un bon point de repère pour situer ce petit port dont la cale peut servir de point de débarquement pour les annexes si l'on veut se rendre au restaurant *la Scala*, à 2 km en bout de la route sud, une des meilleures tables de Mahé.

On viendra mouiller lorsque les fonds remontent à moins de 5 m. sur la ligne où l'on aperçoit le brise lames et la maison blanche un peu à droite du creux bien net dans la barrière montagneuse. La tenue dans le sable un peu vaseux est bonne et le plan d'eau peu agité par vent de S.E.

BEL OMBRE

Care is needed at the western end of Beauvallon beach to avoid a rocky reef running all the way to the foot of a prominent sugar-loaf rock on the hills. Thereafter, the coast is straightforward. A spur groyne made of rocks shelters a mooring for some small fishing boats. In a fresh breeze the shelter is poor and the situation becomes untenable when the north-west winds set in. A large half-timbered white house is conspicuous and is useful for locating a small harbour where landing from a tender on the slip is easy. The restaurant La Scala, 2km down the road to the south is one of the finest on Mahé.

Moor on the line where the groyne and the white house just to the right of a clear break in the mountain range. The depth are is less than 5 m and the muddy sand provides good holding. The sea is calm in south-easterlies.

Le petit port de pêche de Bel Ombre. Un épi récemment allongé tente de casser la houle de N.W Seuls des bateaux de faible tirant d'eau s'y abritent mais on peut l'utiliser pour débarquer en annexe.

The little fishing port of Bel Ombre. A spur groyne breaks the NW swell but shelter is poor. The boats are tied to endless hauling lines.

La digue en enrochements se détache mal de loin sur le rivage au relief assez élevé. Les bateaux se tiennent sur des va et vient pour résister à la houle de N.W.

The jetty made out of rocks is inconspicuous on the rather high bank. Crafts hold on hauling lines to resist the NW swell

POINTS GPS
WAY POINTS
Anse Major
4° 37' 21 - 55° 23' 05

L'ANSE MAJOR

Toute la pointe extrême ouest de l'île de Mahé est inaccessible en voiture et les chemins eux mêmes sont rares car le massif montagneux élevé, est couvert d'une végétation très dense. Cette région est classée parc naturel. Aussi le rivage à l'ouest de Bel Ombre est-il particulièrement sauvage.

L'anse Major à 1,6 mille de la pointe extrême ouest de Mahé, est une véritable image de rêve dans un creux de rochers escarpés, avec sa superbe plage de sable blanc qui en se prolongeant sous la mer donne aux eaux de l'anse une belle teinte bleu ciel. La sonde indique 8 à 10 m sur la zone de mouillage où l'ancre croche dans un sable plat et ferme, mais elle peut rencontrer quelques pâtés de corail. Il est préférable de rester dans l'axe de l'anse .L'anse Major entourée de collines élevées est intenable par vent de N. W, mais bien abritée des vents de S. E. Attention toutefois par vent fort aux rafales qui peuvent tomber du haut des collines. Il faut dans ce cas se rapprocher de la plage en mouillant par 3 à 4 m. On prendra garde en venant de l'Est, en serrant de près le rivage, à une tête de roche isolée. Un petit sentier dans la forêt permet d'apercevoir de nombreux oiseaux. Un gros rocher rond ferme l'anse à l'ouest.

L'ANSE CHAGRIN

Ce dernier creux avant la baie Ternay est peu abrité et ne constitue pas un bon mouillage. Le rivage est en outre très rocheux.

ANSE CHAGRIN

The last inlet before Baie Ternay is open and the shore is rocky. It is no recommended as a mooring.

L'ANSE JASMIN

Une seconde anse identique à l'anse Major mais légèrement plus petite, creuse le rivage juste à l'ouest. On peut y mouiller dans les mêmes conditions par 6 à 10 m sur des fonds plats sans pâtés de corail. Les fonds blancs sous le soleil donnent aux eaux une belle couleur turquoise et la plage de sable fin est superbe.. La limite du parc marin passe exactement sur la pointe qui sépare les deux anses. Le mouillage est donc gratuit dans l'anse Major et payant dans l'anse Jasmin. tout au moins en théorie. Les fonds sous marins sont fort beaux au voisinage des deux anses.

MAJOR CREEK

The entire western tip of Mahé is inaccessible by car. There are few paths since the mountain range is quite high and covered with dense vegetation. This region is a natural park. The coast to the west of Bel Ombre is particularly wild.

Anse Major is 1.6 miles from the western tip of Mahé, on the north side of cape Mappota. It is a paradise spot set between steep rocks, with a superb white sand beach which continues under the water making the sea a beautiful sky blue. The sounder shows a depth of 8m over the mooring zone, where holding is secure in a flat sandy bottom. Surrounded by steep hills,

Photo en haut page droite

Les fonds accores permettent de s'approcher du rivage sauvage, inaccessible par la route du Morne Seychellois

The morne Seychellois is a large nature park, no road links Bel Ombre to Anse Ternay. The steep shoreline allows to sail close to the shore broken by some coves. It is a very wild coast.

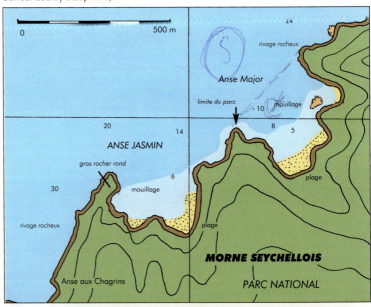

De gauche à droite, l'anse Major, l'anse Jasmin, la petite anse Chagrin et dans le fond la baie Ternay.

Go ashore on the small beach in Anse Major cove, breaking the shoreline east of Ternay bay which can be seen in the background.

Anse Major is untenable in strong northwesterlies but provides good shelter from southeasterlies. In strong winds, be careful of squalls coming down from the surrounding hills. In these circumstances moor closer to the beach in 3 to 4 m.

ANSE JASMIN

A similar cove to Anse Major, though a little smaller, provides a break in the shoreline to the west. Mooring is possible under the same conditions with 6 to 10 m deep over flat grounds without coral blocks. Under the sun white grounds give the water a beautiful turquoise colour. The tip between the two inlets is the boundary of the natural park Therefore there is a mooring fee in Anse Jasmin and none in anse Major. Theoretically. The underwater scenery is beautiful around both coves.

Il faut des heures de marche pour atteindre ces criques sauvages au travers d'une forêt très dense.

All coves are very wild and no roads leads to them on land. They can only be reached after hours of walking through a thick forest.

Voir carte de situation en p 42

POINTS GPS
WAY POINTS
Mouillage de la baie de Ternay
4° 38' 14 - 55° 22' 41

LA BAIE TERNAY

Elle échancre la côte sur le flanc nord du cap Matoopa qui prolonge une colline haute de 195 m. Les hauts fonds qui occupent presque toute la baie laissent peu de place pour mouiller.

Les pentes rocheuses descendent dans la mer en de larges plaques parfaitement lisses comme des sortes de gigantesques écailles de granit. Quelques palmiers ont réussi à prendre racines dans les rares failles. Les fonds descendent très rapidement aux abords du cap **Matoopa** que l'on peut doubler d'assez près pour admirer ses superbes rochers et sa belle végétation. Les fonds de plus de 20 m à l'ouvert de la baie remontent rapidement à moins de 5 m et tout le fond de la baie que borde une belle plage ombragée est occupé par un plateau de récifs affleurant que l'on repère aisément dans ces eaux transparentes. On se tiendra sur les fonds de sable blanc à l'ouvert de la baie.

L'abri est sûr par vent de S. E mais attention aux rafales qui peuvent descendre des vallons à plus de 25 nœuds. La baie est englobée dans le parc naturel du Morne Seychellois et le mouillage sur ancre est interdit. Il faut s'amarrer à l'une des 3 bouées. Le mouillage de nuit est interdit à moins de 600 m de la plage principale. Il est demandé de ne pas débarquer devant le camp du National Youth Service , la seule construction dans c ette baie sauvage.

Des bateaux à fond de verre viennent se promener au dessus des superbes fonds sous marins de la baie depuis la plage de Beauvallon mais ils disparaissent en fin d'après midi.

L'ANSE AU RIZ

Cette petite anse creuse la rive nord de la baie Ternay à l'ouvert. Une plage de sable s'enchâsse dans un véritable écrin de verdure. Un superbe site mais un banc de récifs en barre partiellement l'entrée. Il faut serrer la rive nord et venir mouiller derrière le banc de récifs dans 4 m d'eau mais on prendra garde à quelques têtes de corail.

La profondeur Est de 8 m dans l'entrée se réduit à 4 m sur le platin de coraux où des pâtés peuvent gêner la tenue de l'ancre. La plage de sable est superbe et un petit ruisseau d'eau douce très propre permet de se rafraîchir. Toutes les conditions sont réunies pour en faire un mouillage idyllique.

LE CAP MATOOPA

Les pentes rocheuses descendent dans la mer en de larges plaques parfaitement lisses comme des sortes de gigantesques écailles de granit. Quelques palmiers ont réussi à prendre racine dans les rares failles. On peut doubler le cap à petite distance.

De nuit : le cap Matoopa porte une petite tourelle qui montre la nuit un feu blanc scintillant rapide visible de 026° à 221°et d'une portée de 10 milles.

DROITS D'ACCÉS
50 roupies par jour et par personne Aprés 17 h 50 roupies pour uniqument pour le bateau. OUverture du parc tous les jours de 8h30 à 15h.

LANDING FEES
50 rupies per day and person. Open everyday from 8.30 am to 5 pm.

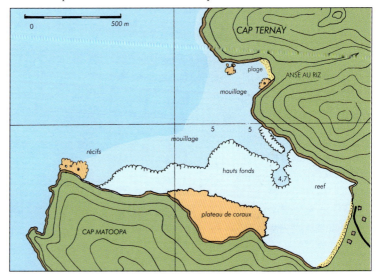

La profondeur réduite oblige à rester au mouillage dans l'entrée de la petite baie Ternay sur des plaques de sable.Les quelques maisons près de la plage ne sont accessibles que par une piste

Due to reduced water depth, mooring on sandy bottom is possible only at Ternay bay entrance

TERNAY BAY

This bay is on the northern side of cape Matoopa, which extends down from hill 195m high. The rocky slopes of the cape go down into the sea in large smooth slabs looking like enormous granite tortoises. Some palm trees manage to take root in cracks.

Water depth 8 m in the entrance up to 4 m over a coral shoal giving a bad anchor grip. The sand beach is superb with a refreshing fresh water river contributes to an idyllic mooring. The grounds are 20 m under the opening of the bay and climb up quickly to less than 5m and the bottom of the bay is covered with rocks just below the surface, clearly visible in clear water. Shelter is secure in southeasterlies but be careful, as gusts of up to 25 knots can come down from the surrounding hills. The bay is part of the Morne Seychellois natural park and anchoring is prohibited. Mooring alongside one of the three buoys is compulsory.

Le cap Matoopa forme un curieux glacis de roches parfaitement lisses où quelques palmiers ont réussi à prendre racines dans des fissures.

Cape Matoopa shows curious tangled smooth rocks where a few palm trees were able to take roots

Boats are not allowed to moor overnight closer than 600m to the main beach. A National Youth service camp is the only building on the shore. Some glass bottom boats come from Beauvallon beach and cruise over the superb underwater landscapes, but they leave the bay free late in the afternoon.

ANSE AU RIZ

The Anse du Riz cove breaks the shoreline on the north side of Ternay bay. A magnificent sand beach is set in a greenery setting. It is a superb landscape but a coral reef bars the way to it. Keep close to the north bank and moor behind the coral barrier in 4 m taking care of a few isolated coral heads. Stay over white sandy ground in the opening of the bay

MATOOPA CAPE

As tne grounds are deep around cape Matoopa, it is possible to round it close en enough to take advantage of superb rocks ans beautiful vegetation.

At night : Matoopa Cape wears a little tower with a quick flashing10 sec. white light visible between 026° and 221°.and ranging 10 nautical miles.

Voir carte de situation en page 42

Taxes de mouillage:
50 roupies par personne
et par jour et 5
roupies pour le bateau.

PORT LAUNAY

Cette petite baie à 1,5 mille au S. E du cap Mapoota, toujours englobée dans le parc naturel du Morne Seychellois, est un excellent abri par tous les vents dominants, ce qui est rare dans l'île de Mahé.

L'entrée de la baie, large d'un mille, est délimitée au S. E par la pointe de l'**Escalier** où par un curieux phénomène géologique, les roches en couches verticales, d'une épaisseur bien régulière, dessinent effectivement les marches d'un gigantesque escalier qui semble descendre dans la mer.

Le fond de l'anse est bordé par une longue et belle plage de sable fin blanc comme du talc, ombragé par les takamakas mais le rivage rocheux rougeâtre de chaque côté de l'anse est frangé par un platin de récifs affleurant. On viendra s'amarrer à l'unique bouée un peu au nord de l'axe de la baie mais la beauté du site attire les plaisanciers et les bateaux doivent mouiller sur leur ancre en repérant les fonds de sable plat bien dégagés. Cette vaste baie permet à chacun de rester isolé. Le site est superbe avec les hauteurs du morne seychellois qui domine le plan d'eau à l'Est et les roches de granit brunâtres aux lamelles verticales qui forment la pointe aux Anglais. Une croix est plantée sur un gros rocher débordant la rive sud. Ses abords sont malsains mais en contournant le rocher, on trouve dans le creux à l'Est un abri très sûr par tous les temps pas très loin de la plage.

On aperçoit quelques maisons sous l'ombrage des palmiers en arrière de la plage. Elles ne sont accessibles que par un petit chemin depuis **Port Glaud.** Le site a ainsi conservé son caractère sauvage.

Sur la rive nord, l'**anse de Souillac** présente également un fort bel environnement, mais elle est impraticable, des récifs affleurant dès l'entrée. Une bouée permet toutefois de rester au mouillage à l'ouvert de l'anse pendant la journée.

L'ÎLE CONCEPTION

Cette petite île qui émerge de 132 m à 0,8 mille au sud du cap **Matoopa** ne présente aucune plage, aucune crique abordable. On viendra par mer calme mouiller tout près du rivage sur un plateau couvert de 6 à 8 m d'eau qui descend rapidement à plus de 40 m. Un beau site pour la plongée sous marine. Le passage à terre de l'île Conception profond de plus de 30 m est clair de tout danger.

Un des grands agréments des Seychelles : les plages de sable fin sont très souvent bien ombragées par de grands arbres. Le soleil de l'équateur est ainsi moins à redouter.

One of Les Seychelles great charms, fine sandy beaches are shaded with tall trees making the equator sun less to be feared

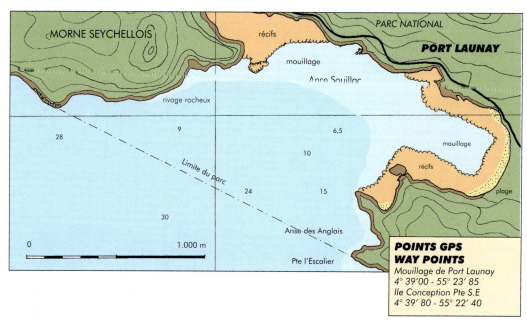

MORNE SEYCHELLOIS

PARC NATIONAL

récifs

PORT LAUNAY

mouillage

Anse Souillac

rivage rocheux

28   9   6,5   mouillage

Limite du parc   10   récifs

24   15   plage

30

Anse des Anglais

0   1.000 m

Pte l'Escalier

**POINTS GPS
WAY POINTS**
Mouillage de Port Launay
4° 39'00 - 55° 23' 85
Ile Conception Pte S.E
4° 39' 80 - 55° 22' 40

L'anse Launay vue de l'ouest avec en premier plan la plage de la baie Ternay. En arrière, on remarque le mouillage de Port Launay et plus loin Port Glaud. A droite l'île Thérèse.

Anse Launay seen from the west with Ternay beach on the foreground. At the back, the moorage of Port Glaud and Thérèse island.

Le vaste mouillage de Port Launay en avant de la belle et longue plage.

Port Launay wide mooring area in front of the nice and long beach

La pointe Matoopa porte un des rares feux en dehors du port de Victoria.

Cape Matoopa light is one of very few out of Victoria harbour

La côte S.E de l'anse Launay est malsaine. Il faut rester à distance de l'îlot que surmonte une croix.

S.E Anse Launay coast is unsafe. Keep well clear of the islet with a cross on top

LAUNAY HARBOUR

This little cove is 1.5 miles south east of cape Mapoota, it is part of the natural park and provides excellent shelter in all winds, which is rare for Mahé island.

The entrance to the bay, one mile wide, is limited to the south east by the Pointe de l'**Escalier**. A strange geological phenomenon has built up a giant stairway leading to the sea, with steps consisting of regular flat layers of rock. The beauty of the spot attracts many yachts laying their anchor on flat clear sand grounds. The bay is wide enough to allow privacy. The scenery is magnificent with the Morne Seychellois dominating the waters to the east and the pointe aux Anglais (?) with a steep brown granite stairway. A cross stands on a large rock off the south shore. The surrounding grounds are dangerous; a safe shelter can be found in a cove after rounding

The cove is lined by a long beach in the shade of takamakas rounded to the south by a large reef shelf. Mooring is at one of the three buoys slightly to the north of the centre of the bay. Some houses are visible under the palms behind the beach

Voir carte de situation en page 42

Since they can only be reached from **Port Glaud** along a narrow path, the spot has retained its wildness.

On the north coast, the Anse de **Souillac** is a delightful spot, with a beach set in lush greenery. However, it is inaccessible from the sea because of the rocks which break to the surface from the entrance. A buoy in the entrance to the cove makes it possible to moor there during the day.

South of Ternay bay, a cross stands on a large rock. Keep well clear since the surrounding grounds are dangerous. The point further west, which limits the anse des Anglais, however falls steeply into the sea.

CONCEPTION ISLAND

This islet rising to 132 m is 0.8 miles south of Matoopa. There are no beaches or accessible coves. Anchoring close to the shore is possible in calm weather on a plateau 6 to 8 m deep which rapidly goes down to 40 m. The site is excellent for snorkelling. The passage to Conception island is 30 m deep and perfectly safe.

L'île de la Conception vue de l'Est. Un rivage partout inabordable dès que la mer est un peu agitée.

Conception island seen from the east. It is everywhere difficult to go ashore when the sea is somewhat rough.

ILE THERESE

Cette arête de granit haute de 160 m présente un sommet pointu escarpé un peu dénudé mais ses pentes sont couvertes de nombreux cocotiers et filaos.

On peut atteindre le sommet de l'île en empruntant un escalier dont les marches auraient été taillées dans la roche il y a plusieurs siècles par des populations venues de Madagascar et qui pratiquaient des rites religieux.

La pointe N. E est débordée par un platin de roches couvertes de moins d'un mètre d'eau dont il faut s'écarter prudemment. Il se prolonge en avant de la superbe plage qui borde une grande partie de la côte Est. Toutefois, sensiblement dans le milieu de l'île, une passe étroite profonde de 2,70 m, donne accès à la plage . Il est prudent de s'y engager qu'en annexe. et un petit chenal permet de longer la plage en arrière de la barrière de récifs. Il est prudent de ne s'y engager qu'en annexe. Les bateaux de croisière peuvent mouiller près de la passe par 8 à 9 m sur des fonds de sable plat. La plage, une des plus belles et sauvage de Mahé, n'est pas toujours déserte car les touristes viennent en petits canots à moteur depuis le grand hôtel Berjaya, l'ancien Sheraton.

La petite plage au S.E. de l'île Thérèse

The small beach south of Thérése island

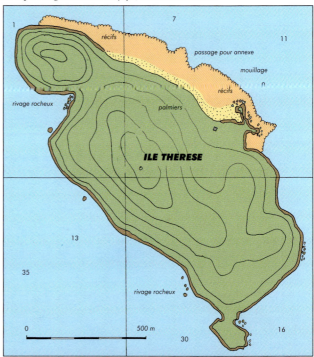

L'île Thérése haute de 160 m vue du S.E avec en arrière plan l'île Conception.
La belle plage sur la côte Est est bordée par un cordon de récifs.

Thérèse island is 160 m high. It is lined on the east by a nice beach fringed by a coral reef. Conception island in the background.

La paillotte d'un ancien bar est l'unique construction de l'île.

A former bar in a straw hut is the only house in the island

Voir carte de situation en page 42

**POINT GPS
WAY POINTS**

Mouillage côte Est de l'île
Thérése.
4° 40' 10 - 55° 24' 35

THERESE ISLAND

This steep granite ridge 160 m high has a rather bare pointed summit but the slopes are covered with many coconut trees and filaos.

The highest point on the island can be reached using a stairway. One theory is that the steps were carved out for religious rites centuries ago by people from Madagascar.
The NE tip is surrounded by a rocky reef. Avoid sailing close to it as it is less than one meter deep. It goes as far as the beautiful beach which lines most of the east coast. However, a narrow passage in the middle of the island provides a route to the beach by tender and a small channel runs parallel to the beach behind the barrier reef. Yachts can anchor in 6 to 7 m near the passage on a flat sandy bottom.
A small restaurant in a straw hut is the only house on the island, on the south side of the beach. It is presently abandoned despite numerous incoming tourists who come daily in motorboats from the Hotel Berjaya, formerly the Sheraton east of Port Glaud. This is undoubtedly one of the most beautiful and wild beaches of Mahé.

PORT GLAUD

Le terme port désignerait plutôt le mouillage profond de 10 à 12 m qui s'étend au N. E de l'île Thérèse et que devaient utiliser autrefois les voiliers des pirates et non le creux du rivage car une barrière de récifs à l'ouvert en interdit toute entrée.

Seules les annexes à marée haute par mer calme peuvent passer au-dessus de ces rochers en prenant garde aux arêtes coupantes.
L'**Islette** au centre de la barrière est bordée du côté sud par des eaux profondes. On peut mouiller à proximité près de la pointe S. E dans un petit creux, profond de 4 à 5 m et venir débarquer sur une minuscule plage entre roches et palmiers sans avoir à franchir la barrière des récifs. À l'ouest de l'**Islette**, la sonde indique environ 10 m. Il faut mouiller au ras des bancs de récifs ce qui n'est pas toujours commode lorsque le vent est instable ou pousse vers le rivage. Lorsque les vents de N.W. sont bien établis, le mouillage est l'un des meilleurs de la côte ouest..
L'hotel Berjaya l'ancien hôtel Sheraton à l'Est de Port Glaud est une grande bâtisse ocre qui forme une véritable verrue dans ce paysage sauvage. Heureusement c'est le seul hôtel massif et disgracieux des Seychelles. Sa construction serait aujourd'hui interdite.

DANGER :

Au sud de l'hôtel Berjaya, la roche isolée des **Trois Dames** est suffisamment découverte pour ne pas constituer un réel danger sauf à marée haute par mer calme. L'absence d'écume ne permet plus de localiser la roche. Il est bon alors de savoir que la roche se situe au point où l'on relève l'îlot des Vaches au **113°** et le grand bâtiment de l'hôtel Berjaya à **010°**

South of Berjava hotel, the **Trois Dames** isolated rock is conspicuous except when tide is high and sea calm as there is no foam to mark it. The rock is located at the intersection of **113°** bearing from Les Vaches islet and **010°** bearing from Hotel Berjava main building

Restaurant :
Sun Down. T. 37 83 52

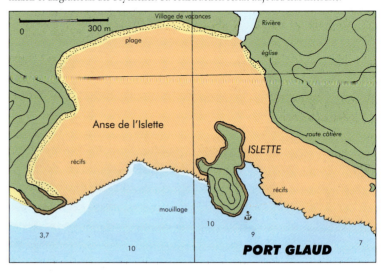

**POINT GPS
WAY POINTS**

Mouillage pte sud de l'Islette
4° 39' 80 - 55° 24'70

Partout ailleurs les hôtels ne dépassent pas la hauteur des palmiers et leurs toits verts sombres se dissimulent fort bien de loin dans la verdure. Bien souvent on ne soupçonne même pas leur présence depuis la mer.

L'anse de l'Islet au nord de Port Glaud est inaccessible.On ne peut mouiller qu'au voisinage de l'îlot.

The cove NW of Port Glaud is shallow. The neck of the inlet is barred by a coral reef.

Un second îlot au S.E se prolonge par un cordon de roches jusqu'au grand hôtel.

Mooring is possible to the SE of the islet close to the coral reef near a lovely small sand beach.

Presque partout le rivage est débordé par un platin de roches affleurantes.

Almost everywhere, the shore is lined by a rocky reef coming up to the water level

Voir carte de situation en p 42

L'île aux Vaches avec en arrière plan le massif montagneux du sud de Mahé. La roche ds Trois Dames se situe sur cet alignement.

Ile aux Vaches, in the distance Mahé mountain range with Trois Dames rock

La dangereuse roche à peine décourante des Trois Dames se titue dans le 010° du grand hôtel de Port Glaud.

Trois Dames partly breaking the surface dangerous rock is on the 190°range from Port Glaud grand hotel

PORT GLAUD

The name probably used to apply to the 10 to 12 m deep mooring NE of Thérèse island, where pirate ships would moor, rather than to this indentation in the shoreline, since the entrance to it is completely blocked by a barrier reef.

Only tenders can go over the rocks at high tide taking care to avoid the sharp edges. The **Islette** in the middle of the barrier reef has deep water on its south side. You can moor close to the SE tip and land on a tiny beach between rocks and palms without having to cross the barrier reef. West of l'Islette, the sounder indicates 10 m. You can moor close to the barrier reef It is not always easy when the wind is not steady or takes you to the shore. The former Sheraton hotel in Port Glaud is a large yellowy brown building and an eyesore in this wild landscape. Fortunately it is the only large ugly hotel in the Seychelles. Elsewhere, the hotels are no higher than the surrounding palms and their dark roofs hide them well in the greenery, so that they are often invisible from the sea. South of the Sheraton hotel, the isolated rock of the **Trois Dames** is high enough not to pose a serious danger.

GRAND'ANSE

À l'Est de l'**île aux Vaches**, un gros amas de roches dénudées inabordables, mais dont le passage à terre large d'environ 800 m est sans danger, s'ouvre la baie de Grand'Anse aux beaux fonds de sable plat où aucune tête de roches n'est à craindre. Largement ouverte vers le sud, la baie est bordée par une longue plage exposée aux vents du large. C'est dire que la houle y déferle en gros rouleaux par vent de S. W mais elle n'est guère mieux abritée des vents de N.W. ou S.E. Les vagues en effet par ces vents prennent la plage en enfilade sous un mauvais angle de sorte que les débarquements en annexe y sont difficiles. On note parfois la présence d'un courant assez fort en bord de plage. Il faut donc éviter de rester au mouillage dans le centre de la plage. On se tiendra dans le creux au N.W. par vent de ce secteur et inversement dans le creux au S.E par vent de cette direction. La sonde indique 6 m. Après une période de pluie, il se forme un lagon d'eau douce juste en arrière de la plage où il est possible de se baigner.

Cette plage est bordée de filaos et quelques constructions se protègent du soleil sous les grands palmiers. Le massif montagneux du **mont Harrison** domine l'anse que l'on repère aisément à distance à la présence des quatre grandes antennes radio de la station de la B.B.C.

Juste à l'ouest de Grande Anse, en avant de l'hôtel Equador, un petit creux du rivage offre une possibilité de mouillage par mer calme.

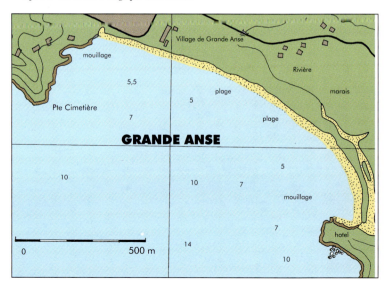

Village de Grande Anse
mouillage
Rivière
marais
5,5
plage
5
Pte Cimetière
7
plage
GRANDE ANSE
5
10
10
7
mouillage
7
hotel
14
0   500 m
10

94

GRAND'ANSE

To the east of **Ile aux Vaches,** a large heap of barren rocks is inaccessible, but a safe channel 800 m wide, leads to Grand'Anse where there is no risk of rocks below the surface. Wide open to the south, the bay is lined with a long beach exposed to winds from the sea. The surge creates big breakers in northwesterlies and the beach is not sheltered from the southeasterlies either. When such winds blow, the waves hit the shore at an angle making landing from a tender somewhat hazardous. It is preferable not to moor at the center of the beach and to use the NW or SE inlets according to the wind. Sonder indicates 6 m The beach is lined with filaos and some buildings in the shade of tall palms. The **Mount Harrison** mountain range overlooks the bay and is conspicuous thanks to four large BBC radio transmitter masts. West of Grand'Anse, facing the Equator hotel, a little break in the shoreline provides a moorage when the sea is quiet.

Le plage de Grande Anse avec en arrière plan l'île Thérèse et en avant de la pointe l'îlot des Trois Dames.

Grande Anse Beach. In the distance Thérèse island. Trois Dames islet ahead of the tip

Le morne Seychellois, le plus haut sommet de Mahé en arrière de Grande Anse qui se repère aux quatre grandes antennes radio au sud de la plage.

Morne Seychellois,Mahé highest summit, behind Grande Anse. Four transmitter masts are conspicuous south of the beach

Voir carte de situation en p 42

POINTS GPS
WAY POINTS

Mouillage de l'anse Boileau
4° 42'60 - 55° 28'70
Ile aux Vaches :
4° 41' 00 - 55° 26' 00

L'ANSE BARBARON

Elle n'est séparée de Grand Anse que par une avancée rocheuse mais un platin de récifs en ferme partiellement l'accès. Il faut le déborder par le S. E pour venir mouiller dans 5 à 8 m d'eau en avant de la plage sur des fonds de sable assez bien dégagés.

Les cartes marines signalent à un mille au S. E de l'anse Barbaron, une zone interdite à la navigation délimitée par deux bouées. Elles ne sont pas toujours bien visibles mais une grande villa à toit de chaume sur une avancée près d'une petite plage se repère aisément de la mer. C'est la résidence du président de la République des Seychelles et l'on comprend qu'il ne faut pas aborder cette partie du rivage où se situe une petite digue coudée qui protège un petit abri pour quelques bateaux.

BARBARON CREEK

This is only separated from Grand Anse by a rocky headland but a coral reef partially bars the way. You should round it to the SE and moor in front of the beach in 5 to 8 m on a clean sandy bottom.

The charts signal a no-sailing zone one mile south-east of Barbaron bay marked by two buoys. They are not always clearly visible but a large villa with a thatched roof on a cape near a small beach is conspicuous. It is the residence of the President of the Seychelles Republic, which explains why landing on this shore where a samll curved jetty is located, is forbidden.

L'ANSE BOILEAU

Restaurants :
Anse Barbarons.
Trois restaurants à l'hotel
Le Méridien Barbarons.
cuisine gastronomique. T.
37 82 53.

Chez Plume. Bonne table .
T. 35 50 50

L'abri reste encore médiocre par vent de S. E du fait de l'orientation de la plage et par vent de N. W le promontoire au nord n'assure qu'une médiocre protection. Un banc de récifs déborde largement la plage au nord mais ménage toutefois un passage que l'on peut emprunter en annexe pour aborder la plage et rejoindre le restaurant chez *Plume*. A marée basse, il découvre de la vase et des débris de corail. On peut venir également mouiller dans la partie sud de l'anse. La meilleure place par vent de S. E se situe au pied de l'avancée rocheuse dont les abords sont francs. On profite ainsi de la protection des hauteurs du rivage. On note la présence d'un étroit passage au N.W qui permet aux barques de pêche de venir mouiller en avant de la plage ou d'échouer sur le sable. Un abri convenable par vent de N.W.

Mais les débarquements sur la plage peuvent être dangereux du fait des rouleaux. L'anse Boileau n'est qu'un mouillage de jour. Il est préférable de rejoindre à proximité l'**anse à la Mouche** pour y passer la nuit. Le restaurant en bord de plage au milieu des petites maisons à bonne réputation.

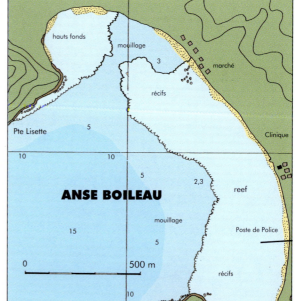

Le rivage de l'anse Boileau est bordée par un large platin de coraux qui oblige à mouiller à bonne distance de la plage.

A wide coral reef runs parallel to the shore of Anse Boileau. Moor at a good distance from the beach

A basse mer les fonds assèchent largement obligeant au portage de l'annexe.

When the tide is low, ground drains and it is necessary to carry the tender

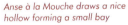

L'anse à la Mouche dessine un beau creux qui prend presque les dimensions d'une petite baie.

Anse à la Mouche draws a nice hollow forming a small bay

Voir carte de situation en p 42

La mer vient battre en maintes endroits de gros rochers de granite rougeâtres

Sea breaks on large reddish rocks

BOILEAU COVE

Shelter from the southeasterlies is poor because of the direction which the beach faces and the north promontory does not provide secure shelter either from northwesterlies. A wide coral reef runs parallel to the beach to the north. At low tide, mud and coral debris break the surface and it may be difficult to sail over them even with a tender. Moor in the southern part of the cove. In southeasterlies, the best place to moor is along the rocky cape, which provides good shelter. The approach is safe.

Landing on the beach can be risky. Anse Boileau is only a daytime mooring. You will have to moor in the next cove, Anse de la Mouche at night.

L'ANSE LOUIS

Juste au sud du promontoire qui ferme l'anse **Boileau,** la petite **anse Louis** forme un léger creux. Un éperon de récifs barre à demi l'accès à la plage qui borde tout le fond de l'anse et présente une pente assez marquée. On viendra mouiller de jour au S. E par 3 à 4 m d'eau sur fond de sable au pied d'un petit piton. Au N. W est installé l'hôtel Tec Tec mais le site a conservé un caractère sauvage.

LOUIS COVE

Immediately south of the promontory marking the end of **Anse Boileau** is the small **Louis cove**. A rocky spur bars the way to the beach. In the daytime, moor on the SE side in a depth of 3 to 4 m on a sandy bottom near a small rock pillar. Despite Hotel Tec to the NW the landscape remains unspoilt.

L'ANSE À LA MOUCHE

On retrouve dans cette vaste baie, la plus importante de la côte ouest de Mahé, une véritable protection par vents de S.E. C'est l'un des mouillages les plus sûrs pour passer la nuit.

Mais il faut prendre garde au large plateau de roches coralliennes qui déborde la plage au nord ainsi que le long de la rive sud. La place toutefois ne manque pas pour venir mouiller par 5 à 6 m en avant de la plage sur de beaux fonds de sable plat clair de toutes têtes de corail et qui donne aux eaux une belle teinte bleu pâle. Le reef est généralement plus visible au nord qu'au sud. Un cap au **120°** sur la droite d'un petit toit pointu permet de rejoindre la zone de mouillage où l'on se tient par 3 à 4 m tout près de la plage sur de beaux fonds de sable plat et dur. Le platin de coraux est ici le plus étroit.

Un véritable lagon qui constitue un excellent mouillage par vents de S.E. Mais attention à ne pas s'approcher des fonds jaunâtres qui signalent des roches parfois affleurantes. Toute la rive sud doit être tenue à distance et n'est abordable qu'en annexe à marée haute. Quelques restaurants bordent la route qui longe la baie. Un peu au nord, un bout de quai est accostable en annexe près de Anchor Café, le rendez-vous des marins du lieu mais à basse mer, la mer se retire assez loin du quai et nécessite un portage.

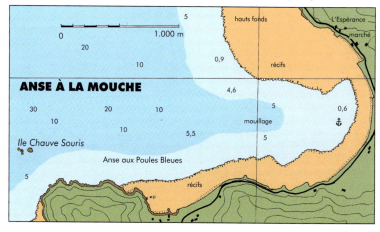

La côte au sud de Grande Anse avec le petit abri réservé à la Présidence et dont l'accès est naturellement interdit. Au loin, l'anse Boileau.

Grande Anse south coast and the small shelter for the President only. Access is forbidden. In the background Anse Boileau

À la pleine mer, l'anse à la Mouche forme un superbe plan d'eau de couleur un peu turquoise. C'est un un bon mouillage pour aller explorer dans la journée les petites anses de la côte ouest de Mahé.

Le platin de récifs au sud de l'anse Boileau avec derrière les collines le creux de l'anse à la Mouche.

The coral reef south of Anse Boileau. Behind the hills, Anse à la Mouche cove

L'anse Soleil vue du N.W avec en premier plan l'îlot Chauve Souris.

Anse Soleil seen from NW. Chauve Souris islet in the foreground

Voir carte de situation en p 42

**POINTS GPS
WAY POINTS**

*Mouillage de l'anse à la Mouche
4° 44' 15 - 55° 29'25
Mouillage de l'anse Soleil
4° 44' 50 - 55° 27' 90
Mouillage de l'anse Liberté ou Petite
4° 45' 00 - 55° 27' 80*

L'anse Petite vue du N.W avec en bout de plage le petit fôret hôtel niché dans une fôret à la végétation très dense.

Anse Petite seen from NW with the small hotel nested in a forest at the end of the beach

L'ANSE AUX POULES BLEUES

Ce creux en lisière des récifs de la rive sud est un très beau site pour la plongée sous marine. Les poissons multicolores y abondent. La plage est belle mais les fonds de coraux découvrent largement à basse mer de nombreux pâtés de coraux. Pour rester à flot, il faut mouiller à l'ouvert de l'anse. mais uniquement de jour . Le restaurant *la Siréne* est appréc ié pour ses poissons.

La pointe que déborde le petit îlot de la **Chauve Souris** à 300 m d'un rivage un peu escarpé, peut être serré d'assez près. La sonde indique plus de 5 m dans le passage à terre.

ANSE À LA MOUCHE

This extremely wide bay, the largest on the west coast of Mahé, provides excellent shelter from southeasterlies.

But care needs to betaken with the wide rocky coral reef protecting the beach on the north side and also along the southern side. Ample mooring space is available in 5 to 6 m. Close to the beach. The beautiful white sandy bottom is coral free and gives the water a beautiful pale blue colour.The coral reef is more visible in the north than in the south. A 120° course to the right of a small sharp roof allows to enter a mooring area in 3 to 4 m close to the beach over flar hard sand ground. Coral reef is narrower here
It is a virtually a lagoon, providing excellent mooring and shelter from south-east winds. Keep clear of areas where the bottom appears yellowish, since this indicates rocks just below the surface. Steer clear of the south side of the bay, where landing is only possible at high tide with a tender. Sailing is safe close to the spur near the little Chauve Souris islet 300 m off a steep coastline. The sounder shows more than five metres in the passage to the shore. There are some restaurants along the road running along the bay. La Sirène is renowned for its fish. A bit further north, it is possible to land with a tender at a small quay next to anchor Café, sailors meeting place. When the to tide is low, you have to carry back the tender is gone rather far.

POULES BLEUES COVE

This site by the south bank coral reef is a fine skin diving spot with many multicoloured fishes. The beach is nice. When the tide is low, many coral heads emerge. The beach is nice. When the tide is low, many coral heads emerge To stay afloat, moor in the opening of the cove in daytime only. La Siréne restaurant is well known for seafood
It is possible to sail close to the small Chauve Souris islet 300m from a gently down sloping shore. Water more than 5 m deep in the pass

L'ANSE SOLEIL

Cette petite anse creuse le rivage d'un haut promontoire rocheux très boisé juste dans le sud de l'îlot Chauve Souris. Le fond est occupé par une plage où poussent de grands palmiers et qui sépare de la mer un étang d'eau douce alimenté par un ruisseau. Un fort beau site. Au sud de la plage qui dessine une belle courbe, un petit hôtel se niche entre les roches qui forment un éperon, dans un écrin de verdure. On vient mouiller au milieu de la plage où aucune roche n'est à craindre. La sonde indique entre 4 et 5 m l'abri est convenable par vent de S.E mais nul par vent de N.W.

SOLEIL COVE

This small cove digs into the shore under a wooded promontory south of Chauve Souris island. A beach shaded by palm trees separates the sea from a fresh water pond fed by a small brook. South of the curvy beach a small hotel hides in a greenery setting between the rocks. Moor in the middle of the beach where no rock is to be feared in 4 to 5 m. Shelter is good in SE winds and useless in NW winds

A basse mer, les fonds écouvrent dans l'anse à la Mouche et oblige parfois à un long portage de l'annexe.

When tide is low, it is necessary to carry the tender as water is gone

Les anses se succèdent sur ce rivage très accidenté, couvert d'une épaisse forêt. En premier plan l'anse Soleil et en arrière l'anse Petite.

Coves follow each other along the uneven shore covered by a thick forest. Anse Soleil in the foreground, Anse Petite behind

La belle plage de l'anse Soleil devant laquelle on mouille sans craindre de talonner une roche.

Anse Soleil nice beach in front of which mooring is safe

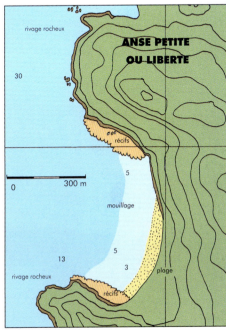

Voir carte de situation en page 42

L'anse Petite est largement exposé à la houle de N.W. Le site est trés sauvage.

PETITE ANSE OU ANSE LIBERTÉ

C'est un des plus beaux mouillages de Mahé par vent de S.E. En avant du rivage assez élevé parfois même un peu escarpé, les fonds sont accores. La sonde indique 24 m à l'ouvert de Petite Anse où l'on peut venir mouiller par vent de S.E. près de la plage qui est en pente forte. Attention toutefois à quelques têtes de corail dans la partie nord.

Par vent de N. W l'abri de Petite Anse est nul, la houle déferle sur la plage et secoue durement les bateaux. Le site a un caractère très sauvage car l'accès n'est possible par la terre que par un petit chemin.

PETITE ANSE OR ANSE LIBERTÉ

The water is deep off this steep shore. The sounder reads 24 m at the entrance to Petite Anse and mooring is safe by SE winds near the steeply inclined beach. However, care needs to taken of some coral rocks breaking the surface in the northern part.

Petite Anse provides no shelter from northwesterlies and because of breaking waves mooring is quite uncomfortable. The landscape remains very wild as only a small path leads to it by land.

LA POINTE LAZARE

Ce promontoire escarpé présente de beaux rochers couronnés de bouquets de palmiers. Le rivage qui descend à pic sous la mer, peut être serré de près mais tout le cap est largement exposé à la houle de S. E qui vient briser sur les rochers. Il faut alors donner du tour au cap.

L'ANSE GOUVERNEMENT

Immédiatement derrière la pointe Lazare, le rivage dessine la petite anse Gouvernement où l'on se trouve bien à l'abri des vents de N.W. Le site est fort beau avec ses gros rochers mais il n'est pas isolé car un chemin conduit à la plage depuis le grand complexe touristique de Val Mer au nord de la baie Lazare.

GOUVERNEMENT COVE

Just behind Lazare tip, the small Gouvernement cove is sheltered from NW winds. The beautiful rocky site is not secluded as a track links the beach to the Val Mer tourist resort north of bay Lazare

LAZARE POINT

This steep promontory displays beautiful rocks crowned with clumps of palms. Sailing is safe along the sheer cliffs which go straight down to the sea but the cape is very exposed to the heavy south-eastern swell, which breaks on the rocks. In such conditions it is advisable to give the cape a wide berth. When the sea is calm, mooring is possible in anse Gouvernement on the east side of Lazare point.

Restaurants :
Anse Gouvernement
Hotel Archipel deux
restaurants. T. 28 47 00
Baie Lazare.
Plantation Club . repas
gastronomique le soir. buffet
Frangipani lagon.
T. 36 13 61

POINTS GPS
WAY POINTS
Mouillage nord de la Baie Lazare
4° 45' 40 - 55° 28' 65.
Mouillage Est de la baie Lazare. Anse des Gaulettes
4° 45' 70 - 55° 29' 00

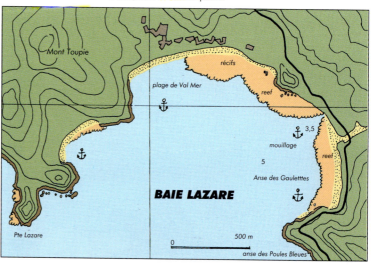

LA BAIE LAZARE

Bien abritée des vents de N. W par un mamelon et des vents de S. E par les hauteurs du **mont Lockyer** haut de 380 m, la belle baie Lazare offre dans sa partie ouest un bon mouillage par vent de N. W, le meilleur de toute la côte ouest de Mahé et un abri convenable par vents de S. E, mais qui est un peu rouleur.

La baie est formée de deux grandes plages que sépare une bande de rochers. La première plage au nord est bordée par une haie de cocotiers qui masque l'important complexe hôtelier de **Val Mer** dont on aperçoit les bungalows. Une longue frange de rochers ourle tout le sable de la plage. Il faut rester au mouillage à l'extérieur dans 5 à 8 m d'eau sur fond de sable également bien plat. Un petit passage balisé par des perches à l'Est de l'hôtel, permet d'aborder la plage en annexe. On peut déjeuner à l'hôtel autour de la piscine.

La seconde plage de l'**anse des Gaulettes** à l'Est de la baie , présente une même frange de roches. On mouille à une centaine de mètres de la plage par 5 à 6 m. Les collines arrondies qui entourent la baie ne dépassent pas une centaine de mètres de hauteur et la végétation y est nettement moins dense qu'au nord de l'île. C'est dans cette baie que le capitaine Lazard Picault vint mouiller pour aller explorer l'île de Mahé.

LAZARE BAY

Sheltered from northwesterlies by a small hill and from southeasterlies by Mount Lockyer 300 m high, the beautiful Lazare bay provides good moorage on the west side and the best shelter from northwesterlies of entire the west coast of Mahé. Shelter from southeasterlies is also good but somewhat uncomfortable.

The bay consists of two large beaches separated by a band of rock. The northern beach is fringed with coconut trees partially concealing the large hotel complex of **Val Mer**, of which only the bungalows are visible. There is a long reef running parallel to the beach. You should anchor off the reef in 5 to 8m where the bottom is flat and sandy. A small channel marked up by poles to the east of the hotel, allows to land with a tender. Lunch can be taken at the hotel round the swimming pool. The other beach of **Anse des Gaulettes** in the east side has a similar reef. You should anchor a hundred metres offshore in 5 or 6 m.. The rounded hills surrounding the bay are about 100 m high. The vegetation is less dense than in the north of the island.

Captain Lazard Picault dropped anchor in this bay when he visited Mahé for the first time.

La marée n'est sensible que sur les plateaux de sable en pente très douce.
Tide is noticeable only on sandy, gently sloping down, beaches

La pointe rocheuse qui ferme au nord la baie Lazare et que creuse sur son flanc sud l'anse Gouvernement.

The rocky tip closing bay Lazare to the north. Anse Gouvernement on the south bank

Voir carte de situation en page 42

Une seule route venant du sud longe la plage de Takamaka, mais une epaisse végétation recouvre toute les pentes des mornes.

Only one road coming from the south along Takamaka beach; A luxurious vegetation covers the hills

Une plage de rêve ombragé par les takamaka, mais du fait en partie de la pente les vagues par vent frais de N.W déferlent en rouleaux.

A dream beach under the shade of takamakas. The swell breaks on the shore when winds blow NW

Les toits de l'hôtel au nord de la plage sont un bon point de repère.

Hotel roofs north of the beach are a good landmark

L'ANSE TAKAMAKA

Elle doit son nom aux arbres à feuilles larges et épaisses qui poussent jusqu'en bord de mer, la marée haute humectant parfois les racines. Le sable blanc de la plage semblable à du talc se trouve ainsi merveilleusement ombragé, les arbres jouant le rôle de gigantesques ombrelles. Si l'on ajoute la couleur bleu turquoise des eaux cristallines, on a là un véritable petit coin de paradis qui fort heureusement n'est guère altéré par la présence de quelques constructions à toit de tôles ondulées sous les arbres et d'un petit hôtel avec restaurant (*Chez Batista*).

Pour les navigateurs, le site est un peu moins idyllique car les vents de S. E comme dans **Grand'Anse** prennent la plage en enfilade et du fait de sa pente assez forte créent de véritables rouleaux qui rendent particulièrement difficiles les débarquements en annexe. Prudence donc lorsque les vents de N. W et S. E sont bien établis et le mouillage est toujours un peu rouleur. La place ne manque pas pour mouiller sur des fonds de sable fermes de bonne tenue sous 5 à 8 m. En revanche aucun banc de coraux ne vient gêner l'accès à la plage ce qui est peu fréquent. Par mer calme, on peut tirer son annexe sur le sable, de préférence dans la partie la plus étroite de la plage. L'anse Takamaka est un bon mouillage de la journée.

TAKAMAKA CREEK

Named after the trees with large thick leaves which grow almost down to the water and sometimes at high tide have their roots touched by the waves. They provide shade for the beaches of white sand like talcum powder. These trees are enormous parasols. The turquoise colour of the crystal clear water makes this place a little paradise, almost unaffected by some buildings with corrugated iron roofs under the trees and by a small hotel with restaurant. *(Chez Batista)*.

For sailors, it not so heavenly because southeasterlies blow parallel to the beach, as in Grand'Anse, and because the beach is quite steep the breakers make landing from rather a hazardous affair. In strong northwesterlies or southeasterlies mooring is always somewhat uncomfortable. On the other hand, the regular sandy bottom in 5 to 8 m provides good holding.On the other hand, no coral reef is on the way to the beach. When the sea is calm, you can pull the tender on the beach, preferably at the narrow part of the beach

L'anse de Takamaka que borde une superbe plage de sable ombragée par de grands palmiers. Un des plus beaux sites de Mahé.

Takamaka bay is lined by one of the nicest beaches of Mahé, under the shade of tall palms. One of the loveliest landscapes of Mahé.

Restaurants :
Le Réduit. T. 36 61 16
Takamaka Résidence.
T. 36 60 49.

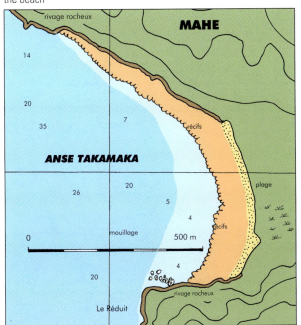

Voir carte de situation en page 42

POINTS GPS
WAY POINTS

Roches de l'Intendance
4° 46' 80 - 55° 29' 35
Mouillage de l'anse Takamaka
4° 46' 50 - 55° 29' 55

L'ANSE INTENDANCE

Le passage à terre des deux petits îlots rocheux, les **Roches de l'Intendance**, où la sonde indique plus de 10 m, débouche sur une anse creusant modérément le rivage et dont la profondeur est de 8 m à 50 m de la plage. Un mouillage y serait convenable, aucun récif n'étant à craindre, si le plan d'eau n'était pas un peu rouleur par vent de S. E qui là encore fait déferler les vagues en rouleaux sur la plage dont la pente est assez forte. L'anse Intendance est un mouillage pour la journée aux superbes fonds de sable blanc. On n'aperçoit entre les cocotiers que les toits en lattes de bois de quelques maisons. Les collines arrondies qui ceinturent l'anse, sont couvertes de cocotiers et filaos. Attention à partir de l'anse Intendance, aux têtes de roches qui par endroit pointent à petite distance de la côte jusqu'à la pointe extrême sud de Mahé. Assez curieusement les vagues et les courants ont modelé le sable en forme de dents bien régulières. Les vagues dessinent ainsi un gigantesque feston .

ANSE INTENDANCE

The passage of the two small rocky islets, the **Roches de l'Intendance**, where the sounder reads more than 10 m, leads to a small inlet 50 m from the beach where the depth is 8 m. It would be a suitable place to moor, with no rocks, but the swell could be uncomfortable in southeasterlies, with the formation of breakers on the steep beach. Is a day stop over with magnificents with sandy grounds
The rounded hills lining the cove are covered with coconut trees and filaos. From Anse Intendance to the southernmost tip of Mahé, care is needed because of rocks just below the surface near the shore.

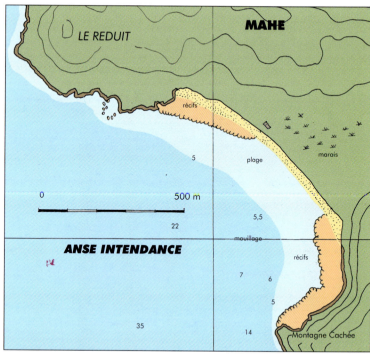

L'ANSE CORAIL

Très ouverte et exposée à la houle de S. E, cette petite anse est uniquement un mouillage de jour en avant d'une plage, où il est difficile de mouiller si la mer est un peu agitée, le plan d'eau étant rouleur. Le passage à terre des roches **Manciennes** qui pointent à 200 m du rivage, est praticable. Attention au sud entre l'anse Corail et l'anse Bazarca au rocher qui déborde à petite distance le rivage.

CORAIL CREEK

This little cove is wide open and exposed to the SE swell. It provides mooring only in daytime and is uncomfortable in rough seas. There is a passage to land from the Manciennes rocks 200 m offshore. In the south, take care to an isolated rock head close to the shore between Anse Corail and Anse Bazarca

La pointe d'Intendance

Intendance Point

Seen from the north, Pointe Galette behind Manciennes Rocks, Anse Cachée and Anse Corail. Pointe Police in the distance

Vus du nord, en premier plan la pointe Galette que déborde les roches Manciennes et qui encadre avec un petit promontoire les anses Cachée et Corail. Au loin, la pointe Police.

L'ANSE BAZARCA

Elle ressemble à l'anse Corail et n'offre pas un meilleur abri mais sa plage est plus vaste. Attention à quelques têtes de roches. La sonde indique de 10 à 15 m de fond à moins de 50 m du rivage. On peut mouiller par 4 à 5 m de jour.

Au sud de l'anse, la **pointe Police** forme une nette avancée de roches assez élevées et escarpées. Une petite tour blanche montre un feu la nuit. Il faut donner du tour à la pointe dès que la mer est agitée, les vagues brisant violemment sur les rochers.

De beaux palmiers bordent cette anse où de gros blocs de granit arrondis forment des îlots dans le sable blanc.

À un demi mille au sud de Bazarca, la **roche Capucins** se repère aisément à l'écume qui s'y forme sous l'effet d'une petite houle persistante. Mais par mer bien calme et à marée haute, la roche non balisée, peut être totalement invisible. C'est là une excellente zone de pêche. De gros poissons viennent chasser autour de ces tombants à pic qui s'enfoncent à plus de 40 m.

De nuit : La pointe Police porte une petite tourelle qui montre un feu blanc (2 éclats 15,4 sec.) visible de 276° à 128° qui aide dans l'obscurité à virer la pointe sud de Mahé.

At night : Police Point wears a little tower with a white light (2 flashes 15,4 sec.) who help to turn the south point of Mahé.

BAZARCA CREEK

This is similar to Anse Corail and provide no better shelter; however, the beach is larger. Look out for rocks. The sounder reads 10 to 15 m. Around 50 m offshore. Mooring is possible in the daytime, in 4 to 5 m.

South of the bay, **Pointe Police** is a steep rocky promontory. A small white tower shows a light at night. In rough seas keep clear of the point, where waves break on the rocks quite dramatically due to the swell.

Half a mile south of Bazarca, **Capucins rock** is visible because of the spray caused by the swell. Conversely, at high tide if the sea is calm this rock, which has no marker, can be very difficult to spot. It is an excellent area for fishing, with big fish hunting around the broad steep rocks that drop down for more than 40 m.

Beautiful palms line this cove. Large rounded blocks of granite make small islets on the white sand.

Photo page de droite en haut

De gauche à droite, la plage de l'anse Bazarca, la pointe extrême sud de l'île Mahé et la presqu'île de la pointe Police.

From left to right, Anse Bazarca beach, Mahé island south end and Pointe Police peninsula

LA BAIE POLICE

La pointe extrême sud de l'île de Mahé est formée de petites collines arrondies ne dépassant guère 100 m de hauteur. Les précipitations y sont nettement moins importantes qu'au nord de l'île. Aussi la végétation y est un peu moins dense et luxuriante. Les cocotiers laissent de la place aux arbustes.

La baie Police ne bénéficie d'aucune protection par vents de S. E et dès que le vent fraîchit, la houle de N.W comme de S.E rend le mouillage très rouleur. Cela n'a toutefois pas grande importance pour les plaisanciers car la baie Police est une zone militaire où **le mouillage est interdit.** Attention aux **courants** assez forts qui contournent la pointe sud de Mahé. Le site est très sauvage.

Le mouillage dans l'anse Police est interdit mais la mer n'y est jamais bien calme pour y passer la nuit.

Mooring is prohibited in Anse Police and sea is anyway too rough for a night stop

La pointe Cocos et l'anse Capucins, la première crique sur le flanc Est de la pointe sud de Mahé.

Pointe Cocos and Anse Capucine, the first cove on the east bank of Mahé south end

POINT GPS WAY POINTS

Mouillage de Petite Police
4° 48' 10 - 55° 31' 00
Mouillage de Police bay
4° 48' 20 - 55° 31' 35

POLICE BAY

The southernmost tip of Mahé island is made up of small rounded hills no more than 100 m high. Rainfall is scarcer here than in the north of the island. Vegetation is less dense and less luxuriant. Shrubs grow between the coconut trees.

Police Bay gives no protection from southeasterlies but mooring is possible in northwestern winds.

The first large beach is not secure. It is advisable to moor off the steeply sloping little beach behind the large rounded rock when sea is calm. This is only a daytime mooring. The site is very wild. Care is needed with the strong currents round the southern tip of Mahé.

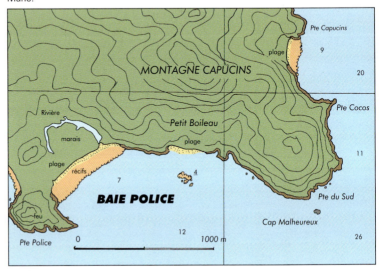

LA COTE EST DE MAHE

La physionomie de cette côte est tout à fait différente de la côte ouest. Le rivage généralement rectiligne, assez plat et bas, est partout débordé par un cordon continu de récifs qui interdit toute approche des plages. Les mouillages sont peu nombreux et par vent d'Est, la houle vient briser sur les hauts fonds.

THE EAST COAST OF MAHE

This coast is quite different from the west coast. The shoreline is generally straight and fairly low-lying, with a coral reef running along its entire length making it impossible to land on any of the beaches. Moorings are rare and when eastern winds set in, the swell causes waves to break in the shallows.

LA POINTE CAPUCIN

À 1.300 m au nord de la pointe extrême sud de Mahé, la pointe Capucin forme une petite croupe aux gros rochers arrondis couronnés de grands cocotiers. C'est le dernier site qui rappelle les beautés de la côte ouest. Les collines en arrière plan sont arrondies, modérément élevées et bien verdoyantes. Une petite plage sur le flanc sud de la pointe est en pente assez forte car le rivage est accore autour de la pointe Capucin. La sonde indique 20 m à moins de 50 m des rochers.

CAPUCIN POINT

Pointe Capucin, 1.300 m to the north of the southernmost tip of Mahé, is a hillock with

Les roches des Capucins où la mer brise en permanecne. Un très bon site pour la pêche de gros poissons.

Waves break continuously on Capucins rocks. It is a good spot for big game fishing

Toute la côte sud de Mahé est très sauvage car inaccessible par la route. On n'aperçoit aucune habitation.

Mahé south coast is wild and can't be reached by road.

Le dèbut de la côte Est de Mahé est bordée par une barrière de récifs. La flèche situe l'anse Capucins . Au loin, l'anse Royale.

The coral reef along Mahé east coast. Anse Capucins under the arrow. Anse Royale in the backgroun

De belles petites plages de sable se dissimulent sous les cocotiers, mais il faut prendre garde aux nombreuses têtes de roches

Nice little beaches hide under coconut trees. Take care to many isolated rocks

Voir carte de situation en page 42

111

**POINT GPS
WAY POINT**

*Mouillage de la baie Police :
4° 48' 20 - 55° 31' 35*

large rounded rocks covered with tall coconut trees. It is the last reminder of the beautiful sites of the west coast. The hilltops behind are rounded, quite high and verdant. The small beach on the east side of the point is steep, as is the coast around Pointe Capucin. The sounder reads 20 m at a distance of 50 m from the rocks.

LES ANSES MARIE LOUISE ET FORBANS

Elles s'étendent entre la pointe **Capucin** et le **Cap Lascars** et sont débordées par une barrière de récifs qui ne laisse qu'une passe étroite, peu profonde, praticable uniquement avec une petite embarcation de faible tirant d'eau. Les bateaux de croisière doivent rester au mouillage à l'extérieur par 8 à 10 m sur fond de sable sans bénéficier d'aucune protection contre les vents de S.E. La passe se situe à 1/3 de la pointe sud et à 2/3 de la pointe Lascars. On la localise assez aisément lorsque la mer est un peu agitée, à une zone où la ligne des brisants est interrompue. Les deux grandes plages sont partout bordées de cocotiers avec en arrière plan un hôtel et quelques maisons.

MARIE LOUISE AND FORBANS CREEKS

These two bays are between **Pointe Capucin** and **Cap Lascars** and are protected by a coral reef with a narrow and shallow passage, accessible only to small craft with a shallow draught. Sailing boats must anchor on the seaward side, where the bottom is sandy and the water 8 to 10 m deep, but with no protection from SE winds. The passage is 1/3 from the southern headland and 2/3 from Pointe Lascars. It is visible when sea is a little rough because at that point the coral reef is free of white water. The two wide beaches are lined with coconut trees all round with a hotel and a few houses behind.

Le cap Lascars sépare l'anse Marie Louise de l'anse Baleine au sud de l'anse Royale.

Cape Lascars separates Anse Marie Louise from Anse Baleine south of anse Royale

Au nord du cap Lascars le rivage est débordé par un large platin de coraux qui interdit toute approche du rivage en dehors de deux passes.

North of Cap Lascars, coral reef along the shore prevents any landing outside of the passes

L'ANSE ROYALE

Elle doit son nom à la résidence du gouverneur des Seychelles qui se situait autrefois en ces parages. Toute l'anse qui creuse presque insensiblement le rivage, est fermée par une barrière de récifs longue de plus de 3,5 milles, qui ne ménage qu'une seule passe. Profonde toutefois de 13 m, elle est large d'une centaine de mètres et donc praticable si la houle n'est pas trop creuse ce qui est le cas par vent de S.E. Le mouillage n'est alors guère praticable.

La passe se situe dans l'Est d'une église et d'une chapelle juste en bord de plage. L'interruption de la frange d'écume qui se forme sur la barrière même par mer presque calme, aide à localiser avec une petite bouée rouge, la passe que l'on embouque en faisant route au **245°** sur l'église. De 11 à 12 m dans l'entrée, les fonds remontent rapidement à moins de 4 à 5 m. Il est recommandé d'arriver au milieu de la journée où le soleil haut sur l'horizon permet de bien voir en arrière de la barrière, les récifs sous la surface de l'eau. On maintiendra ce cap pendant au moins 150 m avant de remonter vers le nord afin de parer un vaste plateau de têtes de corail couvertes de moins d'un mètre. On peut mouiller par 4 à 5 m sur fond de sable. Le mouillage paraît gigantesque mais du fait de la présence de ces nombreux pâtés de corail, la zone de mouillage reste limitée autour du chenal d'accès.

LA POINTE AU SEL

Elle forme une longue avancée assez basse, étroite où se dressent des bouquets de filaos. On donnera du tour à la pointe que prolongent quelques roches isolées sur lesquelles la mer brise.

POINTE AU SEL

This forms a long and rather low promontory where clumps of filaos grow. Steer clear of the point, which continues under the surface with some isolated rocks on which the swell breaks.

ANSE ROYALE

So called because the residence of the governor of the Seychelles used to be in the neighbourhood. The bay, which is only a slight indentation, is closed by a coral reef 3.5 miles, with only a single passage, 13 m deep, and a hundred or so metres wide. it is easily passable if the swell is not too heavy.

The entrance is located east of a church and a little chapel close to the beach. The channel is visible because of the break in the line spume when the sea is calm. The channel is entered by steering on a **245°** course with the church.From 11 to 12 m in the entrance, the grounds come up quickly to less than 5 m. It is advibble to come in the middle of the day when sun is high enough to allow aneasy location of the rocks. This heading should be maintained for at least 150 m sailing north to clear a large coral reef less than one meter deep. Mooring is possible on a sandy bottom 4 to 5 m deep. The mooring space seems extensive, but because of numerous masses of coral, mooring is restricted to within the proximity of the passage.One red buoy clearly mark up the pass.

La petite chapelle anglicane qui sert de repère pour situer la zone de mouillage de l'anse Royale.

The small anglican chapel is conspicuous and helps locate Anse Royale mooring zone

La passe assez large est balisée par une petite bouée rouge.

The rather wide pass marked by a small red buoy

Cette vue montre bien le creux dans la plateau de récifs où il est possible de venir mouiller par vent de N.W.

The hollow in the coral reef where it is possible to moor when wind comes from NW

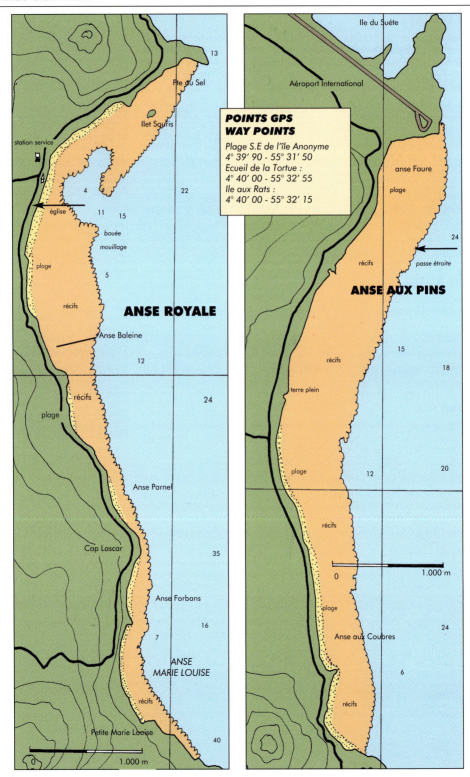

POINTS GPS
WAY POINTS

Plage S.E de l'île Anonyme
4° 39' 90 - 55° 31' 50
Ecueil de la Tortue :
4° 40' 00 - 55° 32' 55
Ile aux Rats :
4° 40' 00 - 55° 32' 15

ANSE ROYALE

ANSE AUX PINS

Ile du Suète

Aéroport International

anse Faure

plage

récifs

passe étroite

24

15

18

terre plein

plage

12

20

récifs

plage

Anse aux Coubres

24

6

récifs

Pte du Sel

13

Ilet Souris

station service

église

11   15

4

22

bouée

mouillage

plage

5

récifs

Anse Baleine

12

récifs

24

plage

Anse Parnel

Cap Lascar

35

Anse Forbans

16

7

ANSE
MARIE LOUISE

récifs

Petite Marie Louise

40

1.000 m

1.000 m

L'ANSE AUX PINS

Comme l'anse Royale, au sud, cette vaste baie qui s'étend sur plus de 3 milles entre la pointe au Sel et la pointe extrême Est de Mahé est fermée par un cordon de récifs où la mer brise presque en permanence. La passe se localise à la présence d'une bouée sensiblement dans l'axe de l'anse. Mais cette entrée peut être dangereuse par houle de S.E.

De la bouée, on fera route vers le rivage mais les fonds de 12 m dans l'entrée remontent rapidement et il faut avancer prudemment à vue entre les têtes de corail pour chercher une large plaque de sable où mouiller par 4 à 5 m de fond. La barrière de récifs casse efficacement la houle mais lorsque les vents de S. E soufflent en force, le mouillage est impraticable. Même par vent de N.W, un bateau ne peut y être laissé sans surveillance car l'ancre peut déraper sur le sable.

ANSE AUX PINS

Like Anse Royale to the south, this wide open bay stretches for more than three miles between Pointe au Sel and the eastern tip of Mahé. It is protected by a coral reef over which the swell breaks at all times. The passage is marked with a buoy and is easily located. It runs roughly in the same line as the axis of the bay.

100 m across and 12 m deep, it is easily accessible. Sail on a 280° heading. The water quickly becomes shallow and care is needed to avoid the patches of coral before finding a suitable sandy place to moor in 4 to 5 m. The coral reef breaks up the swell but when southeasterlies are strong, mooring becomes very unpleasant. No craft should be left unattended, as the holding is not sufficiently secure. Going ashore is is difficult in such wind conditions.

On se placera au point GPS 4° 44' 2 - 55° 32' 6 d'où l'on trouvera le plus aisément la route à suivre.pour rejoindre le mouillage de l'anse Royale.

From GPS point 4° 44' 2 - 55° 32' 6 you will easily fine your way through the chanel to the mooring of Anse Royale.

Restaurant :
Kaz Kreol T. 37 16 80.

A gauche derrière la barrière le récifs, l'îlot Souris et au nord de la pointe au Sel, la belle baie de l'anse aux Pins qui s'étend jusqu'à la pointe extrême Est de Mahé.

Left, behind the coral reef, Ilot Souris north of Pointe au Sel

L'église est utilisée pour prendre le relévement à 280° de la passe.

Follow the 280° line from the chapel to take the pass

Voir carte de situation en p 42

Le rivage est en grande partie dans les deux anses Royale et aux Pins, bordé par une belle plage de sable fin.

Most of the shore in both Anse Royale and Anse aux Pins is lined with nice sand beaches

Il est possible de touver un petit creux pour mouiller au nord de la pointe au Sel.

Mooring is possible in small coves north of Pointe au Sel.

L'île Anonyme vue du S.E. avec en arrière plan de gauche à droite, l'île Cerf , l'île Longue et l'île Ste Anne.

Anonyme island seen from SE with, from left to right, Ile au Cerf, Ile Longue and Ile Sainte Anne

LA POINTE EST DE MAHE

Au N. W de la pointe Est de Mahé, en bout de la piste de l'aéroport, l'île Anonyme émerge au milieu de hauts fonds qui affleurent et dont le petit **îlot du Rat** marque la lisière Est. Cet îlot n'est qu'un cône de pierres surmonté d'un unique cocotier. Une plage borde l'**île Anonyme** au S. E mais son accès n'est possible qu'en annexe du fait du manque de fond. Un très bel hôtel restaurant occupe toute l'île qui est privée.

Attention à la roche de **la Tortue** qui pointe à 700 m exactement dans l'Est de l'îlot du Rat. Elle se repère habituellement aux brisants qui s'y forment mais à marée haute par mer calme, cette roche isolée peut être invisible et fort dangereuse. Elle se situe par 4° 40'00 S et 55° 32 55 E. Le passage à terre entre **la Tortue** et l'îlot du Rat est profond de plus de 10 m. On retrouve au nord de l'île Anonyme le **chenal du Cerf** qui donne accès au port de Victoria par le S.E. (voir les chenaux d'accès à Victoria).

Sur le flanc ouest de la pointe de l'**île Suéte**, le bout de la piste de l'aéroport relie l'îlot au rivage. Un court môle délimite une petite anse mais on se trouve ici dans l'enceinte interdite au public de l'aéroport et l'accès au mouillage l'est également.

MAHE EAST POINT

North west of the south-eastern tip of Mahé, at the end of the airport runway, **Anonyme** island emerges from the sea in the middle of the shallows where rocks are often close to the surface. **Rat islet** marks the eastern end of the shallows and is a cone shaped pile of rocks with a single coconut tree on top. A beach on the south-eastern coast of Anonyme island can only be reached with a tender because of shallows and going ashore can be dangerous in fresh south-easterly winds. The island is private property of a very nice hotel.

Be careful of la Tortue, a rock which breaks the surface 700 m east of Rat islet. The breakers usually make it visible but at high tide with a calm sea this isolated rock is virtually invisible and very dangerous. It is located 4° 40'00 S and 55°32'55 E The passage to the shore between La Tortue and Rat islet is 10 m deep.
On the west side of **île Suète**, the airport runway links the islet to the mainland. A small mole limits a cove but as it is inside the airport area, access and moorage are forbidden.

L'île aux Rats et son unique palmier

Ile aux Rats with its single palm tree.

La pointe extrême Est de Mahé avec l'île Sudête en bout de la piste de l'aérodrome. En arrière plan l'île Anonyme où se situe un hotel restaurant et au loin l'île Ste Anne face à Victoria.

Mahé east far end, Sudéte island at the end of the airstrip. In the background Anonyme island where an hotel restaurant is located; in the distance Sainte Anne island facing Victoria

Voir carte de situation en page 42

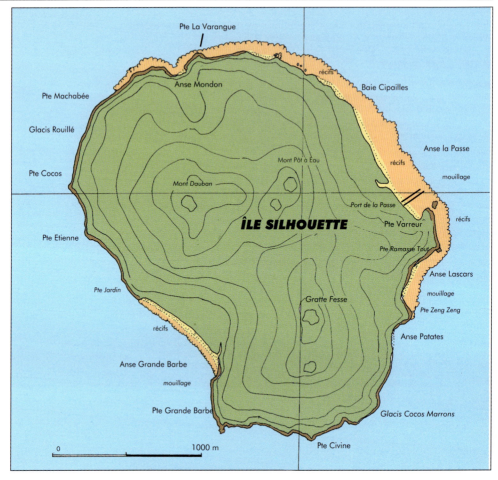

Map labels:
Pte La Varangue
Anse Mondon
récifs
Baie Cipailles
Pte Machabée
Glacis Rouillé
Anse la Passe
récifs
Pte Cocos
Mont Pôt à Eau
mouillage
Mont Dauban
Port de la Passe
récifs
ÎLE SILHOUETTE
Pte Varreur
Pte Etienne
Pte Ramasse Tout
Anse Lascars
Pte Jardin
mouillage
Gratte Fesse
Pte Zeng Zeng
récifs
Anse Patates
Anse Grande Barbe
mouillage
Pte Grande Barbe
Glacis Cocos Marrons
Pte Civine
0   1000 m

SILHOUETTE ISLAND

This round granite island 11.5 miles WNW of the northern tip of Mahé is quite precipitous and reaches 740 m at Mount Dauban. At sunset, seen from Mahé, the dome of the island is outlined against the setting sun, thus accounting for its name.

The French pirate, Houdol, used this island as a alternative base and, as with many other islands, the legend has it that he hid his treasure, amassed during numerous attacks on cargo ships, in a deep cavern.

The coastline is very rocky and drops steeply down into the sea. The bottom is unsuitable for mooring and there is shelter from one wind direction only. Along the 00-mile coastline of Silhouette island there are only two moorings available, one at la Passe to the east and the other in Anse Mondon to the north.

L'ÎLE SILHOUETTE

À 11,5 milles dans l'W.N.W de la pointe nord de Mahé, cette île de granit de forme ronde, présente un relief élevé qui atteint 740 m au Mont Dauban dans la partie centrale. L'île au coucher du soleil, vue depuis Mahé découpe son dôme sombre dans le rougeoiement du soleil, d'où son nom.

Le pirate français Houdol avait fait de cette île sa base de repli et comme dans bien d'autres îles, la légende prétend qu'il aurait dissimulé son trésor accumulé dans les prises de nombreux navires de commerce, dans quelques-unes des grottes profondes.

On the north side of the mole, there is a good beach about a mile long lined with tall coconut trees. Half hidden under the trees are the bungalows of the hotel Silhouette Island Lodge. Passage to the beach is impossible because of a coral reef which has only one channel, leading to the mole.

Très rocheux le rivage descend presque partout en pente fortement inclinée dans la mer. Les fonds manquent pour mouiller et la protection n'est bonne que par beau temps. On ne compte sur les 10 milles de pourtour de Silhouette que trois mouillages à la Passe sur la côte Est, dans l'anse Mondon au nord par vent de S.E et baie Lascar au sud par vent de N.W.

ANSE DE LA PASSE

This is the main landing ponton Silhouette island. **Pointe Varreur**, prolonged by a rocky reef made up of rocky islets, has a cross on top, provides a little mole with protection from southeasterlies. The depth of water is no more than 1 m at the mole-head. Moor on the solid sand bottom in 7 to 8 m slightly north of the range on the pole and the mole-head. Tenders can tie up next to the quay behind a little wall, which dries out at low tide. Close by, the main houses of the island are grouped together close to the dispensary and a copra mill.

LE PORT DE LA PASSE

C'est le point de débarquement principal dans l'île Silhouette. La **pointe Varreur** que prolonge une avancée de roches en forme d'îlot, portant une croix, protège des vents de S. E deux épis parallèles orientés vers le N.E et s'appuyant sur la plage. Ce port a été construit uniquement pour former un abri et un poste d'accostage pour la goélette qui dessert quotidiennement l'île Silhouette et tout particulièrement la résidence hôtelière. On viendra mouiller sur des fonds de sable dur par 7 m à 10 m légèrement au nord de l'alignement des deux épis. Un chenal profond de 2 à 3 m entre les bancs de récifs conduit jusqu'à la passe large d'environ 30 m entre les deux musoirs. La place est très limitée dans le fond du port et l'on ne peut s'y abriter qu'en obtenant l'autoFrisation du maître de port. Le plan d'eau est calme par tous les vents mais les vagues peuvent déferler dans l'entrée par vent frais de N.W ou S.E, la houle tournant autour de la pointe Varreur.
À proximité se sont regroupées les principales habitations de l'île près du

**POINT GPS
WAY POINT**

Mouillage dans l'anse de la Passe dans le prolongement des digues.
4° 28' 80 - 55° 15' 40

L'île Silhouette ne présente aucun feu la nuit.

No light in the dark on Silhouette island

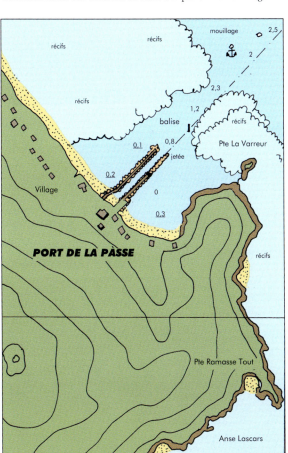

mouillage
récifs
récifs
2,5
2
2,3
récifs
1,2
balise
récifs
0,1
0,8
jetée
Pte La Varreur
0,2
Village
0
0,3
PORT DE LA PASSE
récifs
Pte Ramasse Tout
Anse Lascars

A path through the lush vegetation of **Grande Rivière** valley leads to the 621-m-high Pôt d'Eau. The summit provides magnificent views of the island and **Mount Dauban.** After heavy rainfall, the path becomes very slippery and can be dangerous. If climbing alone, do not forget to tell someone when you expect to be back, just in case you get into difficulties.

*Un chemin conduit par le vallon de **Grande Rivière** dans une végétation assez dense jusqu'au sommet du mont **Pôt à Eau**, haut de 621 m, d'où l'on découvre un superbe panorama sur toute l'île et le **Mont Dauban**. Mais le chemin peut être difficilement praticable à la suite de fortes pluies, car le sol devient très glissant. Il ne faut pas s'y aventurer seul et sans avoir averti quelqu'un de l'heure du retour afin qu'il puisse donner l'alerte.*

L'île Silhouette vue du S.E en venant de Mahé. Elle apparait comme une petite chaîne montagneuse.

Silhouette island seen from the SE, coming from Mahé. It looks like a small mountain range.

La côte Est où se regroupe la majorité des habitations autour d'un hôtel en bord de plage. Le port de la Passe au sud est l'unique point de débarquement dans l'île.

The east coast where houses gather around a hotel on the beach. The small harbour to the south is the only landing point of the island.

L'entrée du port de la Passe vue du N.E. dans le prolongement des digues.

La Passe harbour north entrance seen form N.E.

On vient mouiller en se tenant dans le nord de la pointe Vareur que déborde un îlot à petite distance du haut fond.

Moor in the north of Vasseur point near the islet close to the shallows.

dispensaire et d'un moulin à copra.

Au nord du môle s'étend une belle plage qui longue d'un mille, est bordée de grands cocotiers. Sous leur ombrage se cachent les bungalows de l'hôtel Silhouette Island Lodge. L'accès à la plage de la mer est en grande partie barré par une frange de récifs qui ne ménage une passe qu'au voisinage du môle.

POINT GPS
WAY POINT

Mouillage de Grande Barbe
4° 30' 10 - 55° 13' 45

LA PASSE HARBOUR

It is the main landing point on Silhouette island. Pointe Varreur, prolonged by a rocky reef made up of rocky islets, has a cross on top and is sheltered from southerlies by two NE oriented parallel spurs perpendicular to the beach

This harbour has been built solely as a shelter and dock for the schooner connecting Silhouette island and the hotel resort to Victoria

Moor over 7 to 10m deep sandy bottom slightly north of the two spurs. A 2 to 3m deep channel between coral reefs leads to the 30m wide pass between jetty mouth. As there is not much room in the harbour, an authorisation from the harbour master is necessary

The water stretch is calm whatever the wind. Wawes may break in the entrance as the swell is turning around Pointe Varreur. Habitations group together by the infirmary and the coprah mill.

A nice one mile long beach lined with coconut trees stretches north of the jetty. Access to the beach is not possible due to a coral reef leaving only a pass close to the jetty

Two jetties made out of rocks mark a water stretch sheltered from the swell. Priority is given to commercial crafts

Deux digues en enrochements délimitent un plan d'eau assez bien abrité de la houle mais réservé en priorité au bateau de liaisons.

Two rock walls mark the boundary of a water stretch sheltered from the swell where passengers boats have a priority

SAILING ROUND SILHOUETTE FROM THE SOUTH

LASCAR ANSE

South of Pointe **Vasseur** and Pointe **Ramasse Tout**, there are high cliffs of dark rocks before **Lascars Bay,** where there is a nice beach with white sand and groups of coconut trees growing on the beach itself.

Mooring is possible off the beach in 7 or 8 m on a sandy bottom. Shelter from northwesterlies is good. However, mooring can be somewhat uncomfortable because the

La quasi totalité de l'île Silhouette est constituée d'un massif montagneux très difficilement accessible. La traversée par l'unique piste est parfois perilleuse en période de pluies.

Silhouette island is a massif very difficult to reach. Crossing the island by the only track is sometimes perilous during the rainy season.

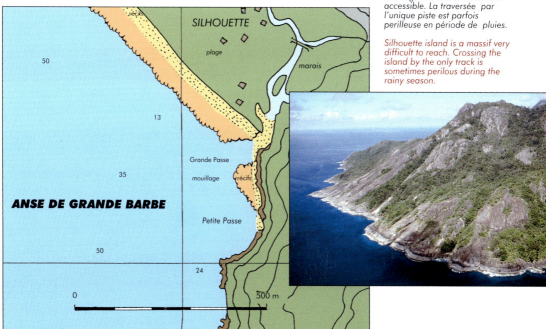

La belle anse Lascars au S.W de la pointe Ramasse Toutoffre une possibillité de mouillage sous la protection des hauteurs du rivage.

The nice Anse Lascars, SW of Ramasse Tout point provides a moorage sheltered by the surrounding hills.

La pointe S.W de Grande Barbe et la longuer et belle plage qui s'étend jusqu'à la pointe Jardin.

The SW point of Grande Barbe and the long beach stretching to Jardin point.

swell tends to swoop rounds the island and, in strong wind conditions, gusts come down from the surrounding hills. Care is to be taken of the rocky bottom near the beach. Small octopuses hide under the rocks.

From **Zeng Zeng** point to the south of Anse Lascars and to Grande Barbe on the opposite west coast, the coast is high and steep, consisting of dark rocks with patches of green where there are groups of coconut trees. Small waves break on large rocks and rush into narrow cracks and caverns. Close to the south of Zeng Zeng point **anse Patate** shelters the only beach of the south coast of Silouhette island.

GRANDE BARBE BAY

On a retrouvé près de l'anse Lascars des tombes arabes très anciennes qui prouvent que les Seychelles étaient connues des navigateurs arabes bien avant les européens.

Near Lascars cove, some very old arab graves have been found. They testify of the presence of arabs in the Seychelles before european sailors.

Where the **Cocos Marrons** mountains come down to the sea there are no creeks whatever, and no mooring before Grande Barbe Bay. In some places streams have eroded small inlets but they do not provide shelter from northwesterlies. You can moor some distance from the beach, in 7m. on a sandy bottom. There are shacks using the tall coconut trees for shelter. The **Gratte Fesse** path crossing the island from the Passe, reaches the west coast through this small valley.

North of Grande Barbe, there is a good beach lined with coconut trees but there is a coral reef barrier and big breakers pound the beach when the sea is rough.

From Pointe Jardin at the end of the beach, to the north of Silhouette, the shore is steep again, very abrupt and rocky. The large flat slabs where vegetation has taken root in some cracks are best viewed from a distance. No shelter is available before reaching Anse Mondon, at the foot of steep hills covered with large parasol trees.

**POINTS GPS
WAY POINTS**

Mouillage de l'anse Mondon
4° 27 70 - 55° 13' 25
Mouillage Anse Lacars
4° 29' 45 - 55° 15' 25

LE TOUR DE SILHOUETTE PAR LE SUD

L'ANSE LASCAR

Au sud des pointes **Varreur** et **Ramasse Tout**, le rivage que domine une haute falaise de roches sombres, est ourlé dans l'anse **Lascars** d'une belle plage de sable blanc et des touffes de cocotiers se dressent sur le plat du rivage.

On peut mouiller pour la nuit en avant de la plage par 7 à 8 m d'eau sur des fonds de sable. L'abri est bon par vent de N. W. Le plan d'eau est toutefois un peu rouleur car la houle a tendance à contourner l'île et des rafales peuvent tomber des hauteurs par vent fort. Attention aux hauts fonds rocheux à l'approche de la plage. Des petites pieuvres se cachent dans les rochers.

De la pointe **Zeng Zeng** au sud de l'**anse Lascars** jusqu'à **Grande Barbe** à l'opposé sur la côte ouest, le rivage aux roches de granit sombre, tachetés de verdure par les bouquets des cocotiers, est partout élevé et en pente fortement inclinée. De petites vagues viennent battre de gros rochers arrondis et s'engouffrent dans des failles étroites, des grottes profondes. Juste au sud de la pointe Zeng Zeng, l'**anse Patate** abrite l'unique plage de sable de la côte Sud de Silhouette.

Les montants des taxes de débarquement sont donnés à titre indicatif car elles sont modifiées fréquemment. Ces taxes sont payables en devises étrangères et non en roupies.

Landing fees are subject to frequent change. They must be paid in foreign concurrencies.

LE CREUX DE GRANDE BARBE

Le pied du massif de **Cocos Marrons** qui constitue la partie sud de l'île Silhouette, n'offre pas la moindre crique, la plus petite possibilité de mouillage avant l'anse de Grande Barbe. Quelques ruisseaux ont formé en ce lieu un léger creux en bout de plage mais qui n'offre toutefois qu'un abri limité, exposé aux vents de N.W. par mer calme, on peut mouiller par 7 m sur fond de sable à petite distance de la plage. Le plan d'eau est toujours rouleur. On ne peut s'y maintenir par vents frais de N.W. comme de S.E que le temps de débarquer en annexe dans le creux de l'embouchure du petit ruisseau.

Quelques cabanes s'abritent sous les grands cocotiers. Le sentier de **Gratte Fesse** qui traverse l'île depuis la Passe rejoint la côte ouest dans ce vallon.

Au nord de Grande Barbe, s'étend une belle plage bordée là encore de cocotiers mais une barrière de récifs en interdit l'accès et la mer déferle vite en rouleaux sur le sable dés qu'elle est un peu agitée.

La végétation luxuriante a envahi tous les vallons et vient jusqu'au ras de la plage.

The luxurious vegetation has conquered all the valleys and comes close to the beach.

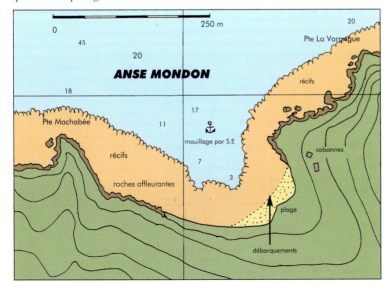

DISTANCES

En milles
in nautical miles

Silhouette à Mahé :	11,8
Silhouette à Île Bird :	44
Silhouette à Île Denis :	47
Silhouette à Île du Nord :	3,8
Silhouette à Arros :	128
Silhouette à Desroches :	116
Tour de Silhouette environ 10 milles	

Le mouillage de Grande Barbe. On se tient à petite distance de la plage. La flèche situe à peu près la grande passe.

The moorage of Grande Barbe. Keep close to the beach. The arrow indicates the wide pass.

Le rivage rocheux est entrecoupé de quelques petites plages aisément accessibles en annexe. mais les fonds sont généralement accores ce qui ne facilitent pas le mouillage.
L'île était un repère de pirates mais les abris pour leurs voiliers y faisaient sérieusement défaut.

The rocky shoreline is broken by some small beaches easily reached in a tender. However, the bottoms are steep and anchoring is difficult. The island used to be a refuge for pirates but shelter for their ships was scarce

L'anse Mondon au nord de l'île est le seul véritable mouillage sûr en dehors de la plage de la côte Est.

Mondon bay, to the north of the island is the only secure moorage available except for the beach on the east coast.

De la pointe **Jardin**, à l'extrémité N.W de la plage, jusqu'au nord de Silhouette, le rivage est à nouveau escarpé, en forte pente et très rocheux. On se contentera d'admirer à distance les belles plaques de roches bien lisses où la végétation n'a pris racine que dans quelques failles. Aucun abri ne peut être signalé avant l'anse de Mondon au pied de ces collines escarpées couvertes de grands arbres parasols.

L'ANSE MONDON

Au milieu de la côte nord de Silhouette, une unique petite anse ourlée d'une minuscule plage de sable, surprenante dans ce décor de gros rochers rougeâtres, creuse le rivage entre la pointe de **la Varangue** la plus nord et la pointe **Macchabée**. Deux petites maisons sous les arbres sur une minuscule avancée à l'Est de l'anse constituent un bon point de repère car on n'aperçoit aucune autre construction dans cette partie nord de Silhouette. Deux ou trois bateaux tout au plus peuvent venir mouiller dans l'anse Mondon par 7 à 8 m sur fond de sable. L'abri est bon par vent de S. E mais nul par vent de N.W. Le site est très sauvage et isolé à plusieurs heures de marche de la Passe. Une petite plantation d'ananas et de goyaves borde le rivage. Deux couples de Seychellois seulement vivent dans l'anse Mondon. On peut grimper au sommet du morne voisin par un chemin parfois difficilement praticable. La végétation luxuriante compte quelques plantes carnivores.

De l'anse Moudon à la Passe, le rivage apparaît un peu moins escarpé et couvert d'une végétation plus dense que sur la côte ouest mais l'absence de crique, un plateau de corail parfois affleurant, interdisent toute approche du rivage jusqu'au môle de la Passe.

ANSE MONDON

Half way along the north coast of Silhouette, only one cove, lined by a small sand beach and surprisingly overlooked by big red rocks, interrupts the coastline between Pointe de **la Varangue** in the north and Pointe **Macchabée**. Two small houses under the trees on a small headland to the east are conspicuous, no other buildings being visible in this northern part of Silhouette. There is room for only two or three sailing boats to moor in Anse Mondon (7 to 8m deep; sandy bottom). It provides good shelter from northeasterlies but is unprotected from northwesterlies. The spot is very wild and remote, and is several hours' walk from La Passe. A small pineapple and guava plantation lines the shore. Only two couples of Seychellois live in Anse Mondon. Climbing to the top of the nearby hill is extremely difficult. The lush vegetation conceals some carnivorous plants.

From Anse Mondon to La Passe, the coast is not so steep and the vegetation is denser than on the west coast. The coral reef, close to the surface and the absence of creeks means that it is impossible to go ashore before the mole at La Passe.

On aperçoit dans le creux de l'anse Mondon quelques petites maisons en ruinesoccupées autrefois par des pêcheurs. Mais le site est pratiquement désert et la distance est longue par la terre pour rejoindre le bourg.

Some ruined fishermen's houses are visible in Anse Mondon. But the place uninhabited and the distance to the village quite long by land.

**POINT GPS
WAY POINT**

Mouillage de l'anse Mondon
4°27,70 - 55° 13' 25

Voir carte de situation en pages 7 et 118

**POINTS GPS :
WAY POINTS**

*Mouillage de Petite Anse ou
Anse Lascars
4° 23' 75 - 55° 15' 05
Mouillage côte Est . Anse
Cimetière
4° 23' 40 - 55° 15' 10
Mouillage côte ouest
4° 23' 12 - 55° 14' 35*

*Quatre pêcheurs seulement vivent
sur l'île du Nord où les touristes
sont rares. Les deux plages sont
généralement désertes. Les
barques de pêche sont tirées au
sec sur la plage à l'ombre des
cocotiers. Les pêcheurs montrent
volontiers leur île où poussent des
orchidées et où vivent quelques
grosses tortues.*

*L'île du Nord est privée mais son
accès n'est pas soumis à
l'autorisation de I.D.C. La taxe de
débarquement est de 50 roupies.*

*Only 4 fishermen live on Ile du
Nord and tourists are scarce. The
two beaches are deserted.
The fishermen's palm roofed
shacks shelter under the coconut
trees and their boats are pulled
well up the beach. The fishermen
enjoy showing people round their
island, with its lovely orchids and
big turtles.*

*L'île du Nord est privée mais son
accès n'est pas soumis à
l'autorisation de I.D.C. La taxe de
débarquement est de 50 roupies.*

*North island is private property
but no permit is needed from the
I.D.C.*

ILE DU NORD

This small island, 2.200 m long and 1.600 m wide is 3.8 miles north of Silhouette island and 15 miles on a 313° heading from the northern tip of Mahé, from where the 180 m high hill forming the north of the island is clearly visible. It is linked to another hill in the south of the island by a narrow strip of land with a good sandy beach on either side. Superb and wild nature makes it a favourite for local yachtmen

Ile du Nord is very quiet as it is inhabited only by an attendant and its family and tourists are scarce. On the west coast, you can moor to the north of the first point off a small beach among the rocks (sandy bottom 5 to 6m deep). The large beach to the north is protected by a coral reef. It is impossible to go ashore with a tender when the sea is a little rough, except at the north end. It is the best shelter from SE winds in the island . Sounder indicates 8 to 9 m

The rocky coast around the northern hill has no creeks suitable for mooring even in calm seas. Sail round the island to reach a beach shaded by beautiful coconut trees on the east coast. There are no rocks but going ashore can be tricky because of the waves. Moor in front of the beach in the SW angle on 7 m deep hard sandy bottom forming a kind of small lagoon. When you arrive on the beach leave the tender quickly to avoid being rolled over. Immediately south of the headland which shelters the mooring, there is a perfectly rounded little creek surrounded by rocks. The white sand, the dark reddish rocks and the lush vegetation look like a postcard. It is the nicest spot on either of the two islands north-west of Mahé.

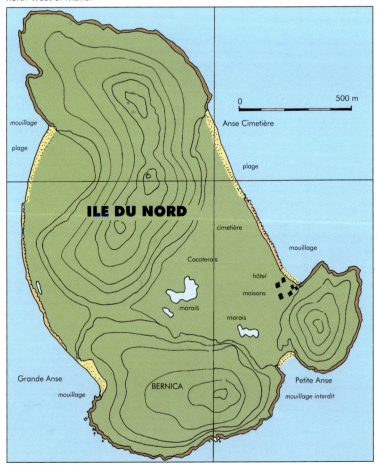

mouillage

plage

Anse Cimetière

plage

0   500 m

ILE DU NORD

cimetière

mouillage

Cocoterais

hôtel

maisons

marais

marais

Grande Anse

mouillage

BERNICA

Petite Anse

mouillage interdit

DISTANCES

En milles
In nautical miles

Île du Nord à Mahé :	15
Île du Nord à Praslin :	26,5
Île du Nord à Denis :	42,5
Île du Nord à Bird :	39

Huts covered with palms shelter under coconut trees and fishing boats are pulled on the beach. The attendant gladly shows you to the island where orchids grow and big turtles live. Atmosphere may change as the island has been sold and an hotel is being built

L'île du Nord étroite et modérément élevée vue ici du sud ouest.

As seen from the south-west, North island is narrow and low above the sea.

La plage de la côte ouest. Le petit creux au nord offre une possibilité de mouillage par mer calme.

The beach on the west coast. The small break to the north provides moorage when sea is calm.

Dans la partie nord de l'île, le relief est élevé et le rivage partout très escarpé

The north part of the island is precipitous and the shore is steep.

Voir carte de situation en page 7

ÎLE DU NORD

Cette petite île longue de 2.200 m du nord au sud et large de 1600 m, émerge à 3,8 milles au nord de l'île Silhouette et à 15 milles dans le 313° de la pointe Nord de Mahé. On l'aperçoit distinctement depuis le nord de Mahé, car son mamelon nord est haut de 180 m. Il est relié à un mamelon sud par une langue de terre plus basse que bordent à l'Est et l'ouest deux belles plages de sable. Sa nature superbe et sauvage en fait une des destinations de prédilection des navigateurs locaux.

L'île du Nord n'est habitée que par un gardien et sa famille et les touristes y sont rares, c'est dire la grande tranquillité des deux plages.

Sur la côte ouest le seul mouillage se situe juste au nord de la première pointe en avant d'une petite plage dans un creux des rochers. On mouille sur un fond de sable par 5 à 6 m. La grande plage plus au nord est en pente et partout bordée par une frange de récifs. Il est impossible d'y débarquer en annexe dès que la mer est un peu agitée en dehors de l'extrémité nord. Par vent de S.E, c'est là le meilleur mouillage de l'île du Nord. La sonde indique 8 à 9 m d'eau.

Le rivage rocheux autour du mamelon nord ne présente aucune crique pouvant offrir la moindre possibilité de mouillage même par mer calme. Il faut contourner l'île à distance pour venir devant la plage ombragée par de beaux cocotiers qui bordent une large partie de la côte Est. Pas de récifs, mais souvent des rouleaux ne facilitent pas les débarquements.

On viendra mouiller le plus avant possible dans l'angle au sud tout près du mamelon par 7 m d'eau sur fond de sable dur le plan d'eau formant comme un petit lagon. Le mouillage est exposé et rouleur par vent de N.W. tandis que par vent de S.E. la houle contourne le mamelon.Il faut sauter rapidement de l'annexe pour échapper aux rouleaux.

Les cabanes à toit de palmes des rares habitants s'abritent sous les cocotiers et les barques sont tirées au sec sur le sable. Le gardien fait visiter de bon cœur l'île où poussent de belles orchidées et où vivent une trentaine de grosses tortues. Mais l'ambiance va peut être changer car l'île a été vendue et un hôtel est en construction.

La superbe crique de l'anse Petite au pied d'un mamelon s'ouvre vers le sud à la pointe extrême S.E de l'île du Nord.

A lovely cove overlooked by a hillock is wide open to the south at the extreme SE point of North island.

Même par mer calme, on ne peut débarquer sur ces roches lisses et en forte pente. C'est pourtant dans quelques grottes de ce rivage inhospitalier que les pirates dissimulaient leurs trésors.

Even when the sea is calm, landing is impossible on the rocky slopes.

Immédiatement au sud de la pointe qui protège au sud la zone de mouillage, une petite crique dessine un demi-cercle presque parfait dans les escarpements rocheux. Le sable blanc, les rochers sombres un peu rougeâtres, la verdure luxuriante des cocotiers, font de Petite Anse un véritable décor de carte postale. C'est le plus beau site des deux îles au N. W de Mahé. Mais le mouillage y est interdit pour protéger les coraux.

L'unique mouillage de l'île Nord à l'extrémité sud de la plage Est est bien abrité sauf par mousson de S.E.

The only moorage of North island on the south tip of the eastern beach is well sheltered except from the south-eastern monsoon.

De nombreuses plantes et des animaux étrangers ont été introduit dans l'île du Nord au dépend de la vie suavage. Les nouveaux propriétaires de l'île du Nord ont créé un projet d'Arche de Noë afin de ramener l'île à son état primitif. Des plantes, des arbres et des reptiles ont été récemment réintroduit dans l'île.

Many alien plants and animals has been introduced in the island at the expense of indigenous Seychelles wildlife and birds. The island has new owners which have created a Noë's arch project to bring back the island to its former primitive state. Plants, trees, birds and reptiles have been reintroduced.

Pas de feu la nuit sur l'île du Nord

No light in the dark on Ile du Nord

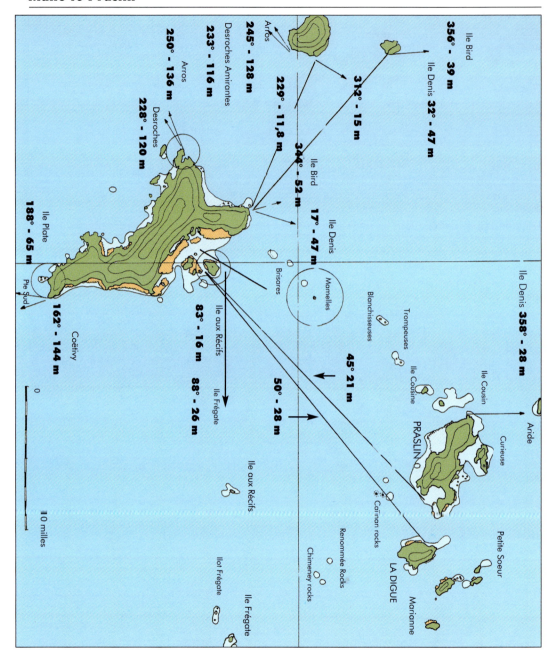

ENTRE MAHÉ ET PRASLIN

Ilot des Mamelles. tourelle.
feu blanc éclat 2,5 sec.
Portée 11 milles.

DISTANCES

En milles par la route la plus courte
In nautical milles by the shortest route.

Victoria à Praslin Est :	21
Victoria à la Digue :	28
Victoria à île aux Récifs :	16
Praslin à La Digue :	3,4
Praslin à Curieuse :	0,5
Praslin à île Aride :	4,6
Praslin à île Cousin	1,5
Praslin à île Cousine :	4
Tour de Praslin environ 18 milles	

DE MAHÉ À PRASLIN

En suivant une route directe de **Victoria** à la baie de **Ste Anne** à l'Est de Praslin, on navigue constamment sur des fonds d'au moins 15 à 20 m mais on suit parallèlement à quelques milles dans l'Est une chaussée de hauts fonds et d'îlots qui relie presque sans interruption la pointe Nord de Mahé à la pointe ouest de Praslin.

Les roches **Brisares** découvrent à moins de 2 milles de Mahé, les **Émeraudes** ne sont ouvertes que de 1,70 m d'eau, l'îlot rocheux des **Deux Mamelles** émerge de plus de 3 à 4 m et porte un feu tandis que les **Trompeuses** sont dangereuses car elles sont à peine visibles au ras de l'eau. Enfin les **Blanchisseuses** comme leur nom le laisse comprendre, se repèrent uniquement à l'écume blanche qui s'y forme par mer un peu agitée. Les deux îles **Cousin** et **Cousine** annoncent l'arrivée sur Praslin.

De nuit : L'île des Mamelles se signale de nuit par un feu blanc (éclat 2,5 sec.) visible jusqu'à 11 milles. Les bateaux qui approchent de nuit sur le port de Victoria en venant du nord, des îles Denis ou Bird coupent la barrière des hauts fonds entre Mahé et Praslin en empruntant le passage juste au nord de ce feu.

On notera qu'il est possible pendant la journée par mer peu agitée de faire une halte aux Mamelles en mouillant par fonds de 3 à 4 m à proximité de l'îlot. Mais il faut s'écarter à l'ouest d'un haut fond rocheux. Ce mouillage n'est praticable que par mer calme car l'île est trop petite pour offrir une protection convenable contre la houle qui la contourne.

POINTS GPS :
WAY POINTS :

L'îlot des Mamelles
4° 29' - 55° 32' 40
Les roches des Blanchiseuses
4° 24' - 55° 34'
Les roches des Trompeuses
4° 23'05 - 55° 36' 75
Caïman rocks
4° 24' - 55° 46' 20
Shark rocks
4° 24' 50 - 55° 46' 20
Chymney rocks
4° 28' 40 - 55° 52' 30
Roches Cannales
4° 20' 40 - 55° 48' 50

FROM MAHE TO PRASLIN

Sailing on a direct route from Victoria to Ste Anne bay, east of Praslin, the depth is between 15 to 20 m but one has to sail through shallows and some islets a few miles to the East , stretching between the northern tip of Mahé and the western tip of Praslin. Brisares rockes breack the surface less than 2 milles of Mahé. The Emeraudes are only 1,70 m below the surface, the rocky islet of Deux Mamelles rises 3 to 4 m above the water and has a light on top, but the Trompeuses are dangerous as they are juste below the surface and barely visible. Finally the Blanchisseuses so called because of the spume forming around them when the sea is rough, and the two islets Cousin and Cousine emerge before the tip of Praslin and Grande Anse.

At nigh : Mamelles island is marke up by a white light (flashing 2,5 sec.) ranging 11 miles. The boats approaching Victoria harbour in at night comming from Denis or Bird island, sail across the shoals between Mahé and Praslin through the passage north of this light.

A day stop over is possible at Les Mamelles when the see is calm only as the island is to small to provide a shelter from the swell. Moor in 3 to 4 m close to the islet at a distance west from rocky shallows

L'îlot des Mamelles entre Mahé et Praslin. En lisière du passage le plus large, il se signale par un feu.

Les Mamelles islet between Mahé and Praslin on the side of the widest pass is marked by a light

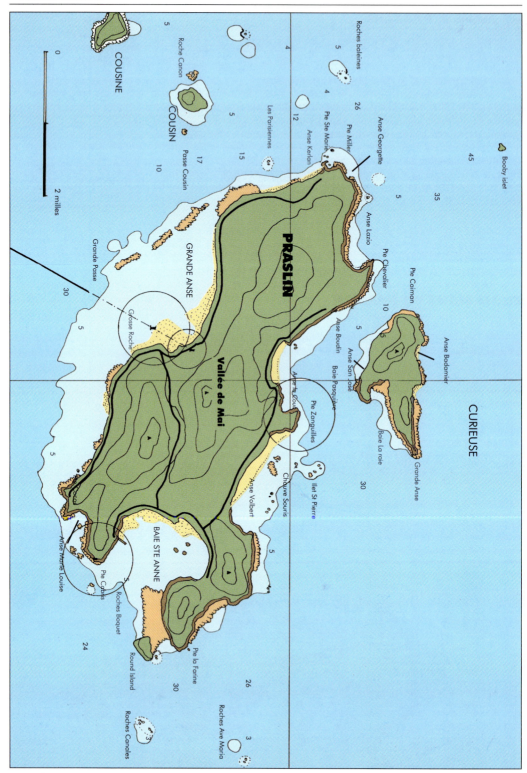

PRASLIN

Longue de 12 km et large de 5, Praslin est la seconde île des Seychelles par sa superficie. D'abord dénommée île des Palmes par le capitaine Lazard Picault lors de la première exploration des îles Seychelles en 1744, elle fut rebaptisée en 1768 en honneur du duc de Praslin, premier ministre de Louis XVI.

Dans un vallon au centre de cette île granitique, recouverte de nombreux palmiers, au relief accidenté dont le point le plus élevé atteint 367 m, s'est développé par un étrange phénomène de la nature, il y a bien des siècles, des arbres d'essences très rares et en particulier le fameux coco de mer, une variété de palmiers unique au monde. (voir en page 39). Ce vallon dénommé la Vallée de Mai fait partie des sites qui bénéficient d'une protection de l'UNESCO.

Une promenade dans la Vallée de Mai est un véritable enchantement. Les sentiers serpentent dans la demi obscurité que créent les larges palmes des gigantesques cocotiers de mer, dont les troncs qui dépassent souvent les 40 m ondulent légèrement sous la brise et en se frottant émettent d'étranges bruissements. Le regard se perd dans de gigantesques frondaisons et les sentiers descendent vers des failles humides et sombres pour remonter ensuite vers des crêtes d'où l'on découvre à perte de vue un moutonnement de verdure.

Le rivage assez découpé de Praslin offre de nombreux mouillages sûrs et confortables suivant l'orientation des vents.

DISTANCES

En milles par la route la plus courte
In nautical milles by the shortest route

Victoria à Praslin Est :	21
Victoria à la Digue :	28
Victoria à île aux Récifs :	16
Praslin à La Digue :	3,4
Praslin à Curieuse :	0,5
Praslin à île Aride :	4,6
Praslin à île Cousin :	1,5
Praslin à île Cousine :	4
Tour de Praslin environ 18 milles	

PRASLIN

12 km long and 5 km across, Praslin is the second largest island of the Seychelles. Named Palm island by captain Lazare Picault when he first stepped ashore in 1744, it was christened Praslin in 1768 in honour of the Duke of Praslin, prime minister under Louis XVI.

This granite island is precipitous and covered with many palm trees. The highest point is 367 m. In a valley in the centre developed, centuries ago, a strange natural phenomenon which consists of rare species of trees and particularly the famous coco de mer, a unique palm tree (see page 39). This valley is called Vallée de Mai and is protected by UNESCO. A walk in Vallée de Mai is enchanting. The path wanders in the near obscurity created by the enormous palm leaves of the cocos de mer, the trunks are 40 m high and sway gently in the breeze, making a strange rustling sound as they rub against one another. Wherever you look the foliage seems to go on and on as the path winds up through dark, damp clefts before coming out onto the ridge where there are magnificent views over a dense sea of green.

The heavily indented coastline of Praslin has numerous moorings which are secure, provide good shelter and are comfortable depending on wind direction.

La rive ouest de la baie de Ste Anne n'a pas changé avec l'édification de l'île mais le chenal navigable est étroit et les eaux sont un peu troubles.

Sainte Anne west bank is not modified by the new islet. The access channel is narrow and water is muddy

La vaste baie de Ste Anne qui creuse l'île de Praslin à l'Est. Un des meilleurs mouillages des Seychelles.

The wide bay of Ste Anne to the east of Praslin island.
It is one of the best moorage of the Seychelles archipelago.

La pointe Farine que déborde l'île Ronde à l'Est de la baie de Ste Anne. Le passage à terre est impraticable.

Farine point and Ronde island to the east of Ste Anne bay. The passage to the shore is not passable.

Attention aux roches Boquet qui affleurent à distance de la pointe Cabris au sud la baie de Ste Anne.
Care is to be taken of the Boquet rocks breaking the surface off Cabri point to the south of Ste Anne bay.
L'estacade de la gare maritime dont les quais sont protégés de la houle de S.E par un épi en courbe.

The maritime station ponton. These quays are sheltered from the S.E. swell by a curved line of rocks.

LA BAIE STE ANNE

Cette vase baie creuse le pointe Est de Praslin et constitue le mouillage principal de l'île où se situe le môle d'accostage des vedettes rapides et des goélettes qui assurent le transport des visiteurs et des marchandises depuis Victoria dans l'île de Mahé. La construction d'un vaste terre plein formé par des débris de sable corallien dragué dans les fonds dont la superficie est au moins égale au tiers de la baie, a modifié sensiblement le paysage et les conditions d'abri pour les bateaux.

La baie de Ste Anne est fermée partiellement vers l'Est par la pointe de **la Farine** que prolonge l'**île Ronde** reliée au rivage par un haut fond de corail partiellement affleurant et interdisant tout passage à terre. La pointe **Cabris** qui ferme la baie au sud et porte un feu, est débordée par l'îlot de la **roche Boquet** dont le passage à terre profond de 5 à 6 m est praticable en se tenant dans l'axe mais attention aux hauts fonds qui débordent la roche Boquet vers l'Est.

Les têtes de roches qui pointaient autrefois dans l'entrée et représentaient de nuit un réel danger, ont disparu et deux bouées rouge et verte au nord de la roche Bouquet encadrent l'entrée de la baie que l'on emboque en se dirigeant droit sur la petite maison à toit pointu de la gare maritime en bout du môle.

LE PORT DE SAINTE ANNE

Une estacade en béton sur pilotis longue de 100 m s'appuit sur la rive sud de la baie de Ste Anne tout près de l'entrée. A son extrémité sur un petit terre plein est installé la gare maritime. C'est là l'unique quai accostable dans l'île de Praslin par tous les bateaux qui assurent le transport des passagers et des marchandises avec Mahé et la Digue.

Les quais qui entourent la gare sont protégés du clapot par un épi courbé en enrochements. Ils sont strictement réservés à l'accostage des vedettes et catamarans rapides qui assurent les liaisons avec le quai Inter Island à Victoria. Les bateaux de plaisance ont toutefois la possibilité d'accoster le quai Est en bout du môle. Les fonds sont dragués à 2,50 m au droit. C'est le seul point de l'île où l'on peut se ravitailler en eau douce à un tuyau.

Les bateaux de plaisance peuvent également rester au mouillage au nord de la gare dans 3 à 4 m. L'abri est bon par vent de N.W., mais un peu moins par vent de S.E.ou le clapot se fait sentier en dépit de la protection de l'épi de la gare maritime. La petite marina dont les pontons se situe plus à l'ouest bénéficie d'une meilleure protection.

LA MARINA DE DREAM YACHT

Une vingtaine de bateaux jusqu'à 15 m peuvent s'amarrer aux pontons de la marina disposés perpendiculairement à un ponton central et accessible uniquement en annexe ou par une navette ce qui assure une bonne sécurité. À terre près de l'enracinement du môle de la gare maritime, un bâtiment sur un petit terre plein gagné sur la mer, abrite les bureaux de Dream Yacht, une boutique, un bar restaurant et un atelier. Ces installations sont les plus modernes des Seychelles et constituent un excellent point de départ pour une croisière car les liaisons sont rapides entre Victoria et Praslin. Une heure avec le catamaran Cat-Coco partant de Inter Island quay et il est facile de s'approvisionner en vivres dans l'île de Praslin.

Les quais de la gare maritime doivent être maintenus dégagés pour les goélettes et catamarans rapides qui assurent les liaisons avec Victoria.

The harbour station quays shall stay clear to allow schooners and catamarans to berth

Les pontons de la marina de Dream Yacht ne sont accessibles qu'en annexe ou par une navette.

Dream Yacht pontoons can be reached with a tender only

Capitainerie
Harbour master :
T. 23 24 34

La passe est bien balisée par deux bouées au nord des roche Boquet.

The pass is marked by two buoys north of Bosquet rock

La nouvelle île qui occupe une grande surface de la baie Ste Anne, ne laisse plus qu'un chenal navigable assez étroit en bordure de la rive Est

The new island takes a lot of place in Sainte Anne bay leaving only a narrow channel along the east bank

Les bateaux de plaisance peuvent accoster le quai N.E du terre plein de la gare maritime.

Yachts can berth to the NE habour station quay

Une partie de l'ancien rivage, avec ses grands cocotiers, se trouve désormais partiellement masquée par le nouveau terre plein qui ne laisse qu'un chenal assez étroit où les eaux ont tendance à stagner. En revanche, dans l'entrée de la baie les fonds ont été dragués entre 3 et 4 m et offre une vaste zone de mouillage au voisinage du môle de la gare maritime.

Il est possible en serrant les enrochements de remonter dans un passage large d'environ 200 m vers le nord le long de la rive ouest qui a conservé son aspect naturel. La profondeur est d'environ 3 m, mais elle ne dépasse pas 2 m à la hauteur d'un petit môle où l'on peut accoster en annexe pour aller faire son ravitaillement en vivres dans les boutiques voisines. Suivant l'orientation des vents, les eaux ne sont pas toujours très claires.

La demi-partie Est de la baie de Ste Anne a conservé son état naturel et ses eaux claires

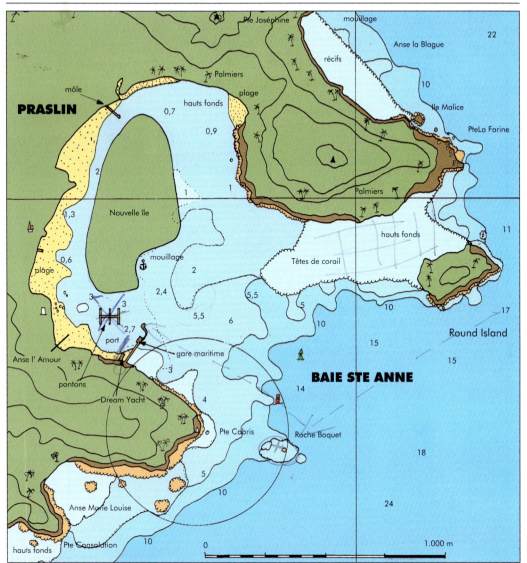

mais la faible profondeur ne permet pas d'y venir mouiller si ce n'est avec un catamaran de faible tirant d'eau. Quelques petites plages bordent le rivage de la baie au nord.

Une petite route conduit jusqu'à la Vallée de Mai. dont le parc est ouvert de 8h30 à 17h30. Les taxis viennent chercher leurs clients jusqu'en bout de l'estacade

De nuit : La pointe **Cabris** montre un feu blanc (éclat 10 secondes) visible jusqu'à 5 milles de 222° à 055°. Ce feu permet de repèrer au nord les deux petits feux rouge et vert qui signalent les deux bouées de la passe. Attention à bien se présenter sur la passe par l'Est, car les roches Boquet qui débordent la pointe Cabris, sont plongées dans l'osbcurité. Des lampadaires éclairent la gare maritime.

DE LA BAIE DE STE ANNE A L'ANSE VOLBERT

De la baie de Sainte Anne à l'anse Volbert, le rivage de Praslin autour d'un morne est partout rocheux et assez en pente. Il est bordé au N. E par une petite plage. Au nord, de gros rochers pointent à petite distance du rivage. On peut emprunter le passage à terre des deux rochers les plus au nord.

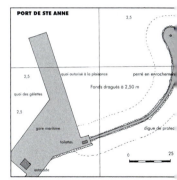

SAINT ANNE BAY

This large bay deep into the east tip of Praslin is the main mooring where is located the quay for motor and sail schooners for passengers and goods from Victoria to Mahé. A large platform about a third of the bay area has been built with coral debris coming from the bay, dramatically modifying the landscape and the mooring conditions.

La plage sur la rive Est de la baie de Ste Anne. La petite cale s'avance dans des eaux peu profondes et n'est accostable qu'en annexe. On aperçoit dans les arbres l'église du village.

The beach to the east of Ste Anne bay. The small slipway in shallow waters can only be reached in a tender. Among the trees, the village church.

Ste Anne bay is partly closed to the east by the Pointe de **la Farine**, which extends to Ronde island, linked to the shore by a coral reef partly breaking the surface and barring the way to the shore. Pointe **Cabris** closing the bay to the south is rounded by the islet of **Roche Boquet**. The way to the shore is passable, 5 to 6 m deep, sailing straight but steering clear of shoals off Roche Boquet to the east.

The scattered rocks previously showing in the entrance and constituting a hazard at night have been destroyed and two red and green buoys show the way when heading towards the sharp roof of the harbour station .Dredging has been done down to 3 to 4 m offering a large mooring area close to the harbour station.

ST ANNE HARBOUR

A 100 m long jetty made of concrete on pilotis starts from Sainte Anne south bank near the entrance. At the end of it, the harbour station. It is the only quay where boats carrying goods and passengers from Mahé and La Digue can berth.

The quays around the station are sheltered by a curved line of embedded rocks. Motor and sail schooners supplying Praslin from Victoria, berth along the quay at the jetty-head of the long arched south jetty of St Anne bay. To unload lorries, the schooners have to rely on the small on-board crane, and often dock alongside each other.Yachts may berth along the east quay at the end of the jetty in 2. 5 m. It is the only place in the island where water supply from a hose is available. Taxis awaiting clients park at the far end of the mole.

Pleasure crafts shall drop anchor north of the harbour station. Water depth is 3 to 4 meters Shelter is good when winds blow N.W. It can be a bit uncomfortable when the wind blow S.E despite the line of embedded rocks. The small marina with its pontoons Keeping close to the rock embeddments, it is possible to sail through a 200 m wide pass heading north along the west bank , the natural aspect of which has been preserved Water depth is about 3 m and no more than 2 m close to the little mole on which it is possible to land with a tender. Food supply is available in the surrounding shops According to the wind direction, water may not be too clear.

Nature and clear water are still present in the half eat part of Ste Anne bay. Shallows don't allow to moor except catamarans with a small draught.Scattered beaches can be found along the north shore line of the bay

At night : Pointe **Cabris** shows a white light (flashing 10 seconds) with a five miles range between 222° and 055° course. This light help to locate the red and green lights of two buoys in the entrance of the bay.

Take care to enter the pass from east as Roches Boquet around Pointe Cabris are in the dark. Lampposts lighten the harbour station.

FROM STE ANNE BAY TO ANSE VOLBERT

From Ste Anne bay to anse Volbert, the shore of Praslin rounding a hill is sometimes rocky and steep. It is lined by a small beach to the NE. On the north side, large rocks break the water close to the shore. A passage leads to the shore near the tow rocks at the north.

L'ANSE A LA FARINE

Au nord de l'île Ronde que l'on double obligatoirement par l'Est dans l'ouest de la baie de Ste Anne, la pointe extrême Est de Praslin dessine le creux de l'anse à la Farine au sud de la pointe du même nom. Le rivage est bordé par une belle plage de sable aisément accessible aucun banc de récifs ne gênant l'approche du mouillage profond de 5 à 6 m. L'abri est bon par vent de N.W et nul par S.E.

ANSE A LA FARINE

Sail west of Round Island to reach Anse à la Farine north of Round island at the far east end of Praslin The beautiful sandy beach can easily be reached as there is no coral reef. Moor in 5 to 6m water depth. Shelter is good with N.W winds, not with S.E winds

L'ANSE A LA BLAGUE

Cette anse largement ouverte vers l'Est est contrairement à l'anse voisine la Farine bordée par une large barrière de récif de coraux qui interdit toute approche du rivage. On peut tout au mieux mouiller au N.W sous la pointe Joséphine partiellement à l'abri des vents de N.W. dans 10 à 12 m. Il est vivement recommandé d'oringuer pour ne pas risquer de coincer son ancre entre des pâtés de coraux.

ANSE A LA BLAGUE

This cove is open to east. A large coral reef prevents any landing. Mooring is possible in 10 to 12m under Pointe JosÈphine providing a shelter from NW winds

L'ANSE VOLBERT OU CÔTE D'OR

C'est la plage la plus touristique de Praslin. La large bande de sable ombragé par de grands arbres s'étend sur 2,8 km jusqu'à la pointe Zanguilles.

Des dizaines de bateaux peuvent venir mouiller sur de beaux fonds de sable plat mais en restant à distance de la plage car les fonds descendent en pente très douce et il faut prendre garde à la présence de quelques semis de roches dans la partie ouest de l'anse près de l'îlet Chauve Souris. Une route bordée de plusieurs hôtels et de commerces dont un super marché longe la plage. L'hôtel Paradise est un centre important de plongée et une discothèque est animée le soir.

À l'extrémité N. W de la plage l'îlot de la **Chauve Souris** est un amas de gros rochers où est installé un petit hôtel à peine visible dans les arbres, accessible uniquement en bateau. La décoration intérieure est en harmonie avec la beauté de ce site isolé.

Une superbe plage de sable fin borde sur plus de 2,5 km toute l'anse Volbert mais la pente très douce oblige à mouiller à distance.

Anse Volbert shows a superb sandy beach. Moor at a distance from the coast as the ground slopes gently down

L'îlot de Chauve Souris dans le sud de l'îlet Ste Pierre est occupé par un hôtel. Le mouillage au voisinage est presque idyllique.

Chauve Souris islet to the south of St Pierre island shelters a hotel. The nearby moorage is idyllic.

Au N.W. de Chauve Souris s'étend une vaste zone de mouillage sur des fonds de sable, claire de tout danger, qui remontent progressivement de 6 à 7 m vers la plage au sud. La place ne manque pas pour mouiller à l'abri des vents de S.E mais on n'y bénéficie d'aucune protection par vent de N.W. Pour ne pas gêner les baigneurs, il est nécessaire en annexe à moteur d'emprunter la petite passe entre la pointe S.E de l'îlot Chauve Souris et le haut fond de récifs.

Les taxis au voisinage des hôtels permet de rejoindre aisément la Vallée de Mai depuis l'anse de Côte d'Or.

ANSE VOLBERT OR CÔTE D'OR

The wide shaded sand beach stretches 2.8 km until Zanguilles end. It is the most touristy place in Praslin

The sand provides excellent anchorage for numerous craft. Be careful to stay clear of some rocks on the western side of the bay. Hotels, shops and a supermarket line the road along the beach. Paradise hotel is a large snorkelling centre and the disco is crowded at night.

La plage de l'anse Volbert est bordée par quelques hôtels dont les toits de palmes se dissimulent dans une végétation très dense.

The beach of Volbert cove is lined by some hotels. Their palm roofs are well hidden by the dense vegetation.

L'îlet St Pierre vu du S.W. On mouille au S.W devant quelques m2 de sable.

St Pierre islet seen from the SW.

At the NW end of the beach lies **Chauve Souris** islet. It is a mass of big rocks with a small hotel on top, which is barely visible and can only be reached from the sea. The interior design of the hotel is in keeping with the beauty of the remote site.

A large mooring area clear of any hazard stretches N.W of Chauve Souris over sandy bottom coming up to 6 m progressively. The place is sheltered from the S.E winds but not from the N.W winds. With a powered tender, the small pass between the S.E tip of Chauve Souris and the coral reef is to be taken, in order not to disturb the bathers The S.E passage between the islet and the coral reef is possible only with a tender

Taxis near the hotels will drive you to Vallée de Mai from anse Côte d'or.

The 50 rupees tax payable when landing on Ile Curieuse also covers St Pierre islet.

L'ÎLET SAINT PIERRE

À 800 m au nord de l'îlot de la Chauve Souris, émerge l'**îlet Saint Pierre,** un amas de gros rochers arrondis et polis couronné d'un bouquet de majestueux palmiers dont les palmes se balancent mollement dans le vent. Un superbe tableau qui illustre si bien les Seychelles, que son image a été reproduite à des millions d'exemplaires dans bien des magazines touristiques et sur des dépliants publicitaires. L'après midi les touristes qui viennent en bateau de Praslin sont parfois nombreux, mais l'îlet est tranquille le matin et l'on peut y découvrir de superbes fonds sous marins.

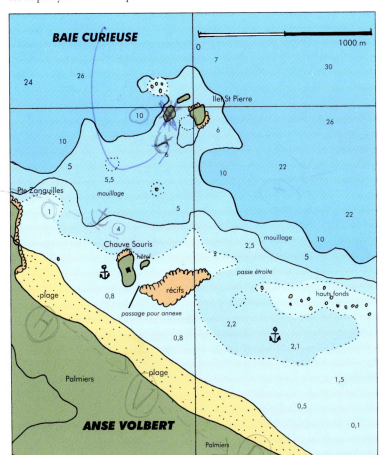

Location de vélos :
Rent a bike :

T. 23 20 71.

Anse Volbert
De nombreux restaurants sont installés un peu en retrait de la plage de Volbert. On a le choix entre le petit restaurant à la cuisine seychelloise simple et le restaurant gastronomique. Une adresse à recommander

Ces touffes de palmiers qui couronnent des rochers curieusement sculptés par l'érosion marine ont rendu l'ilet St Pierre célèbre dans le monde entier car il illustre un grand nombre de publications touristiques sur les Seychelles.

The strange shapes of carved rocks crowned with clumps of tall palms have made St Pierre famous world-wide. This scenery is used to illustrate many travel brochures about the Seychelles.

La plage de l'anse Boudin sur la côte nord de Praslin qui fait face à l'île Curieuse

Anse Boudin beach facing Curieuse island north of Praslin

Attention en plongée sous marine aux courants parfois forts. Une petite plage au S. W facilite les débarquements. Deux bouées évitent de mouiller une ancre. On prendra garde également à quelques têtes de roches qui émergent à 150 m dans le N.W. de l'îlet. Elles sont d'autant plus dangereuses qu'elles se situent sur la route directe entre Saint Pierre et la baie Laraie dans l'île Curieuse.

Le **passage au sud** de l'îlet est profond de plus de 6 à 7 m mais on prendra garde en basse mer de vives eaux à un pâté de roches à mi-distance entre l'îlet St Pierre et la pointe **Zanguilles**. Plus à l'ouest de la pointe Zanguilles, le passage à terre de l'île Curieuse est clair de tout danger et profond d'au moins 8 à 9 m.

SAINT PIERRE ISLET

Saint Pierre islet lies 800 m north of the islet of Chauve Souris. It is a mass of rounded rocks crowned with a clump of tall palms swaying gently in the wind. The scenery is superb and is typical of the Seychelles. This has been photographed on countless occasions and the picture has been printed a million times in tourist magazines and travel brochures. In the morning it is comparatively quiet, but in the afternoon, many tourists come from Praslin by boat. The underwater scenery is magnificent. When snorkelling, be careful of rocks close to the surface 150 m off the north west of the islet. They are particularly hazardous as they are located on the direct route from Saint Pierre to bay Laraie in Curieuse island.

Further west, the passage to land of Curieuse island is trouble free and 8 to 9 m deep.

At night : Zanguille point bears a white quick flashing light visible between 117° and 133° and ranging 5 miles. It allows to sail up to Petite Cour moorage if the night is not too dark.

L'ANSE DE PETITE COUR

Le mamelon de la pointe **Zanguilles**, haut de 50 m, assure par les vents de S. E une bonne protection de l'anse **Petite Cour** sur son flanc ouest où l'on peut venir mouiller à l'ouvert dans 3 à 4 m d'eau. Le mouillage n'y est pas rouleur. C'est le plus calme par vent de S.E. Des bateaux de 10 à 12 m peuvent s'amarrer sur les 8 corps morts du restaurant. (50 roupies). Les fonds dans l'intérieur de l'anse remontent à moins de 1,50 m mais aucune tête de roche n'est à craindre sur les fonds de sable plat. si l'on se tient bien à l'écart des récifs. De grands palmiers ombragent le rivage au pied du mamelon. La salle de restaurant de l'hôtel *la Réserve* s'avance sur pilotis au-dessus de l'eau. On peut venir y dîner en annexe en ayant une tenue convenable.

ANSE PETITE COUR

The 50-m-high hillock at the tip of Zanguilles provides Petite Cour cove with good shelter from southeasterlies. Comfortable mooring is possible in 3 to 4 m. The flat sandy bottom goes up to 1.5 m but there are no rocks. Tall palms shade the beach below the hillock. The dining room of the restaurant La Réserve, built on piles, extends out over the water, going there for dinner with a tender is possible if you are suitably dressed.

L'ANSE POSSESSION

Dans la baie de **Pasquier** entièrement ouverte vers le nord, à moins de 800 m dans l'ouest de **Petite Cour**, le rivage assez plat et bas est ourlé par la belle plage de sable de l'asne **Boudin** devant laquelle on peut venir mouiller pendant la journée sauf par vent de N.W. Des bouées délimitent une zone d'aquaculture à proximité du rivage.

À l'ouest de l'**anse Boudin**, le rivage rocheux au relief un peu élevé présente une forte inclinaison. De nombreux cocos de mer se mêlent aux palmiers pour recouvrir partiellement ces pentes parfois escarpées où la végétation ne peut s'agripper que dans des failles des roches.

ANSE POSSESSION

In Pasquier bay, wide open to the north, less than 800 m west of **Petite Cour**, the low

Le paiement de la taxe de 50 roupies pour débarquer dans l'île Curieuse donne droit aux débarquements sur l'îlet de St Pierre.

De nuit : la pointe **Zanguilles** porte un feu blanc scintillant rapide visible jusqu'à 5 milles de 117° à 133°. Il permet de rejoindre si la nuit n'est pas trop sombre le mouillage de l'anse de Petite Cour.

Restaurant
Anse Petite Cour
La Réseverse. sur pilotis en bord de plage. Cuisine créole et chinoise. Thé à 17h.
T. 23 22 11

Anse Possession
Bonbon Plume
T. 23 21 36

POINTS GPS :
WAY POINTS :
Mouillage de l'Ilet de St Pierre
4° 18' 00 - 55° 45' 00
Mouillage de Chauve Souris
4° 18' 23 - 55° 44' 43

La végétation très dense rend l'approche du rivage difficile par la terre. Le site est généralement fort tranquille.

The dense vegetation makes it difficult to reach the shore by land. This place is generally very quiet.

La pointe Miller au N.W de Praslin. Un moutonnement de collines couvertes d'une végétation trés dense. Le rivage est ourlé par de belles petites plages. On remarque en arrière plan l'île Curieuse.

Miller point, NW of Praslin. A flock of hillocks covered by thick vegetation. The shore is lined by lovely small beaches. Curieuse island in the background.

L'anse Georgette au nord de la pointe Miller est un très jolie mouillage pour la journée.

Anse Georgette north of the miller pte is a lovely day time mooring.

flat shoreline has a sandy beach where mooring is possible in the daytime except when the northwesterlies are blowing. At the far end of the nearby beach of **Anse Boudin**, the rocky shore is steep. Many cocos de mer and palms overhang the steep slopes where vegetation has to cling to cracks in the rocks.

L'ANSE LAZIO OU BAIE CHEVALIER

A la sortie ouest du passage à terre de l'île Curieuse, la pointe Chevalier forme un éperon de gros rochers arrondis que l'on peut contourner à petite distance par mer calme, les abords étant francs. Ces blocs s'amoncellent jusqu'à la plage de l'anse Lazio. Un magnifique décor de sable, de grands cocotiers et d'eau turquoise. C'est d'après bon nombre de skippers, le plus agréable mouillage de Praslin par vent de S.E.

Les fonds remontent en pente douce et l'on n'a que l'embarras du choix pour mouiller par 5 à 8 m sans redouter aucune tête de roche ou de corail. Le mouillage est recommandé pour passer une première nuit dans l'île de Praslin. Par vent modéré de N. W, on peut y mouiller pendant la journée. L'abri est parfait par vent de S.E mais de mi avril à mi mai il faut se montrer prudent car les vents ont tendance à tourner et venant vers le N.W peuvent entraîner sur les rochers. On mouille soit en lisière du flanc ouest rocheux de la pointe Lazio, soit en avant de la plage.

Plus à l'ouest, les mornes verdoyants qui composent le paysage de la côte ouest de Praslin, rejoignent la mer en de légers escarpements, mais la présence de vastes bancs de corail limite sérieusement les possibilités de mouillage en ces parages d'autant plus que du fait de l'orientation du rivage, l'abri est fort médiocre pour ne pas dire nul par vent de N. W comme de S.E.

Sur le rivage assez escarpé au N.W de Praslin se dressent parmi les palmiers de nombreux cocos de mer.

On the steep north-west shore of Praslin grow numerous palm trees and cocos de mer.

ANSE LAZIO OR BAIE CHEVALIER

At the far western end of Praslin, Pointe Chevalier forms a headland of large rounded rocks which can be passed safely in calm seas. These piles of rocks continue as far as the beach of Anse Lazio. The scenery sand, turquoise water and tall coconut trees is magnificent. It is, according to many skippers, the most comfortable mooring in Praslin when southeasterlies blow.

The bottom comes up smoothly and mooring is trouble free in 5 to 8 m with no rocks or coral. It is the ideal mooring to spend the first night in the island. In northwesterlies, mooring is possible in the daytime. It is a perfect shelter from S.E winds. However from mid April to mid May, caution is necessary as winds tend to veer to N.W. Drop anchor either close to the rocky west side of Lazio tip, either in front of the beach. Shelter is good in SE winds. Be careful between mid april and mid may as winds tend to veer to NW dragging you to the rocks. Moor either along the west rocky side of Lazio end or ahead of the beach.

Further west, the green hills of the west coast of Praslin run down to the sea fairly steeply, but wide bands of coral limit opportunities for mooring in the area and the poor shelter due to orientation is an added difficulty in any wind condition.

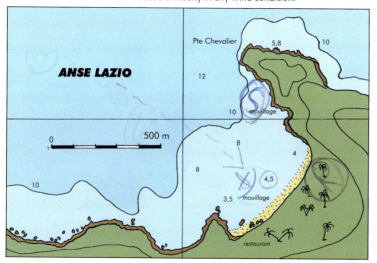

POINTS GPS WAY POINT

Mouillage de Petite Cour dans le N.W du restaurant
4° 18' 26 - 55° 44' 05

Les gros rochers débordant la plage ne facilitent pas l'approche en annexe mais le site est fabuleux pour les baignades.

Big rocks off the beach make it difficult to reach in a tender. But it is a fabulous bathing spot.

La côte ouest de Praslin est bordée par deux longues plages de sable que sépare le cap Jean Marie. En premier plan, la pointe Marie et la petite anse de Kerlan. Au loin, la piste de l'aéroport qui débouche sur Grande Anse.

The west coast of Praslin is lined by two beaches separated by cape Jean Marie. In the foreground Marie point and Kerlan cove. In the distance, the airstrip which opens on Grande Anse.

Le rivage de la plage de Grande Anse est débordé à plus de 1000 m par une barrière de récifs infranchissable.

The beach of Grande Anse is closed by an impassable coral reef 1000 m offshore.

The western extremity of Praslin island is rounded at 1.2 miles near **Baleine** rock, which is uncovered at all times. Some other rocks emerge near **Millier** point. But the 10- to 12-meter-deep passage between these shoals, saves having to go round to the west of Cousin and Cousine islets. To stay clear of the shallows, without having to scrutinise the colour of the water, keep

Attention à l'ouest de l'anse Lazio à la présence d'un haut fond la roche **Grand Maman** couvert seulement de 1,70 m . Elle est parfaitement invisible par mer calme à marée haute d'où son danger.

L'ANSE GORGETTE

Cette belle petite anse dans un site très sauvage où l'on n'aperçoit pas de construction se situe entre la roche du **Grand Maman** et la pointe **Miller**. Elle est ourlée d'une superbe plage de sable blanc ombragée par de grands palmiers devant laquelle on mouille par 4 à 5 m.

La pointe extrême ouest de Praslin forme une corne de roches qui protège la petite anse de **Lémuria** entre les pointes Millier et Ste Marie où est implanté un des plus beaux hôtels des Seychelles. Il serait impoli de venir mouiller dans l'anse à proximité des petits bungalows qui se dissimulent dans une épaisse végétation. Mais on peut venir discrètement en annexe de l'anse voisine pour dîner ou prendre un verre dans un des luxueux bars. Il est même possible pour les amateurs de golf de faire un parcours.

ANSE GORGETTE

This beautiful secluded little inlet without any building is located between **Grand Maman** rock and **Miller** hillock. It is lined by a superb white sand beach in front of which mooring is possible over 4 to 5 grounds. At the western end of Praslin, a headland of rocks protects the small Lamurien inlet where one of the finest hotel in Les Seychelles is established. It would be rude to drop anchor close to the bungalows hidden in deep vegetation. It is better to land inconspicuously with a tender at the next cove for a diner or a drink in one of the luxurious bars. A golf course is available.

LE VIRAGE DE LA POINTE OUEST DE PRASLIN

La pointe Sainte Marie à l'extrémité ouest de l'île Praslin est débordée à 1,2 mille par la roche de la Baleine qui découvre en permanence. Quelques autres roches pointent près de la pointe Millier Mais le passage profond de 10 à 12 m entre ces hauts fonds, évite de faire le tour par l'ouest des îles Cousine et Cousin.

Ces roches sont dangereuses car elles affleurent à marée haute sans que de l'écume parfois les signalent, si la mer est calme. Les roches **Baleines** sont nettement plus visibles car plus hautes et donc moins dangereuses. Pour rester à distance prudente des hauts fonds, sans avoir à surveiller attentivement la couleur des eaux, on naviguera en plaçant derrière soi au **184°** l'îlot **Booby** légèrement dégagé à l'Est de l'île **Aride** et lorsque l'île **Cousine** viendra à être masquée par l'île **Cousin** au **224°**, on piquera vers le S. E pour bien parer toute la barrière de récifs qui ferme au S.W la baie de **Grande Anse**. Pour être plus précis, cette route vers le S. E revient à mettre le cap à mi distance entre l'île **Récifs** et l'île **Frégate** qu'on distingue nettement sur l'horizon. Cette route vient couper l'alignement d'entrée à **28°** de Grande Anse.

La pointe **Ste Marie** forme un T que borde au nord et au sud deux plages. Dans la petite anse de **Kerlan** au nord émerge un gros rocher. On peut mouiller à proximité dans le N.E . De nombreux hauts fonds affleurent au voisinage. Au sud derrière l'avancée rocheuse du cap **Jean Marie**, s'étend sans interruption une belle plage jusqu'à Grande Anse. On peut mouiller à l'extrémité en s'engageant dans une passe étroite entre les hauts fonds de corail. La barrière de récifs interdit ensuite tout approche de la plage jusqu'à la passe de Grand Anse.

ROUNDING PRASLIN WEST END

Baleine rock permanently breaking the surface stand 1.2 mile from Pointe Sainte Marie west of Praslin island. A few other rocks surface near Pointe Miller. The pass between these shallows, 10 to 12 m deep , avoid to sail west around Cousine and Cousin island.

Theses rocks are dangerous in calm seas as they are just under the surface at high tide The **Baleine** rocks are higher and more visible, hence less dangerous.
To stay clear of the shallows, without having to scrutinise the colour of the water, keep

Le petit îlot Booby isolé à 2 milles au nord de la pointe ouest de Praslin.

Booby islet isolated to 2 nautical miles of the west point of Praslin

POINTS GPS :
WAY POINTS :

Pte Chevalier
4° 17' 09 - 55° 42' 00
Mouillage de l'anse Lazio
4° 17' 27 - 55° 42' 06 -
Rochers des Parisiennes
4° 18' 65 - 55° 40' 70
Roche Baleine
4° 17' 80 - 55° 39' 30
Booby Islet entre Aride et Praslin
4° 15' 50 - 55° 40' 45

On pénétre dans Grande Anse par une passe assez étroite qui est couverte par un alignement à 28° donné par deux petites tourelles.

The neck of the inlet to Grande Anse bay is a narrow channel marked up by two little towers lined up in the 28° range.

Booby islet (slightly visible to the east of Aride island) astern at 184°, and as soon as **Cousine** island is hidden by **Cousin** island, steer a 224° course, heading to the SE to keep clear of the coral reef barring the western part of Grande Anse bay. In other words, this south-eastern route involves steering half way between **Récifs** island and **Frégate** island visible on the horizon. This route crosses the alignment of the entrance to Grand Anse at **28°**.

Ste Marie point is T shaped lined by two beaches, one to the north and the other to the south. In the **Kerlan** cove to the north, a big rock breaks the surface. Mooring is possible in the NE.

Many shallows break the surface in the neighbourhood. To the south, behind the rocky spur of cape **Jean Marie**, a nice beach stretches all the way to Grande Anse. Moor at the tip taking a narrow pass between the coral shallows. The reef forbids going ashore up to the pass of Grande Anse.

La première pyramide isolée du rivage sur un haut fond.

The first pyramid on a shoal

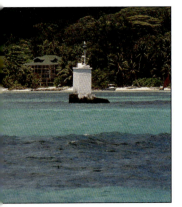

GRANDE ANSE

Au S. W de Praslin, cette vaste anse est fermée par une barrière de récifs sur laquelle la mer brise par vent de S.E. Des têtes découvrent à basse mer mais il est possible toutefois d'y trouver un mouillage convenablement abrité.

L'approche par le sud de la barrière de récifs doit se faire sur un alignement à **28°** qui était donné par deux pyramides blanchies. Celle à terre n'est plus visible. En revanche la première pyramide isolée sur un îlot se repère de loin. On la relèvera au 28° pour s'engager sans problème dans la passe qui coupe la barrière de coraux où la houle peut déferler en longs rouleaux. Les eaux sont calmes dans la passe sur des fonds de 7 à 10 m qui remontent progressivement jusqu'à 3 m près de la pyramide Une maison remarquable près de l'ancienne pyramide aide à se maintenir sur l'alignement. On peut mouiller au voisinage de la pyramide ou s'éloigner un peu vers le N.W. sur des fonds de moins de 2,50 m. Le **marnage** à Grande Anse est d'environ 80 cm. L'abri est convenable par vent de N.W. et S.E. la houle étant casse par la barrière de récifs mais on peut subir un peu de clapot.

La baie de Grande Anse présente un vaste plan d'eau bordé d'une longue et belle plage partiellement ombragée qui a conservé un aspect très sauvage car les constructions sont peu nombreuses. Elles se regroupent autour du village de Grande Anse, le centre administratif de Praslin, un peu en retrait du centre de la plage.

De nuit : L'alignement à 28° est donné par un feu rouge fixe et un feu blanc (éclat 3 secs.) visible jusqu'à 5 milles. Mais il est fortement déconseillé de venir s'abriter dans cette anse, l'obscurité masquant les dangers des têtes de corail.

GRANDE ANSE

To the SW of Praslin, this wide open bay is barred by a coral reef breaking the south-easterly swell. Rocks break the surface at low tide.
The approach from the south of the coral reef is in line with two white pyramids keeping the **28°** route. The pyramid ashore is no longer visible On the contrary, the first pyramid on an isolated islet is very conspicuous. Keeping the 28° route from the pyramid allows to enter the pass cutting the coral reef line where the swell can break in large rollers. Waters are calm in the pass over 7 to 10 m grounds coming up progressively to 3 m near the pyramid.
A noticeable house close to the former pyramid helps to maintain the right course. Mooring is possible close to the pyramid or farther N.W over less than 2.5 m bottom
The wide open Grande Anse bay is surrounded by a nice, partially shady beach with only a few houses gathered around Grande Anse village, Praslin administrative Center, a little way out of the beach.

De nombreuses goëlettes assurent le transport des marchandises entre Mahé et Praslin mais également des touristes qui font le tour de l'île.

Many shooners carry goods and cargo between Mahé and Praslin. They also take tourists on board to cruise around the island.

Restaurants :
Cabane des Pêcheurs
T. 23 33 20
Britannia T. 23 32 15
Capri T. 23 33 37

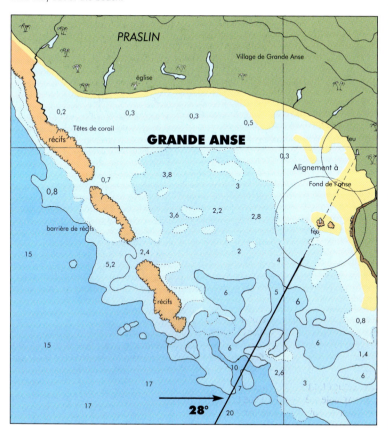

Une belle plage borde toute la baie de Grande Anse.

A beautiful sandy beach along the coast of Grand Anse bay

A nice coco fesse
Un coco fesse aussi vrai que nature.

Half way between the passage and the first light, steer N-NE to a mooring 2.5 to 3m deep on a sandy bottom close to the centre of the bay. Care is needed to avoid the many bands of coral 1 m below the surface. Skippers advise against mooring in Grande Anse because of the coral and also because it is uncomfortable in southeasterlies. Furthermore, it is impossible to get close to the shore, the water being less than 1 m deep 800 m off the beach. . Great care is however needed while cautiously sailing on sight. The tidal range in Grande Anse is about 80 cm .

Some houses close to the two churches line the beach under the shade of tall palms. A narrow road leads to the Vallée de Mai. There is a short pontoon close to the police station.

At night: The 28° heading is given by a fixed red light and a white light (flashing 3 sec.). It is strongly advised not to moor in this bay at night, coral banks being invisible in the dark

LA VALLE DE MAI

Dans un creux des collines, au centre de l'île de Praslin, s'est développée depuis des siècles une petite forêt dont les espèces sont bien souvent uniques au monde

En particulier s'élèvent à près de 50 m de hauteur les troncs parfaitement rectiligne des palmiers dont les fruits, les coco-fesses atteignent des records mondiaux de poids. 17 kg pour une seule noix.

(voir page 38)

For centuries, in the midst of hills, in the center of Praslin island, a small forest has grown with tree species unique in the world.

One of these, the coco de mer shows perfectly straight trunks up to 50 m, the fruits of which, the coco fesse (buttock coco) can reach a world record 17 kilos weight for a single nut.

(see page 38)

ÎLE COUSIN

Cette petite île qui émerge à 1,3 mille dans le S. W de Praslin, tiendrait dans un cercle de moins de 800 m de diamètre. Elle forme un monticule haut de 58 m couvert de nombreux cocotiers. Depuis 1968, l'île est une réserve naturelle où vivent de nombreuses espèces d'oiseaux dont certaines fort rares ainsi que quelques tortues géantes.

Du fait de sa forme ronde, l'île Cousin n'offre guère d'abri. On peut simplement profiter de sa protection suivant l'orientation des vents. Le rivage est bordé au 3./4 par une plage de sable fin. A l'ouest émerge la roche **Canon** qui est reliée à l'île par un banc de sable et de roches. Tous ces parages sont exposés aux rouleaux. Les débarquements se font de préférence sur la plage nord soit sur celle orientée vers l'Est. devant lesquelles on mouille à bonne distance dans 4 à 5 m. Un petit chemin conduit jusqu'à l'enclos des tortues d'où l'on continue sa marche vers l'ouest puis le sud pour rejoindre le sommet en traversant une végétation assez dense. La vue panoramique depuis le sommet est fort belle sur toute l'île et l'on peut admirer le vol gracieux des pailles en queue.

Durant la saison des vents de S. E, l'île Cousin peut accueillir plus de 100.000 couples de boodis noirs qui font leurs nids dans les arbres. Le warbler des Seychelles qui était en voie de disparition a pu y être sauvé.

Il n'y a pas d'endroit précis pour mouiller. On se tiendra sur la côte N.W. entre les hauts fonds rocheux et la pointe N.E suivant la force et l'orientation des vents d'avril à novembre et devant l'anse Saline les autres mois.

Une bouée est mouillée au nord de l'île et doit être utilisée pour s'amarrer. Les autres bouées sont des marques de balisage et non des corps morts. On peut débarquer en annexe ou demander par VHF qu'une embarcation vienne prendre les visiteurs qui règlent une taxe de 100 roupies par personne. Les rouleaux déferlent parfois sur la plage et obligent à débarquer rapidement. Le mouillage de nuit n'est pas autorisé autour de l'île Cousin.

L'île Cousin se visite les mardis, mercredis et vendredis matin. Elle est gérée par Robby et tenue par des membres proches des Rastas. Deux bouées de corps morts ont été installées par la direction de l'environnement. Il est conseillé de vérifier l'état de la chaîne.

*Cousin island can be visited on Tuesdays, Wednesdays and Friday mornings. Robby and some Rastas manage it.
Two mooring buoys have been installed by the direction of the environment. It is advisable to check the chain's condition.*

Heures d'ouverture du parc :
9h à 12 h - 14h à 16h.

COUSIN ISLAND

This small island, emerging 1.3 miles to the SW of Praslin, is less than 800 m in diameter. It consists of a hillock 50 m high covered with coconut trees. Since 1968, the island has been a nature reserve and bird sanctuary with rare species and some giant turtles.

Because of its rounded shape, Cousin island provides no sheltered bays. Only the island itself protects from winds depending on their direction. The shore is lined on 3/4 of its length by a beach of fine sand. To the west the Canon rock breaks the surface and is

Une belle plage de sable borde l'île Cousine au N.E mais les débarquements y sont réglementés car l'île est privée et une réserve d'oiseaux de mer

Cousine island is lined by a nice sand beach to the NE but going ashore is regulated as this private island is a conservation area for seabirds.

linked to the shore by a stretch of sand and rocks. These surroundings are exposed to rollers. Landing is possible in the north of the island, either on the northern beach or on the beach facing the east in front of which it is possible to moor in 4 to 5 m.. A small path leads to the turtles' enclosure from where it leads westward then southward to the summit through dense vegetation. There is a glorious panorama and its a good spot from which to observe the gracious flight of tropicbirds. During the season of south-easterly winds, there may be up to 100,000 couples of black boodies nesting in the trees on the island. The Seychelles warbler which was nearly extinct has been saved

There is no particular place for mooring. Anchor along the N.W coast between the rocky shallows and the N.E tip of the island according to the wind strength and direction from April to November and in front of Saline inlet the other months

The island is open to visitors three days a week: on Tuedays, Wednesdays and Fridays. Moor on the buoy north of the island. You can either go ashore with your tender or call on VHF for a craft to take you ashore. There is a 100F charge per person for visiting the island. Waves breaking on the beach mean you have to land quickly. Mooring at night is forbidden around Cousin island.

La petite île Cousin au nord de Cousine, une île plus ronde et entourée d'une frange de hauts fonds d'où émerge à l'ouest la roche Canon.Les flèches indiquent à gauche le mouillage par vents de S.W et à droite par N.W

The small Cousin island to the north of Cousine. Round shaped and lined by shallows where the Canon rock breaks the surface.

La roche Canon est reliée à Cousin par un haut fond.

Canon rock linked to Cousin by a shoal

Le mouillage est toujours un peu rouleur autour de cet ile assez ronde que contourne la houle.

Mooring is exposed to rollers as swell circles aroud the island

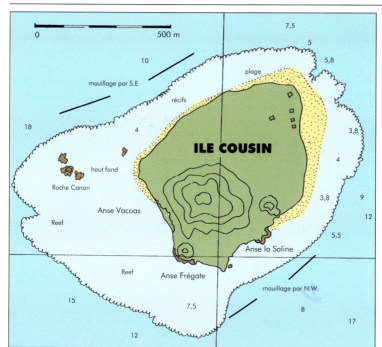

DROITS D'ACCÉS

20 dollars US par jour et par personne. Pas de roupies. Débarquement entre 9 h et 10h . Visite guidée. ouverture mardi, mercredi, jeudi et vendredi

LANDING FEES

20 US dollar per person and day. no rupie. Landing between 9 am to 10 am. Opening Thuesday, Wenesday, Thrusday, Friday.

L'ÎLE COUSINE

Elle est séparée de l'île Cousin par un passage large de moins de 2.000 m mais profond de 14 à 16 m. Le rivage tout autour de l'île est très rocheux mais bordé au N.E par une belle plage de sable fin..Les quelques bouées qui entourent l'île ne sont pas des bouées d'amarrage mais de balisage.

Le relief est très accidenté avec des rochers déchiquetés, des éboulis. La partie N.W est toutefois couverte d'une épaisse toison de verdure . Un petit chemin longe la plage et 2 ou 3 maisons. Cousin est une île privée mais on peut demander par tél ou par VHF canal 16 l'autorisation de s'y promener. Il n'y a pas de redevance à acquitter.

L'île Cousin est vue ici du nord du côté le plus aisément abordable. En arrière plan on voit l'île Cousine et au loin sur l'horizon les hauteurs de Mahé.

Cousin seen from the north, where going ashore is easier. In the distance, Cousine island and the hilltops of Mahé.

POINT GPS :
WAY POINT :

Mouillage de la côte S.E.
4° 20' 00 - 55° 39 90
Mouillage de la côte N.W.
4°20,40 - 55°39,60

Voir carte de situation en p 7

COUSINE ISLAND

The channel between Cousine Island and Cousin island is 2000 m wide and 14 to 16 m deep. The shore, all round the island is very rocky but is lined by a fine sand beach. The buoys near the shore are for signalling not mooring.

The landscape is very hilly with many ragged rocks and fallen rocks. The NW part is covered with thick vegetation. A path goes along the beach and passed by two or three houses.

Cousine is a private island and a few bungalows have been built. Permission to visit the island can be requested by phone or through VHF channel 16. No charge is made. Landing is possible on the east side of the island.

La pointe N.W de l'île Cousine
N.W point of Cousine island

Les montants des taxes de débarquement sont donnés à titre indicatif car elles sont modifiées fréquemment. Ces taxes sont payables en devises étrangères et non en roupies.

Landing fees are subject to frequent change. They must be paid in foreign concurrencies.

Sur les deux îles Cousin et Cousine de nombreux arbres offrent aux oiseaux un environnement particulièrement favorable à la nidification.

On both Cousine and Cousin islands, flock of birds nest in the trees

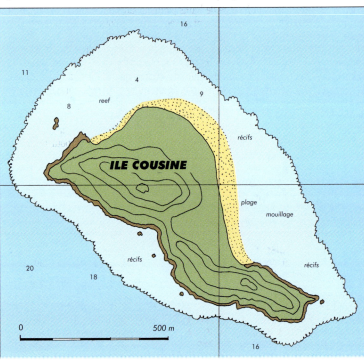

ÎLE CURIEUSE

Sur la côte nord de Praslin, séparée par un passage large de 1 000 m dans sa partie la plus étroite, Curieuse est une petite île longue de 3,6 km et large de 1,7 km couverte d'une végétation assez dense, au relief accidenté avec un sommet à 172 m.

Le mouillage principal par vent de N. W se situe dans la **baie de la Raie** sur le côte S. E mais il est naturellement exposé aux vents de S.E. On viendra s'amarrer sur une des 2 bouées en lisière des hauts fonds par 5 à 7 m en avant d'une digue étroite qui ferme le fond de l'anse. Cette digue a été construite au début du siècle pour un élevage de tortues qui n'a jamais donné de bons résultats.

À terre, cependant, sous l'ombrage de hauts palmiers, au nord de la digue, 150 tortues géantes amenées de l'île d'Aldabra vivent en semi liberté autour d'une ferme qui élèvent également des petites tortues de 1 à 5 ans.

On vient dans l'**anse Jan José** sur la côte sud s'amarrer à l'une des 3 bouées pour préserver les fonds en avant d'une plage presque rectiligne en lisière de nombreux takamakas. Une maison blanche, demeure du docteur quand l'île était une léproserie, est un bon point de repère.Il est interdit de mouiller près de la plage. Des petites embarcations viennent dans la journée de Praslin y déposer des baigneurs. Des barbecues sont installés pour des grillades de poissons. L'abri est médiocre par vent de N. W et S. E et nul par vent d'ouest. C'est essentiellement un mouillage de beau temps. On peut y passer sans crainte la nuit. Il est toutefois préférable de venir s'abriter pour la nuit dans la baie de La Raie lorsque les vents soufflent du N.W.

Dans l'anse de **Papaie** sur la rive nord de la baie de la Raie à mi-distance entre le muret et la pointe **Rouge**, les fonds sous marins sont forts beaux et un poisson plat vertical qui mange tous les déchets, est l'attraction du lieu. On mouille par 3 à 4 m en avant du plateau de coraux.

L'île Curieuse ne compte aucun autre véritable mouillage, son rivage étant partout assez rectiligne et frangé de bancs de corail. Sur la côte nord, rocheuse et escarpée, on ne peut mentionner que l'**anse Badamier**, un mouillage convenable par vent du sud et S.E. On jette l'ancre sur des beaux fonds de sable. Pas de banc de récifs mais on prendra garde à une roche isolée dans l'Est de la baie.

CURIEUSE ISLAND

On the northern coast of Praslin, separated from it by a channel that is 1 000 m wide at the narrowest point, Curieuse is a small precipitous island 3,6 km long and 1,7 km across covered with dense vegetation, reaching a maximum height of 172 m.

The main mooring zone in northwesterlies is Baie de Laraie on the south-east coast but it provides no shelter from southeasterlies. Moor in 4 to 5 m at one of the two buoys just outside the shallows and close to a narrow jetty which closes off the end of the cove. This forms an enclosed stretch of water which is used to hold rare species of fish caught in the Seychelles. This jetty was built at the beginning of the century for the breeding of turtles, but it never had good results.

L'île Curieuse fait partie du **Marine National Park** et les visites de 9 h à 16 h peuvent se faire avec un guide. Un petit chemin partant du sud de la digue conduit en bordure de la mangrove jusqu'aux ruines des bâtiments d'une ancienne léproserie en arrière de la plage sur la côte sud de l'île. Construite en 1833, elle fut utilisée jusqu'en 1965.

POINTS GPS WAY POINTS

Mouillage de la baie de la Raie
4° 17'05 - 55° 44'00

Mouillage de San José
4° 17'20 - 55° 43'30

Cousin island can be visited on Tuesdays, Wednesdays and Friday mornings.
Two mooring buoys have been installed by the direction of the environment. It is advisable to check the chain's condition.

L'île Cousin peut se visiter les mardis, mercredis et vendredis. Deux bouées de mouillage installées par les services de l'environnement sont réservées aux visiteurs. Il est prudent de contrôler la chaîne.

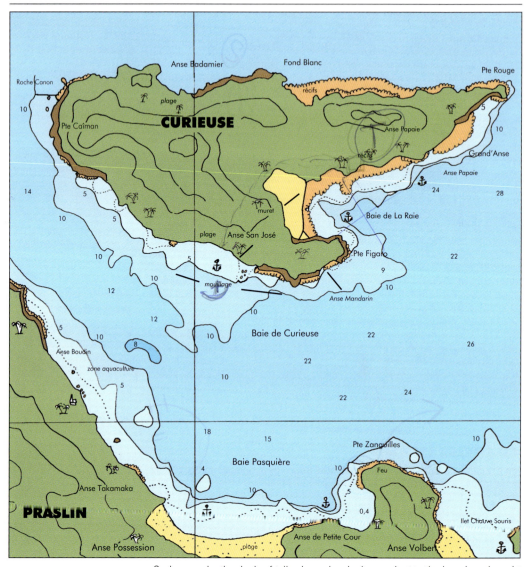

Reddish rocks compose a superb landscape with the green palms and the sky blue waters of the lagoon.

Mooring is also possible off the south coast of Curieuse island lined by a nice sand beach. A path links the ancient leper hospital (arrow) to the jetty of the basin of la Raie cove.

Onshore, under the shade of tall palms, a hundred or so giant turtles have been brought over from Aldabra island and live in semi captivity around a farm. Curieuse island is part of the Marine National Park and visitors must be escorted by a guide. A small path, starting from the jetty goes through the mangroves to the ruins of a former leper colony built in 1883 and used up until 1965.

Moor alongside one of the three buoys to keep clear of shoals near San José bay, a straight beach lined with takamakas. Small craft bring people from Praslin for a day on the beach. There are barbecues for cooking fish. Shelter is poor from northwesterlies and southwesterlies. It is mainly a fair weather daytime mooring.

At night it is better to seek shelter in Laraie Bay or in the **Papaie cove** on the north coast of Laraie Bay half way between the jetty and **Pointe Rouge**. The underwater world is beautiful and one of the local attractions is a kind of flat fish which swims vertically. Moor off beyond the coral reef in 2 to 3 m. Curieuse island has no real mooring place; the coastline is rather straight and lined all along by a coral reef. On the rocky and steep north coast, Badamier cove is suitable for mooring but only in fair weather.

Les rochers rougeâtres forment un superbe paysage avec le vert des palmiers et les eaux bleu ciel du lagon

On peut également mouiller en avant de la côte sud de Curieuse que borde une belle plage de sable fin. Un chemin relie une ancienne léproserie (flèche) à la digue du bassin de la baie de la Raie.

Voir carte de situation en pages 7 et 156

La baie à l'ouest de l'île Curieuse est le seul mouillage bien abrité.

The bay west of Curieuse island is the only well sheltered moorage.

Dans le fond de la baie, un muret construit au début du siècle forme un bassin où étaient parquées des tortues mais l'élevage a été abandonné.

In the bay, a wall built at the start of the century forms a basin for the breeding of turtles, but it has been abandoned long ago.

On vient mouiller de préférence en avant de la plage sur la rive nord de la baie.

Moor off the beach on the north side of the bay.

Le parc de Curieuse englobe toute l'île et s'étend au sud jusqu'à la côte nord de Praslin entre la pointe Chevalier et Zanguilles ainsi que jusqu'à l'îlet St Pierre mais l'extrémité ouest de la plage Volbert avec l'île Chauve Souris n'est pas inclus dans le parc. La délimitation est parfois indiquée par des bouées marquées Marine Nationale park.
Les droits d'entrée s'élèvent à 50 roupies par personne et par jour et comprennent la visite de l'île Curieuse et l'autorisation de pratiquer la plongée sous marine autour de l'îlet St Pierre. Le parc est ouvert tous les jours.

Ile Curieuse Park includes the totality of the island from the south to the north coast of Praslin between Pointe Chevalier and Zanguilles as well as Saint Pierre islet excluding the west end of Volbert beach and Chauve Souris islet. The boundary is marked with Marine Nationale Park buoys
Entrance fee is 50 rupees per person and per day including Ile Curieuse island visit and skin diving permit around Saint Pierre islet. The Park is open every day.

ARIDE ISLAND

Aride lies 4.8 miles NW of Praslin. It is a small island 1 700 m long and 500 m across. The north coast consists of high granite rocks whereas the south coast is rather flat and low-lying. The rocky hills provide shelter from strong winds for the fairly dense vegetation covering the lower areas.

Aride island belongs to the British chocolate manufacturer Christopher Cadbury, and is a conservation area. It is placed under the supervision of the Royal Society for Nature Conservation.

The island is surrounded by a coral reef and mooring is possible to the south, beyond the reef, facing a good beach where there are usually some boats drawn up on the sand. These boats will pick up visitors and take them to the bird reserve when called on VHF channel 16. Taking advantage of a particularly big wave, the boats are washed up on the beach with their passengers still on board. However, except for April to October, large breakers due to the prevailing winds make Aride island a difficult place to sail to.

The ornithologists, who have set up a permanent camp on the island, have made narrow paths through the dense vegetation leading to the rocky barrier in the north from where from the whole island can be observed.

Frigate birds love Aride island and they circle round high above in the heat of the day. During the mating season, the male inflates his throat, which looks like a big red apple.

Aride island is probably the major conservation zone of the 115 islands of Seychelles. Free of rats and cats which have ravaged so many tropical island in the world. Aride is a haven for a wide variety of seabirds, unique vegetation and rare land birds.

Aride is under management of the Wildlife Trusts TWT. The ten species of breeding seabirds include the rare Roseate Tern which have disappeared from all other breeding sites in central Seychelles. The Red Tailed Tropicbird breeds on Aride's northern cliffs. In season the world's largest colony of Lesser Noddy some 200.000 couples, make their nests in the trees, while an even greater mumber of Sooty Tern, usually seen on coral islands, nests on the ground.

Two species Great and Lesser Frigatebird, visit Aride 700 miles, form their nearest breeding site on Aldabra. Numerous Seychelles Warbler, the Sunbird, the Blue Pigeon and the Magpie Robin breed on Aride.

More than 300 species of fish have been identified in Aride, coral reef and some hawksbill turtle may come to the surface.

Because of some last season problems abiding the regulations of nature reserve in the Seychelles, is very important: damage to mooring buoys, going ashore when forbiden, drooping anchor on the reef and respecting the visiting time.

POINTS GPS WAY POINTS

Mouillage côte sud
4° 12'70 - 55° 40

Booby islet entre Aride et Praslin
4° 15'50 - 55° 40'45

Les montants des taxes de débarquement sont donnés à titre indicatif car elles sont modifiées fréquemment. Ces taxes sont payables en devises étrangères et non en roupies.

Landing fees are subject to frequent change. They must be paid in foreign concurrencies

Par vent de S.E les vagues brisent sur la plage que borde en partie des rochers.

By S.E winds, waves break on the beach and the shoreline rocks.

DISTANCES
En milles par la route la plus courte
In nautical miles by the shortest route

Praslin à La Digue :	3,4
Praslin à Curieuse :	0,5
Praslin à île Aride :	4,6
Praslin à île Cousin :	1,5
Praslin à île Cousine :	4
Tour de Praslin environ 18 milles	

Le mouillage se situe à petite distance au sud de l'île que borde une longue plage.

The moorage is close to the south of Aride Island. A nice beach of white sand streches along the shore.

Très souvent les rouleaux qui déferlent sur la plage, obligent à tirer les embarcatiosn au sec.

The crafts must be heaved aground because the rollers breaking on the beach.

Les constructions se limitent à quelques cabanes en bois sous les palmiers en bordure de la plage. Elles sont utilisées par les ornithologues.

The buildings consist of some wooden huts shaded by the palms lining the beach. They are used by ornithologists.

ÎLE ARIDE

À 4,8 milles au N.W. de Praslin, Aride est une petite île longue seulement de 1 700 m et large de 500 m. Toute sa côte nord est formée de roches de granit assez relevées alors que la côte sud est nettement plus basse et plate. Ces hauteurs rocheuses forment une barrière protectrice contre les vents forts qui a permis le développement d'une végétation dense.

Propriété du fabricant anglais de chocolat Christopher Cadbury, l'île Aride est un parc naturel. Elle est placée sous la protection de la Royal Society for Nature Conservation.

L'île est en majeure partie cernée par un cordon de corail qui oblige à mouiller à distance au sud d'une belle plage sur des fonds de plus de 10 m assez rocheux. Il est préférable de s'amarrer à une bouée rouge . Quelques barques tirées au sec sur la plage, peuvent venir sur demande par VHF canal 16, chercher les plaisanciers qui veulent visiter la réserve ornithologique. Profitant d'une vague plus forte, les bateaux sont tirés au sec avec leurs passagers sur le beau sable fin de la grande plage. Mais en dehors de la période des vents de N.W. d'octobre à avril, les vagues qui déferlent en permanence en gros rouleaux sur cette plage du fait de la mauvaise orientation des vents de S.E., rendent l'accès de l'île Aride difficile. Les visites sont généralement suspendues.

La végétation est partout assez dense mais l'on peut par des petits chemins tracés par les ornithologues qui ont organisé un campement permanent dans l'île, rejoindre la barrière rocheuse au nord d'où l'on peut découvrir toute l'île.

L'île Aride est un lieu de séjour très apprécié par les frégates qui tournoient aux heures chaudes de la journée haut dans le ciel. Rappelons qu'au moment de l'accouplement les mâles gonflent leurs gosiers comme une grosse pomme rouge. Grâce à cette réserve, plusieurs espèces rares ont pu être sauvé d'une extermination certaine.

L'île est ouverte pour les visites les dimanches, mercredis, jeudis et vendredis. Il est vivement conseillé d'arriver avant 10 heures et de connaître les réglements du parc en ce qui concerne le mouillage sur bouées, les débarquements, les déplacements dans l'île, les heures de visite. Informations par Tél 32 16 00 et VHF canal 16. Les débarquements sont soumis à une taxe de 100 roupies par personne

The island is open to visitors on Sunday, Thursday and Friday. It is advisable to come in before 10 a.m. and to be informed about the park regulations about mooring buoys, landing, visit hours Information available by phone 32 16 00 or by VHF channel 16 Landing fee 100 rupees per person

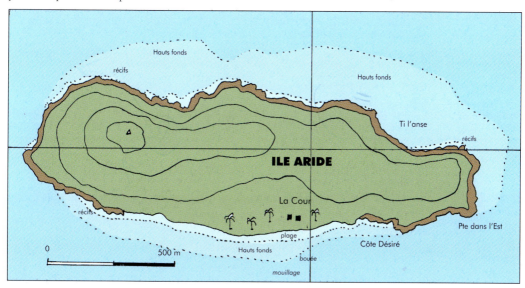

L'île Aride est l'une des 115 îles des Seychelles les mieux protégées dans son environnement. Aride est un véritable paradis pour les oiseaux, sans aucun rat ou chat comme dans bien des îles tropicales. Elle est placée sous le contrôle de la société anglaise Wild Trust . On peut y admirer la stern Roseat qui a disparu des autres îles, l'oiseau des tropiques à queue rouge qui niche dans les falaises. Pendant la nidification se sont plus de 200.000 couples de Lesser Noddy qui volent autour de l'île en compagnie des grandes frégates. On peut également apercevoir des sunbird, pigeons bleus, des pies Robin. Plus de 300 espèces de poissons fréquentent les eaux autour d'Aride où l'on peut voir des tortues de mer.

Les prises de vue photographiques et cinématographiques sont réglementées.

Photo and video shooting is regulated

Voir carte de situation en p 7

Anse Patates

Anse Sévére

Cap Barbi

récifs

Anse Gaulettes

Port de la Passe

feu

Anse Grosse Roche

Anse Banane

récifs

LA DIGUE

Anse de la Réunion

Anse Caiman

récifs

Pte Ma Flore

Anse Cocos

récifs

Pte Turcy

Anse Union

Pte Source d'Argent

Petite Anse

Anse Source d'Argent

Pte Belize

récifs

Grande Anse

28

Anse Sauvage

Anse Pierrot

Grand l'Anse

Anse aux Cédres

22

24

8,5

Grand Cap

Pte Jacques

Anse Marron

13

0   2 000 m

26   16

DISTANCES		
En milles par la route la plus courte	La Digue à Félicité :	2
In nauticall miles by the shortest route	La Digue à Marianne :	4
La Digue à île Frégate : 13	Tour de La Digue	
La Digue	environ 9 milles	
à Grande Soeur : 3,3		

LA DIGUE

Avec ses petits chemins de sable blanc serpentant sous de hauts palmiers, ses maisons aux toits de palmes ses plages de sable fin comme du talc et ses gros rochers ronds polis par la mer, la Digue est la plus belle des îles des Seychelles ou tout du moins la plus photographiée. La densité des touristes n'est toutefois pas excessive car l'île compte très peu de lieux de séjour.

La Digue qui compte 2000 habitants s'étend sur 5 km du nord au sud et sur 3,5 km d'Est en ouest. Son relief est assez accidenté avec un sommet de 333 m mais le rivage reste assez plat et bas sur toute la côte ouest.

LE PASSAGE ENTRE PRASLIN ET LA DIGUE

L'île de la Digue n'est éloignée que de 2,1 milles de l'île Ronde à la pointe Est de Praslin et ce petit bras de mer est bien dégagé entre la sortie de la baie de Sainte Anne et le port de la Passe sur la côte ouest de la Digue.

Il faut prendre garde toutefois si l'on veut remonter au nord vers les îles des Sœurs à la présence au milieu du passage des roches découvrantes et non balisées de Anales. Elles sont particulièrement dangereuses par mer calme car elles affleurent en majeur partie En venant de Praslin, on peut se repérer sur les mâts des goélettes mouillées dans le port de la Passe.

Les roches **Ave Maria** émergent également à 1,6 mille dans le **022°** des **roches Anales** et se situent exactement sur la route des bateaux qui sortant de la baie de Ste Anne veulent gagner le nord de **Petite Sœur** ou de **Grande Sœur**. Elles ne sont heureusement jamais recouvertes. Les fonds sous marins autour de ces roches sont très poissonneux et fort jolis mais attention aux courants parfois forts.

POINTS GPS
WAY POINTS

Au sud du passage entre la Digue et Praslin
Chymney Rocks
4° 28'40 - 55° 52'30
Caïman Rocks
4° 24 - 55° 46'20
Sharks Rocks
4° 24'50 - 55° 46'20
Roches Cannales
4° 20'40 - 55° 48'50

Les abords du port sont restés à l'état naturel. Les constructions se limitent à quelques paillotttes.

The port surroundings remain natural. The buildings consist of some straw huts.

On peut encore voir les tombes d'européens qui vinrent, il y a deux siècles, s'installer dans l'île pour y exploiter le coprah et les épices.

Remain some graves of the Europeans which came there two centuries ago. They came to this island to grow copra ans spices.

Pas de voiture. Les déplacements se font à pied, en vélo ou pour les charges plus lourdes en remorques tirées par des boeufs.

No motorcars. Moving around is either on foot or with a bicycle. Heavy loads are carried in carts drawn by oxen.

163

LA DIGUE ISLAND

La Digue Island, with its sandy white tracks winding under tall palm trees, houses with roofs of palm leaves, fine white sand beaches and large polished rocks, is the most beautiful island of the Seychelles, or at least the one most photographed by tourists. The island is never overrun with tourists because of the lack of accommodation.

The island is 5 km long and 3,5 km across. It has steep slopes leading up to a 333-m summit, but the shore is flat and low on the west coast.

SAILING FROM PRASLIN TO LA DIGUE

La Digue island is only 2.1 miles away from Ronde island at the east tip of Praslin. The narrow channel is trouble free between Ste Anne bay and the harbour of la Passe on the west coast of La Digue.

Seules les embarcations légéres peuvent mouiller en avant de la plage car la profondeur y est réduite.

Only small crafts can moor in front of the beach because of shallows.

However, when sailing up north close to the Sœur islands look out for the unmarked Canales rocks which usually just break the surface. They are very dangerous in calm seas because most of them are just below the surface.

Ave Maria rocks also break the surface 1.6 miles away **22°** from Canales rocks and are exactly on the route of ships leaving Ste Anne bay and sailing towards the Petite Sœur and the Grande Sœur. Fortunately, they are visible at all times. Diving around these rocks can be very interesting for they are particularly attractive and very rich in fish but be careful of the strong currents.

La Digue est également aprécié par de riches seychellois qui possédent de belles villas d'une architecture traditionnelle.

La Digue resort is valued by wealthy Seychelles residents owners of beautiful villas built in a traditional way

PORT OF LA PASSE

The only little harbour on La Digue is on the west coast of the northernmost point. The masts of sailing boats and schooners make it easier to spot the harbour from afar. A group of large rounded rocks, marked by a light pole 400 m offshore marks the boundary with the rocky reef lining the entire west coast of the island. North of the group of rocks, there is a breach in the reef forming a channel to the L-shaped mole where schooners which bring supplies to the island are berthed.

The unique and old curved mole exposed to winds and to the S.W swell is now protected by two half circular lines of rocks marking a narrow pass to a rather quiet stretch of water around the mole as it is protected from the westerlies by another line of rocks parallel to the mole. Water depth in this new small harbour is 3 to 4 m;

After passing the cross erected on big rocks 200 m S.W, one can set course directly towards the pass partially hidden by the two lines of rocks.

Two green and red buoys show the way to the harbour. It is possible to berth on both sides of the mole in 2.6 to 3 m in front of the quays.

A floating pontoon is located next to the north quay where schooners operating between La Passe and Praslin are berthed.

Yachts can berth on the south quay if space is available. Nature has been preserved around the nice sandy beach under the shadow of big trees. Some schooners moor between the mole and the line of rocks taking a line to the trunk of a palm tree.

Don't try to sail between the rock line and the beach as it is too shallow (1.50 m).When the sea is calm, moor north of the harbour on flat and sandy bottom 5 to 6 m unsheltered from N.W wind.

Le plus gros rocher dans l'ouest du port est signalé par une croix et un feu.

The largest rock west of the harbour is marked by a cross and a light

La passe entre les épis est assez étroite pour ne pas laisser entrer la houle de N.W.

N.W swell can't enter as the pass between the spurs is narrow

Vue aérienne des rochers de la Passe tout près du port.

Voir carte de situation en p7 et 162

L'ancienne jetée forme désormais un terre plein accostable de chaque bord, protégé du clapot par des épis en enrochements.

The ancient jetty now constitutes a platform where it is possible to berth on both sides under shelter of lines of rocks

With a tender, it is possible to get over the rocky shallows between the mooring area and the beach. Schooners usually leave La Passe harbour at the end of the day, returning to Praslin. It is then possible to come to the quay for the night, with due authorisation from the harbour master.

La Passe harbour is La Digue tourist center with a few shops, cafés and restaurants and the tourist office. Oxcarts, La Digue taxis, are ready to take tourists to hotels and bicycles are for rent.

Former sand tracks are now covered with cobblestones making the ride more comfortable and less colourful. A little rather flat road links the north tip of the island to the beaches in the S.E coast. A nice, partially shadowed ride . A side road leads to the ornithologicpark.

At night : a white light (flash 5 secondes) ranging 5 miles is built on the rocks close to the way into the port of la Passe. It allows to sail into the channel with a spotlight to help locate the poles and so to reach the moorage or the quay in the darkness.

Seuls 3 ou 4 goélettes peuvent mouiller dans le port l'arrière tourné vers la grève.

There is room only for 3 to 4 schooners to moor, stern toward the shore

Il est parfois possible de trouver une place à quai pour la nuit en demandant l'autorisation au maître de port.

At night, it is some times possible to stay along the quay with the agreement of the harbour maste

LE PORT DE LA PASSE

L'unique petit port de la Digue sur la côte ouest à 1 500 m au sud de la pointe extrême nord, a été agrandi et mieux protégé mais il reste avant tout le port de débarquement des touristes et des marchandises.

L'ancien et unique môle coudé exposé aux vents et à la houle de N.W., est maintenant protégé par deux épis en enrochements en demi-cercle qui délimitent une passe étroite casant la houle et ménageant un plan d'eau assez tranquille autour du môle, car le clapot par vent de N.W. est lui aussi cassé par un épi parallèle au môle s'appuyant sur le rivage. Les fonds ont été dragués dans ce nouveau petit port entre 3 et 4 m.

La croix sur le groupe de gros rochers qui émerge à 200 m dans l'ouest du port étant doublé par le nord, on peut se diriger droit sur la passe partiellement masquée par le recouvrement des deux épis. On passe ainsi entre deux bouées rouge et verte en avant du port. Le môle est accostable de chaque bord la profondeur avoisinant 2,60 m à 3 m au droit des quais. Un ponton flottant est accolé au quai nord pour l'amarrage des goélettes a moteur qui assurent les liaisons avec Praslin. Les bateaux de plaisance peuvent s'amarrer au quai sud dans la mesure des places disponibles. Le rivage a conservé son état naturel avec une belle plage de sable sous l'ombrage de grands arbres 3 ou 4 goélettes mouillent généralement entre le môle et l'épi, une amarre sur l'arrière tournée sur un cocotier. Il ne faut pas chercher à passer entre l'épi au sud et la plage car la profondeur ne dépasse pas 1,50 m. En revanche on peut venir mouiller par mer calme au Nord du port sur un large platin de sable plat et ferme par 5 à 6 m d'eau. Mais on ne bénéficie là d'aucune protection par vent de N.W. Il est possible en annexe de passer sur le haut fond rocheux entre la zone de mouillage et la plage. Les goélettes quittant habituellement le port de la Passe en fin de journée pour rejoindre Praslin, il est possible après autorisation du capitaine de port de passer la nuit à quai.

La Digue island must be visited on a bicycle along the wide sand paths. Lovely houses can be seen one of them has been used for the film "Emmanuelle", there are also small copra factories. Horse rides are also possible.

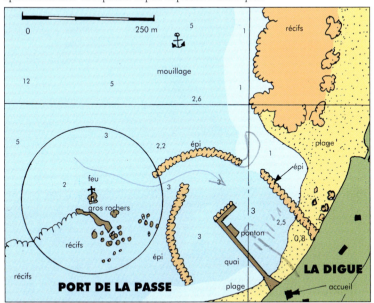

Le port de la Passe est le centre touristique de la Digue avec quelques commerces, cafés et restaurants ainsi que l'office de tourisme. Les chars à bœufs, les taxis de la Digue, attendent ici leurs clients pour les conduire vers les hôtels et des dizaines de vélos peuvent se louer pour la journée. Les anciens chemins de sable ont été recouverts de pavés qui ont supprimé un peu de pittoresque mais facilitent les déplacements. Une petite route, sans sérieuses dénivellations relie la pointe nord de l'île aux plages de la cote S.E. Une très belle promenade en grande partie sous la voûte des arbres. Un embranchement conduit jusqu'à la réserve ornithologique.

Toute la côte ouest de la Digue est débordée par un large platin de sable et de corail d'où émerge un groupe de roches près du port et un petit îlot coiffé par deux palmiers

The west coast of Digue island is lined by a wide sand and coral shelf. A group of rocks breaks the surface near the port and a small islet bears two palm trees.

Le petit chenal qui passe près de l'îlot n'est particable qu'en annexe.

Tenders only can get through the narrow channel close to the islet

Un chantier de construction de goëlettes en bois est installé sur la plage d'Union près de Pointe d'Argent.

A shipyard on Union beach near Pointe d'argent specializes in wooden schooners

LA CÔTE OUEST DE LA DIGUE

Toute la côte au sud du petit port de la Passe est bordée de belles plages de sable presque sous l'ombrage de grands palmiers. Mais le platin de roches large en moyenne de 300 m interdit toute approche. Les anses de la Réunion, de Union ou de la Source d'Argent, ne sont que de légers creux dans le rivage presque rectiligne qui n'offre aucun abri véritablement sûr.

POINTS GPS :
WAY POINTS :

Position du feu
4° 20'80 - 55° 49'58
Mouillage du port
4° 20'80 - 55° 49'80

A moins de 000 m au sud du port, une passe étroite dans la barrière de récifs permet de rejoindre la plage mais la profondeur réduite à moins d'un mètre ne laisse le passage qu'aux petites embarcations.

.Juste au nord de la pointe de **Source d'Argent**, l'anse **d'Union** est ourlée d'une belle plage de sable blanc. Un petit chantier qui construit des goélettes en bois dispose de bons moyens de manutention et peut assurer quelques réparations sur les bateaux de plaisance.

À proximité on peut visiter l'ancienne usine de coprah, qui a assuré pendant longtemps les revenus de l'île. Dans un même périmètre, le vieux cimetière de la Digue compte encore plusieurs très anciennes tombes que la mousse et l'humidité tropicale ont fortement attaquées masquant partiellement les noms et les dates. Le site est privé et une redevance de 10 roupies est réclamée.

Dans la partie centrale de l'île, accessible en vélo de location par un chemin de sable blanc sous les cocotiers, une réserve d'oiseaux rassemble une importante colonie de Fly catchers que les habitants de la Digue dénomment Veuves du fait de leur couleur noire. Ces oiseaux ne se rencontrent qu'à la Digue.

Le mouillage le plus proche du rivage se situe au voisinage de l'**anse aux Cèdres**. Le plan d'eau n'est calme que par vent d'Est au N.E.

Un peu au nord de ce mouillage, en avant de collines au relief accidenté, le rivage commence à présenter de gros rochers ronds polis par la mer qu'entourent des petites plages de sable en avant de grands cocotiers qui balancent leurs longues palmes sous le souffle de la brise. Un paysage qui a fait la célébrité de la Digue. Peu de rivage présente en effet dans le monde, une plus belle harmonie dans les formes et les couleurs. Mais les vagues déferlent vite sur les plages et les récifs par les vents dominants. Il faut prendre garde également aux courants assez forts qui longent la côte.

La **pointe St Jacques** à l'extrémité sud de la Digue, forme là encore un magnifique chaos de gros et beaux rochers polis qui s'égrainent dans la mer, barrant au sud la petite **anse Marron**. Seul un sentier permet de rejoindre depuis l'anse d'Union, la plage réduite à quelques dizaines de mètres carrés de sable blanc. L'anse Marron n'est accessible qu'en annexe.

De nuit : Un feu blanc (éclat 5 secondes) d'une portée de 5 milles est installé sur le groupe de rochers dans l'entrée du port de la Passe. Il permet de rejoindre l'entrée du chenal et en s'aidant d'un projecteur pour repérer les perches, il est possible de rejoindre dans l'obscurité la zone de mouillage ou les quais.

Toutes les liaisons pour l'approvisionnement des îles se font à bord de goëlettes en bois assez rapides et marines construites en grande partie dans l'anse d'Union.

All the connections bringing supplies to the islands are made with fast and seaworthy wooden shooners. Most of them are built in Anse d'Union.

THE WEST COAST OF LA DIGUE

The coast south of la Passe is lined with fine sandy beaches shaded by tall palms. But the rocky reef, with an average width of 300 m, prevents an approach. The coves of Reunion, Union and Source d'Argent are only slight indentations in the otherwise straight shoreline and provide no safe shelter.

To the north of **Source d'Argent** point, this cove is ringed with an excellent sand beach. A small shipyard which builds the local wooden schooners, has some lifting equipment and is able to do some repair work on pleasure craft.

It is possible to visit the nearby copra factory. This has long been the island's source of income. There is also the old cemetery of La Digue with its ancient graves. Many are covered with moss, and this and the tropical humidity have partially erased names and dates.

The central part of the island, accessible with hired mountain bikes along a white sand path, is a bird reserve with a large colony of fly catchers. The natives call them widows because of their black feathers.

The mooring closest to the shore is near the **Anse aux Cèdres**. The stretch of water is sheltered only from eastern or north-eastern winds.

North of this mooring, in front of very steep hills, the shore consists of large rocks

L'île de la Digue est à visiter impérativement en vélo en circulant jusqu'au sud par des petites pistes de sable blanc. On découvre ainsi de belles habitations dont celle qui a servi pour le film Emmanuelle, des petites fabriques d'huile de coprah. Il est également possible de faire des randonnées à cheval.

Lu lungue plage de sable de la côte ouest se termine au sud par un étonnant chaos de gros rochers de granit sombre, usés par l'érosion marine.

The long sand beach on the west coast which ends by a strange heap of dark rocks polished by the sea.

Les vagues peuvent briser violemment par houle de S.E sur l'amas de roches de la pointe St Jacques à l'extrême sud de la Digue.

When swell comes from SE, rollers break dramatically on Saint Jacques rocks at the far south end of La Digue

La belle cocoteraie en arrière de la plage de Grande Anse

The beautifull palm trees behind the beach of Grand Anse.

polished by the waves and small sand beaches lined with tall coconut trees swaying gently in the breeze. This landscape is famous world-wide. Few coasts in the world display such harmony of shapes and colours as can be seen on the coasts of La Digue. But the waves break rapidly on the beaches and reefs with the prevailing winds. Care is needed of strong currents along the coast.

St Jacques point on the southern end of La Digue is a superb mass of smooth rocks lying in the sea and marking the south side of the Marron cove. A small path leads to the tiny beach only a few metres wide.

THE SOUTH-EAST COAST

This coast provides better moorings in deeper coves, behind a coral reef near the shore, but in southeasterlies there is no shelter and the waves carry through to the beaches.

Grande l'Anse, Grande Anse, Petite Anse and Anse Cocos are all similar : lovely white sand beaches separated from each other by rocky spurs, backed by steep rocks.

Grand l'Anse is partially blocked by a heap of rocks, leaving little space for mooring. It is preferable to anchor off the beaches of Grand Anse and Petite Anse where the bottom is sandy and 4 to 5 m deep. But be careful to avoid an isolated rock below the surface just past Turcy point between Petite Anse and Anse Cocos. There are more swimmers in Grande Anse and a road leads to la Passe.

Ma Flore point forms a steep and rocky headland isolating the south-east coast from the eastern coast.

THE EAST COAST

Because of its NW/SE orientation, the east coast of La Digue is subject to northwesterlies and southeasterlies and the sea is often rough. A coral reef makes the landing on the beaches with a tender difficult. That is why this coast is deserted by yachtsmen.

LA CÔTE SUD EST

Elle offre de superbes mouillages par régime de N.W, dans des anses dont l'accès n'est pas gêné par une barrière de corail. Mais la protection est nulle par vents de S. E, la houle venant déferler sur les plages.

Grande Anse, Petite Anse et **l'anse Cocos** présentent toutes trois la même physionomie : de superbes plages de sable blanc séparées entre elles par desépis de roches, au pied d'un rivage un peu élevé et rocheux.

Grand l'Anse est à demi encombrée par un amas de rochers et de récifs qui laisse peu de place pour le mouillage. Mieux vaut jeter l'ancre devant les plages de **Grand Anse** et de **Petite Anse** sur des fonds de sable par 4 à 5 m.

Mais attention entre Petite Anse et l'anse Cocos à la présence d'une roche isolée à peine couverte qui affleure dans le prolongement de la pointe **Turcy**. Les baigneurs sont plus nombreux dans Grande Anse qu'une petite route en ciment relie au petit port de la Passe.

La pointe **Ma Flore** à l'extrême Est de la Digue forme un promontoire rocheux très escarpé qui isole totalement les côtes S. E et N.E.

Attention aux débarquements sur les plages au S.E. de la Digue, même à la nage. Des rouleaux avec des petites lames de fond peuvent se former surtout à Grande Anse. On note d'ailleurs toujours en ces parages la présence d'une vieille houle de S.E, même par régime de N.W. Par vent fort de S.E. ces anses sont apréciées par les surfers pour les rouleaux qui y déferlent. C'est dire qu'elles sont alors totalement impraticables par les navigateurs.

La pointe de Ma Flore et la côte Est de la Digue qui n'offre aucun véritable abri.

Ma Flore point and the East coast of la Digue where is no possible to find a good shelter.

Voir carte de situation en p 7 et 162

La pointe extrême sud près de l'anse Marron forme là encore un magnifique chaos de gros rochers arrondis.

The extreme south point near Marron cove consists of a magnificent chaos of large round-shaped rocks.

Il faut arrondir à distance la pointe St Jacques où la mer brise sur la plateau de récifs.

Sail at a distance from Saint Jacques tip as rollers break on coral reef.

Les plus beaux rochers de la Digue se situent au voisinage de la pointe sud de l'île.

La Digue most beautiful rocks can be seen near the south end of the island

LA CÔTE NORD - EST

Du fait de son orientation N.W./ S. E, la côte N.E. de la Digue est prise en enfilade par les vents de N. W comme de S.E. et la mer y est souvent agitée. Une barrière de récifs limite en outre l'accès des plages uniquement aux annexes. Aussi cette côte peu hospitalière est-elle délaissée par les navigateurs.

THE NORTH EAST COAST

Because of its NW/S.E orientation, the East coast of la Digue is subject to northwesterlies ans southeasterlies and the sea is often rough. A coral reef makes the landing on the beaches with a tender difficult. That is why the coat is deserted by yachtmen.

NORTH AND NORTHWEST COAST

Patate cove to the north of La Digue digs into the shore. Entrance is clear of coral reef.The site is magnificent with big round-shaped rocks, coconut trees and their palms swaying in the trade winds and a few beaches. A quiet mooring is possible farther west close to the coral barrier but the beach is accessible to a tender only. Tombs of the first settlers coming from Bourbon Island, La Réunion nowadays, can be seen in cape **Barb**i

LA CÔTE NORD ET N.W.

À la pointe extrême nord de la Digue, le rivage est creusé par l'anse **Patate** dont l'entrée n'est barrée par aucun banc de récifs. Le site est superbe avec ses gros rochers arrondis et ses grands cocotiers dont les palmes se balancent sous le souffle des alizes. Quelques plaques de sable s'offrent pour la baignade.

On peut également mouiller plus à l'ouest en lisière de la barrière de coraux. L'abri est tranquille mais la plage n'est accessible qu'en annexe. Au cap **Barbi**, on peut voir les tombes des premiers colons qui venaient de l'île Bourbon, aujourd'hui la Réunion.

POINTS GPS
WAY POINTS

Mouillage de la Pointe
d'Argent en lisièr des récifs
4° 22'00 - 55° 49'35
Mouillage de l'anse Marron
4° 22'90 - 55° 50 '45
Mouillage de Grande Anse
4° 22'35 - 55° 50 '70
Mouillage de l'anse Cocos
4° 22'00 - 55° 51'15

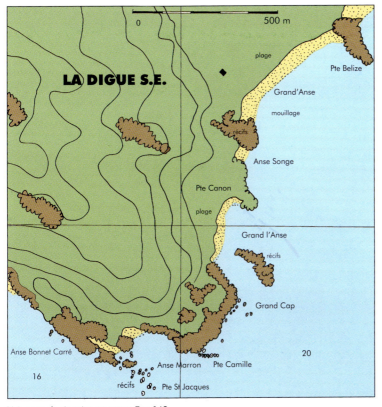

Vues du nord, Petite Anse et Grande anse que sépare la pointe Bélize.
En arrière plan, la pointe de Grand Cap.

Seen from north, Petite and Grande Anse on both sides of Pointe Bélize

La Digue est célébre dans le monde entier pour ses étonnants rochers polis, arrondis par l'érosion marine entre lesquels la mer sur des fonds de sable blanc prend des couleurs d'un magnifique bleu turquoise tandis que de grands palmiers ombragent le sable .

La Digue island is famous world-wide because of its strange round-shaped rocks polished by sea erosion. Between the rocks, the sea is turquoise blue on white sand bottoms and large palms shade the beaches.

Toute la côte Est de la Digue présente des pentes assez abruptes qui descendent directement dans la mer. Le sable cède ici la place aux rochers.

The east coast of La Digue is quite steep. The sand is replaced by rocks.

L'anse Patate tout au nord de la Digue, une exubérance de palmiers au milieu de superbes rochers. Une véritable image de petit paradis terrestre.

Patate cove to the north of La Digue is clad with exuberant palm trees growing among beautiful rocks. The true picture of an earthly paradise.

La côte Est de la Digue ne compte aucune anse pouvant offrir un réel mouillage. Les barques làocales restent à à petitie distance de la plage. rbien rectigline.

The east coast of La Digue island provides no sheltered mooring when the S.E winds are set.

On ne peut s'approcher des gros rochers qu'en annexe du fait d'une houle résiduelle.

Tenders only can get close to the big rocks due to the remaining swell

En arrière des plages, sous les cocotiers se nichent quelques belles villas.

A few nice villas are nested under the coconut trees behind beaches

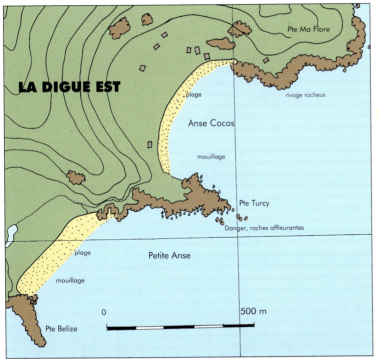

LA DIGUE EST

Pte Ma Flore

plage

rivage rocheux

Anse Cocos

mouillage

Pte Turcy

Danger, roches affleurantes

plage

Petite Anse

mouillage

0   500 m

Pte Belize

Attention aux vagues qui peuvent déferler sur les plages des anses de la côte S.E. Ce n'est pas sans raison que ces anses sont très appréciées des surfers . Le mouillage y est impossible par les vents de S.E.

Beware to the rollers along the SE beaches, a favourite spot for surfers. Mooring is not possible in SE winds

Les noix de coco fendues en 2 ou 3 morceaux sont séchées au soleil sur des claies puis dans un four alimenté par les écorces de noix. La pulpe desséchée est alors écrasée pour en extraire l'huile de copra qui est parait-il excellente contre les coups de soleil. Elle donne également une belle couleur dorée.

Coconuts, split into two or three pieces are dried in the sun on racks then in an oven heated with their shells. Copra oil is then squeezed out of the dry pulp, and is said to be a very good protection against sunburns

POINTS GPS
WAY POINTS

Mouillage de l'anse Marron
4° 22'90 - 55° 50 ' 45
Mouillage de Grande Anse
4° 22'35 - 55° 50 ' 70
Mouillage de l'anse Cocos
4° 22'00 - 55° 51'15

Voir carte de situation en pages 7 et 162

Haute de 230 m, l'île Félicité présente un rivage presque partout rocheux. Les plages même petites sont rares

230 metres high, Félicité island is surrounded by a rocky shore. Small beaches are scarce.

Toute les pentes sont recouvertes d'une véritable jungle difficilement pénétrable. Les rares maisons ont été construites, juste en bord de plage.

All the hillsides are covered with thick jungle difficult to get into. Some houses have been built along the beaches.

L'ÎLE FÉLICITÉ

D'un relief très accidenté, cette île longue de 2 900 m et large de 1 700 m qui se situe à 1,7 mille seulement au N. E de la Digue, présente une arête rocheuse haute de 231 m. Le rivage est partout assez escarpé et difficilement accessible.

On ne le regrettera pas énormément car l'île Félicité est privée et les débarquements interdits sans une autorisation. Elle dépend de la résidence de Digue Lodge et est louée avec tous ses rochers et ses cocotiers sous lesquels s'abritent du soleil quelques bungalows.

Il n'est toutefois pas interdit de venir mouiller dans l'une des rares petites criques de la côte Est ou ouest suivant l'orientation des vents. On prendra garde aux bancs de récifs qui débordent assez largement la côte ouest mais ce sont là uniquement des mouillages de jour et de beau temps. Par vent de S. E, on se tiendra de préférence au N. W de l'île. Attention également à la présence d'une roche couvert seulement de 1,70 m d'eau qui déborde la rive S.W de l'ile. On repèrera sa position précise sur le plan.

C'est dans l'île Félicité que fût enfermé entre 1875 et 1879 le sultan de Malay Abdullah Khan qui avait fait assassiner le consul britannique de Perak.

FÉLICITÉ ISLAND

This precipitous island with a rocky ridge 230 m high, is 2 900 m long and 1 700 m across and situated only 1.7 miles off La Digue to the NE The shores are steep everywhere and difficult to land on.

This is no real problem as Félicité is private property and going ashore is forbidden. It is part of Digue Lodge residence and is rented together with its rocks and coconut trees shading some bungalows. Care is needed of an isolated rock head 1.7 m under the water close to the S. W shore. Spot it carefully on the map.

Comme à la Digue mais dans une moindre mesure, la mer vient baigner de gros rochers arrondis près de quelques rares plages de sable.

As in Digue island, the sea comes close to rounded rocks near the few sandy beaches.

Voir carte de situation en p 7

DISTANCES

En milles par la route la plus courte In nautical miles by the shortest route

La Digue à île Frégate : 13
La Digue
à Grande Soeur : 3,3
La Digue à Félicité : 2
La Digue à Marianne : 4
Tour de La Digue
environ 9 milles

However mooring is allowed in one of the rare coves on the east side or on the west side, depending on winds. Care is needed of the coral reef rounding the west coast and these moorings are only tenable in the daytime and when the weather is fine. If southeasterlies are set one should prefer mooring on the NW side of the island.

COCOS ISLAND

Félicité island is prolonged 1 000 m to the north by a group of small islets made of large rocks with strange regular stripes carved by sea erosion. They form a beautiful sight with a great harmony of shapes and colours. Cocos island, the largest islet, not more than 100 m in diameter, is surrounded by the Fourche and Platte islets.

The ochre colour of the rocks is in contrast with the bright green palms of the coconut trees and the white sand of beaches lined with deep turquoise water.

Under the sea, the vision is equally attractive with large arborescent corals where thousands of many-coloured fish swim in front of narrow breaks and dark caverns. Snorkelling in this underwater garden use to be an enchanting experience.

Unfortunately, unscrupulous divers began breaking the fine coral twigs. These depredations led to forbidding access to the islet and its surroundings. Placed for some time under control of the presidency, this site is now under the jurisdiction on the Ministry of Environment and is to be considered soon as a conservation zone similar to the one in Ste Anne.

For the time being, buoys have been installed south of Cocos island in 2 m near a small beach. Laying an anchor our touching the corals is strictly forbidden.

Wind blowing S.E, the better moorings are on the N.W coast of Félicité in two small hollows. It is a good starting point for skin diving over splendid grounds of Platte, Cocos and Fouche islands.

Les îlots forment un amas de rochers arrondis comme à la Digue où quelques cocotiers ont réussient à prendre racine. On n'y aborde qu'en annexe pour la baignade et la plongée sous marine.

Islets are made out of round rocks with some coconut trees as in La Digue. Land with a tender for a swim or a skin diving party

Tout autour des îlots, les fonds présentent un superbe paysage sous marin où abondent le corail et des bandes de poisons multicolores.

Around the islets, the bottoms form a superb undersea landscape with corals and shoals of multicoloured fish.

L'ÎLE COCOS

L'île Félicité se prolonge sur 1 000 m vers le nord par un petit groupe d'îlots aux gros rochers ciselés par l'érosion marine en des stries parfois étrangement régulières, qui constituent un site d'une grande beauté tant par l'harmonie de ses formes que de ses couleurs. L'île Cocos, la plus importante mais qui ne dépasse pas 100 m de diamètre, est entourée par les petites îles Fourche et Plate.

Les teintes ocres des rochers contrastent avec le vert éclatant des palmes des cocotiers tandis que des petites plages de sable blanc viennent ourler des eaux d'un merveilleux bleu turquoise.

Sous la mer le paysage est tout aussi attrayant avec ses épais massifs de coraux aux grandes arborescences où des myriades de poissons multicolores évoluent en avant de failles étroites, de grottes sombres. Une promenade dans un véritable jardin sous marin d'un rare enchantement.

Malheureusement des plongeurs peu scrupuleux n'ont pas hésité à briser de multiples fines branches de corail. Ces dégradations ont entraîné un temps une interdiction d'accès de l'îlet et de la zone sous marine qui l'entoure. L'île est placé sous l'autorité du Ministère de l'Environnement.qui songe à créer un parc naturel à l'image de celui de Ste Anne. Pour le moment des corps morts ont été installés dans 2 m d'eau au sud de l'île Cocos à proximité d'une petite plage et il est formellement interdit de mouiller une ancre et de toucher au corail.

Le meilleur mouillage par vent de S.E. se situe sur la côte N.W de Félicité dans deux petits creux brodés par une plage. Ces mouillages sont un excellent point de départ pour aller explorer les superbes fonds sous marins des îles Plattes, Cocos et Fouche.

L'accés à l'île Félicité est soumis à une redevance de 50 roupies par personne et par jour.

Les montants des taxes de débarquement sont donnés à titre indicatif car elles sont modifiées fréquemment. Ces taxes sont payables en devises étrangères et non en roupies.

Landing fees are subject to frequent change. They must be paid in foreign concurrencies.

Le plus grand des îlots ne dépasse pas une centaine de mètres de longueur.
The largest islet is not more than 100 m long

Il faut s'amarrer à une bouée pour ne pas détruire les merveilleuses dentelles de corail.
Take a mooring buoy in order not to destroy the splendid coral laces

Tout autour des îles Cocos, on rencontre de remarquables sites de plongée sous marine où les coquillages se mêlent au corail
All around Coco islands superb skin diving places where undersea landscape is covered with coral and shells

Le groupe des ilots Coco qui prolonge au nord l'île Félicité. En arrière plan s'étend l'île Grande Soeur.

Il faut avancer très prudemment entre les îlots car de gros rochers affleurent et aucune passe n'est balisée

The group of Coco islands north of Félicité island. In the background, Grande Sœur island.

The sailing require a great attention between the rocks and no pass is lay down buoys

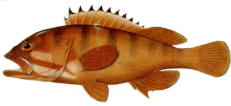

*Redbander grouper
Merou oriflamme*

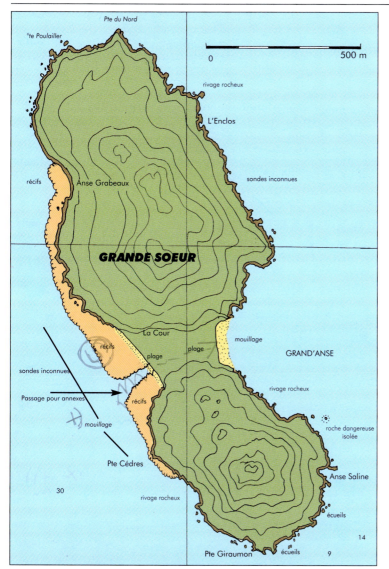

DROITS D'ACCÉS

15 dollar US par personne et par jour. Du lundi au vendredi Ouverture de 10h30 à 15h. Le parc est fermé samedi, dimanche et les jours fériés.

LANDING FEES

15 US dollar per person and day. From Monday to Friday. Open 10.30 am to 3 pm. Closed Saturday and Sunday and public holidays.

Les montants des taxes de débarquement sont donnés à titre indicatif car elles sont modifiées fréquemment. Ces taxes sont payables en devises étrangères et non en roupies.

Landing fees are subject to frequent change. They must be paid in foreign concurrencies.

POINTS GPS WAY POINTS

Mouillage côte est dans grande Anse
4° 17'35 - 55° 52'20
Mouillage côte ouest au N.W pte Cédre.
4° 17'50 - 55° 51'95

GRANDE SŒUR ISLAND

Two steep and rocky hillocks, linked together by a low isthmus form Grande Soeur island 1 800 m long from north to south. The stretch of land forms two bays east and west of it.

East of Grande Anse is not a comfortable mooring as the shore line falls steeply with a powerful swell. The sea is calm in the northwesterlies. Beware of gusts as prevailing winds speed up in the Venturi formed by the two hillocks. Some times the wind veers pushing the boats ashore

The sandy plateau is covered by a small coconut plantation hiding some shacks. The contrast made by the bare rocky part and the undergrowth of the coconut grove is very attractive. In daytime, moor in front of the huts along the coral barrier. Sounder indicates 10 to 11 m. Mooring is also possible close to the rocky shore by the foot of the hillocks but the east coast of Grande Soeur provides no shelter from southeasterlies.

Voir carte de situation en p 7

183

If Grande Soeur east coast offers superb skin diving possibilities and numerous sea turtles, West coast is probably the nicest place around. Swimming in the breakers is pure delight

The beach of **la Cour** on the west coast provides mooring sheltered from southeasterlies but the problem of sudden gusts is still present. However, unlike Grande Anse, a rocky reef means you have to moor 150 m off the beach in 10 to 12 m and the stretch of water is quite uncomfortable. It is a daytime mooring. It is advisable to wear shoes when going ashore because the coral is very sharp. Take care not to walk on the coral in order not to make the island's owner angry. Due to the breakers, it is easier to go ashore at the northern end of the beach near the rocks, where water is calmer. Barbecues are provided to grill fish on the beach, and turtles can be seen under the coconut trees.

Further north, it is possible to moor in **Dans Grabeaux** Bay, where the coral reef is narrower and the northern hillocks provide shelter. The same mooring conditions are to be found along the steep coastline in **Dans Gayac** Bay by the foot of the southern hillock half way between **Cèdre** and **Giraumon** points.

L'ÎLE GRANDE SŒUR

Deux mamelons élevés très rocheux, reliés par un isthme de sable assez bas forment l'île de Grande Sœur qui s'étend sur 1 800 m du nord au sud. L'isthme dessine deux anses à l'Est et l'ouest.

Grand Anse à l'Est est un mouillage difficile, les fonds de sable descendent rapidement et il s'y forme une grosse houle. Le plan d'eau reste calme par vent de N. W mais il faut prendre garde aux rafales car par un effet de venturi, les vents dominants prennent de la vitesse entre les deux mamelons. On note parfois un revirement du vent qui repousse les bateaux vers la plage.

Le plateau qui relie ces deux mamelons, est recouvert par une petite plantation de cocotiers sous laquelle se dissimulent quelques cabanes. Le contraste entre la partie rocheuse assez dénudée et les sous bois de la cocoteraie couvert d'une herbe épaisse forme un fort charmant environnement. On peut mouiller de jour à l'Est devant les cases, en lisière des récifs qui débordent la plage sur 30 à 40 m. La sonde indique environ 10 à 11 m d'eau. On peut également mouiller à petite distance du rivage rocheux et très dentelé au pied des deux mamelons mais par vent de S. E toute cette côte Est de Grande Sœur n'offre aucun abri.

Si la côte Est de Grande Sœur offre de superbes sites de plongée où l'on découvre de nombreuses tortues de mer, la côte ouest est probablement la plus jolie des îles proches de Mahé. La baignade dans les rouleaux est une agréable détente.

L'île Grand Soeur appartient à la société qui exploite l'hôtel Château de Feuilles à Praslin. T. 23 33 16 fax 23 59 16. En acquittant un droit de débarquement de 75 roupies par personne ou 15 dollars US, l'accès de Grande Soeur est libre de 10 h30 à 15 heures sauf les samedis, dimanches et jours fériès. Des bancs, des tables et barbecues sont à la disposition des visiteurs qui doivent respecter les plantations et ne pas marcher avec des palmes sur les récifs afin de ne pas endommager les coraux. Pas de poubelles pour les ordures qui doivent être ramenées à bord.Les gardes du parc peuvent aider au débarquement.

The island is the property of the firm running the Château des Feuilles hôtel in Praslin. Access to Grande Soeur is possible from10.30 am to 3.00 pm except on saturday, sunday and public holydays. Landing fee is 75 rupees or 15 US dollars Tables, benches and barbecues are at he visitor's disposal. Visitors must respect plantations and must not walk with flippers on the reef in order not to break coral. There are no garbage containers. Trash bags must be brought back on board The park guards come to give a hand to disembarking people

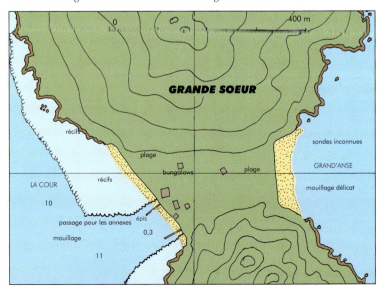

Ile Grande Soeur, vue du sud. On distingue l'étranglement qui sépare les deux mamelons nord et sud. L'île est très peu habitée.

Grande Sœur seen from the south. The isthmus between the north and south hillocks is clearly visible. The island is nearly uninhabited.

La plage de **la Cour** sur la côte ouest offre un mouillage convenable par ces vents de S. E avec la même restriction que pour Grande Anse en ce qui concerne les rafales. Mais contrairement à Grande Anse, un plateau rocheux oblige à se tenir à près de 150 m de la plage dans 10 à 12 m. Aussi le plan d'eau est-il rouleur et parfois inconfortable.

C'est là essentiellement un mouillage de jour. Il est recommandé de débarquer en chaussures car le corail est très coupant. Le propriétaire de l'île étant très soucieux de la protection de ses coraux, on prendra garde à ne pas les piétiner.

Il n'est pas rare que des rouleaux déferlent sur la plage . On débarquera alors au nord près des premiers rochers où le plan d'eau est généralement plus calme. Des barbecues permettent de griller du poisson près de la plage et l'on peut voir sous les cocotiers de belles tortues.

L'anse de **Dans Grabeaux** plus au nord offre également une possibilité de mouillage la largeur du plateau des récifs coralliens étant plus réduite dans cette anse et les hauteurs du mamelon nord assurent un écran protecteur. On peut également mouiller dans les mêmes conditions tout près du rivage qui descend assez rapidement dans la mer, dans l'anse de **Dans Gayak** au pied du mamelon sud à mi-distance entre les pointes **Cèdre** et **Giraumon**

Petite Soeur est sensiblement de même hauteur que sa voisine Grande Soeur, mais de superficie un peu plus reduite. La végétation y est dense mais n'a pas réussi toutefois à recouvrir totalement les rochers.

Petite Sœur is about the same size as Grande Sœur, a little smaller. Though vegetation is dense it has not entirely covered the rocks.

Voir carte de situation en p 7 et 183

La partie la plus étroite de Grande Soeur. Côte Est, on peut approcher d'une petite plage où les fonds sont assez accores. On voit en arrière plan Petite Soeur.

The narrow part of Grande Sœur. On the east coast mooring is possible close to the beach as the shore is steep. In the distance, Petite Sœur.

En revanche côté ouest la plage est débordée par un platin sous marin qui forme une barrière rocheuse difficilement franchissable.

Conversely, on the west side, the beach is lined by a plateau which forms a rocky barrier difficult to cross.

PETITE SŒUR ISLAND

This rocky granite island requires no special comment. The island is orientated NW to SE and is 1 300 m long and 700 m across, reaching 120 m at the highest point.

It forms a steep rocky ridge, except for a narrow sandy beach in the middle of the SW coast. Going ashore is difficult as the island is totally surrounded by a coral reef 130 m wide close to the shore.

Because of the prevailing winds, Petite Soeur provides no shelter. Some shelter from northwesterlies can be found to the SE between Grande Coco and Bœuf Curieuse headlands. The cove near the latter headland is fairly safe and as the bottom is steeply shelving it is possible to moor close to shore.

The north of the island provides excellent diving.

L'ÎLE PETITE SŒUR

Il n'y a pas g rand chose à dire sur cette petite île rocheuse granitique, longue de 1 300 m du N. W au S. E et large de 700 m dont le sommet atteint 120 m.

Une véritable arête rocheuse dont le rivage est partout escarpé en dehors d'une étroite bande de sable formant plage au milieu de la côte S.W. Mais son accès reste difficile car le plateau de récifs qui ceinture toute l'île, dépasse les 100 m de largeur en avant de la plage.

Compte tenu de l'orientation de l'île dans le lit des vents dominants les abris sont fortsmédiocres et même nuls tout autour de Petite Sœur. Ce n'est que par vent de N. W que l'on peut trouver un peu de protection au S. E entre les pointes de **Grande Coco** et de **Bœuf Curieuse.** L'anse que dessine cette dernière pointe est assez accore et l'on peut y mouiller en s'approchant du rivage escarpé.

Les plongeurs apprécieront les beaux tombants au nord de l'île. Par mer calme, on peut mouiller au voisinage de la pointe de Roche Tombée.

Petite Soeur est une île privée où les débarquements ne sont pas autorisés.

**POINTS GPS
WAY POINTS**

Mouillage à la pte S.E de Boeuf Curieuse
4° 17'35 - 55° 51'60
Mouillage près de la Pte de Grand Cocos
4° 17'15 - 55° 51'50

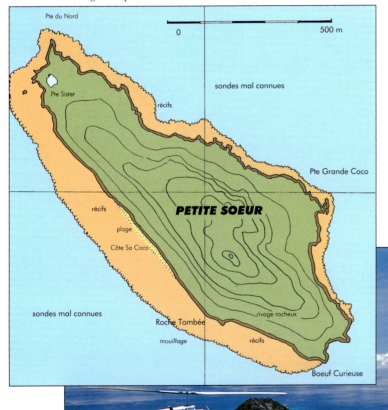

Grande Soeur et Petite Soeur vues du sud et que vient survoler un hélicoptère assurant les liaisons avec la capitale Victoria.

Seen from south, Grande Soeur and Petite Soeur overflown by the helicopter connecting the island to Victoria

Map labels: Pte du Nord · 0 · 500 m · Pte Sister · récifs · sondes mal connues · Pte Grande Coco · récifs · PETITE SOEUR · plage · Côte Sa Coco · sondes mal connues · Roche Tombée · rivage rocheux · mouillage · récifs · Boeuf Curieuse

L'île Marianne vue du sud. Sa côte ouest est frangée d'un cordon de récifs presque invisible par mer calme.
Marianne island seen from the south. The west coast is lined by a coral reef nearly invisible when the sea is calm.

Entre la mer et la forêt qui recouvre presque toute l'île, s'étend un étroit cordon de sable blanc.
Between the sea and the forest which covers the island, stretches a narrow white sand strip.

Dès que la mer est un peu agitée, les rouleaux déferlent sur les plages.
When the sea is rough, rollers break on the beaches.

L'ÎLE MARIANNE

Cette île privée, presque inhabitée, se situe la plus à l'Est du groupe des îles voisines de Praslin et de la Digue. Comme Félicité elle est très rocheuse mais un peu moins élevée 125 m et ses dimensions sont assez voisines avec une longueur de 1900 m. du nord au sud et 700 m de largeur. Le relief assure un écran protecteur contre les vents de N. W et quelques bateaux peuvent mouiller près du rivage car les fonds sont assez accores. Ils descendent rapidement à plus d'une vingtaine de mètres. Un plateau de sable et de récifs borde la côte ouest. Le mouillage au nord de la plage est bon par vent de S.E. mais il le devient moins en descendant vers le sud. Il faut rester sous l'abri des hauteurs de l'ile.
Le passage entre Marianne et Félicité est clair de tout danger. Seul un petit îlot émerge à 0,2 mille dans l'Est de la pointe sud de Félicité. Il est assez haut pour être toujours bien visible

Marianne est une île privée où les débarquements ne sont pas autorisés.

Frégate is a private island. Landing is regulated

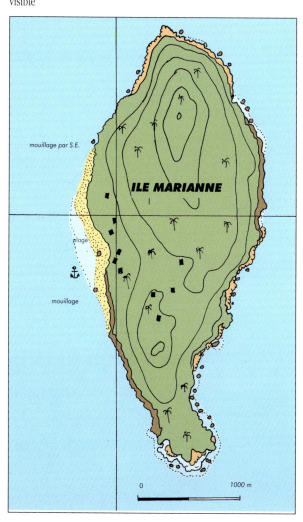

mouillage par S.E.

ILE MARIANNE

plage

mouillage

0   1000 m

Voir carte de situation en p 7 et 190

MARIANNE ISLAND

This island almost inhabited is the farthest to the east of the cluster of islands around Praslin and La Digue. It is as rocky as Félicité and approximately the same size (1 900 m from north to south and 700 m across) but only 125 m high. The relief provides shelter from northwesterlies. A few craft can moor near the shore and the bottom is safe, dropping rapidly to a depth of 20 m. Mooring is difficult on the west coast because of a reef with scattered rocks breaking the surface.

Keep along the coral barrier according to the wind. In the South, a narrow passage allows to reach the beach with a tender.

The channel between Marianne and Félicité is safe. A small islet emerging 0,2 m south of Félicité is high enough to be well conspicuous.

La pointe sud de Marianne est très accore. On peut mouiller du côté Est où la profondeur dépasse rapidement les 10 m. Les bosquets qui s'accrochent à la roche très dechiquetée forment un fort joli environnement.

The south point of Marianne island is steep. Mooring is possible to the east where the bottom is quickly shelving to 10 m. Bunches of trees clinging to the rocks make a lovely landscaC'est du Bidon

L'ÎLE FRÉGATE

Cette île privée est très isolée à 11 milles dans l'Est de l'île Récif et à 28 milles dans le 85° du port de Victoria. Au N.W, l'île de la Digue est distante de 13 milles. De formes presque rondes, elle tiendrait dans un cercle de 2 500 m de diamètre. Frégate est un peu plus élevée dans sa partie ouest avec un sommet à 125 m. Les palmiers et les bambous recouvrent presque partout les pentes rocheuses.

Toute la côte N.E basse et plate est débordée par une barrière de coraux où la mer brise presque en permanence. Il en est de même sur la côte ouest. Le rivage est plus accore au nord et au sud et les anses **Maquereau**, **Bambous** et **Victorin** sont tout au plus de légers creux en avant d'un rivage escarpé.

L'**anse du Parc** au S.E de Frégate est le meilleur abri de l'île. Suivant l'orientation des vents, on viendra mouiller dans l'anse **Coup de Poing** dans l'ouest de l'anse du Parc ou dans l'anse **Victorin** au nord par 6 à 7 m. Une petite marina a été tout récemment construite à l'extrémité sud de la plage de la côte Est..Deux massives digues en enrochements protègent de la houle de S.E un avant port entièrement gagné sur la mer où s'avance un épi central qui protège la passe d'entrée d'un bassin creusé dans le sable de la plage . Il est rèservé exclusivement à l'accostage des voiliers et des vedettes de pêche au gros des résidents du vaste complexe hôtelier qui occupe toute la pointe S.E. de l'île Frègate.

Des villas avec terrasses en bois et jacuzzi se dissimulent dans les rochers et les palmiers sur le haut des collines qui dominent l'anse du Parc. Plantation House près de la marina est le centre de ce site résidentiel qui est desservi depuis Victoria par des petits avions se posant sur la piste le long de la plage.

L'île Frégate qui est à découvrir pendant la journée mais déconseillée pour un mouillage de nuit, est un véritable sanctuaire pour les oiseaux rares comme les perroquets noirs. Plusieurs belles grottes creusent les rochers et la présence de quelques signes

Un oiseau très rare le **Magpie Robin** *vie presque uniquement dans l'île Frégate. Il faillit être exterminé par les rats et les chats. Mais depuis 1960, ces prédateurs ayant été éliminés, le magpie Robin s'est multiplié et il a été possible de repeupler d'autres îles. On ne peut se déplacer dans Frégate qu'à pied. Un chemin fait presque le tour de l'île en passant près de la superbe plage de l'anse Victorin*

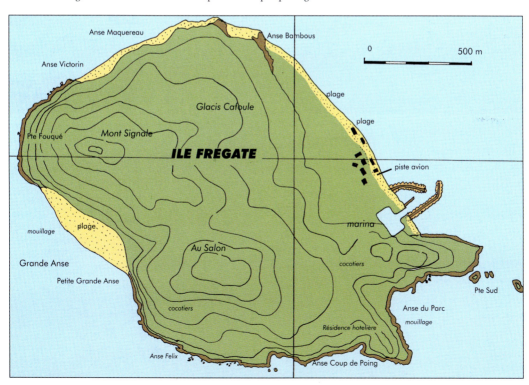

énigmatiques fait naturellement penser que des flibustiers auraient pu cacher dans ces grottes leurs trésors en doublons d'or et pierres précieuses.

Attention à 0,7 mille au nord de l'île Frégate à la roche **Noddy** qui découvre. Elle se signale toutefois par l'écume des vagues qui y brisent presque en permanence. A 1,9 mille dans le S.W de Frégate gît le petit **îlot Frégate**, un gros rocher où ne vivent que des oiseaux de mer. La roche découvrante de **Barraconta** est isolée à un demi mille dans l'Est de l'îlot Frégate.

Le rivage est partout très sauvage et pas toujours aisément abordable en annexe lorsque la mousson fait déferler les vagues en rouleaux sur le sable. Mais les efforts sont recompensés par la beauté du paysage. L'anse Victorin serait d'après le London Sunday Times la plus belle plage du monde !

The coast is very wild and going ashore in a tender is difficult when the monsoon is set because of rollers breaking on the beaches. However the landscape is beautiful and efforts are rewarding. London Sunday Times voted Anse Victorin is the world's best beach !

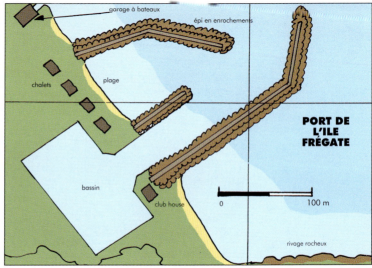

PORT DE L'ILE FRÉGATE

FRÉGATE ISLAND

This private island is 11 miles to the east of Récif island and 85 miles on an 85° heading from Victoria. It is rounded in shape and is 2500 m in diameter. The west side of Frégate island is slighter higher than the east and rises to a maximum of 125 m. Its rocky slopes are covered with palms and bamboo.

On the NE coast, which is flat and low, is lined with a coral reef which stops the waves at all times whatever the conditions. The same is true for the west coast. The northern coast is safer and the coves of **Maquereau, Bambous** and **Victorin** are only small inlets in a steep coastline. According to the wind, moor either in Anse **Coup de Poing** east of Anse du Parc or in Anse Victorin in 6 to 7 m waters. Fregate is nice to visit in day time but not recommended for a night stop.

A small marina has been recently built at the south end of the beach on the east coast of Ile Fregate. Two heavy walls of rocks shelter the outer harbour from the SE swell. A central finger closes the entrance pass of a basin digged in the beach sand. It is a private basin for the exclusive use of yachts and fishing cruisers belonging to the guests of the hotel resort at the SE end of the island. Villas with wooden terraces and jaccuzi hide into rocks and palm trees on top of the hills dominating Anse du Parc. Plantation House near the marina is the central point of the residential resort connected to Victoria by small planes landing on an airstrip along the beach

Going ashore is possible only in the south-eastern part of Frégate island. Moor in **Anse du Parc** near a small coral reef. The ridge at the extreme south-eastern point of the island continues offshore with several islets. A large hotel is being built in Anse du Parc and will include a marina.

Fregate island is a sanctuary for black parrots and other rare birds.

There are numerous caverns in the rocks with mysterious inscriptions, a reminder that pirates may have used them to hide their treasure of gold doubloons and precious stones.

FROM FREGATE TO LA DIGUE

Half way along the direct route from Frégate island to the west coast of La Digue (13.2 miles on a 331° heading), lie **Chimney Rocks**, two of which break the surface in spite of their distance from the islands. Fortunately, when the sea is somewhat rough, as is often the case in the open sea, these rocks are conspicuous because of the waves breaking.

DE FREGATE À LA DIGUE

Sur la route directe de l'île Frégate à la côte ouest de La Digue, une route au **331°** longue de 13,2 milles fait passer sur le banc de **Chimeney Rocks** qui intéresse les bateaux de plaisance, car deux roches affleurent en dépit de l'éloignement des îles. Heureusement par mer un peu agitée ce qui est généralement le cas au large, ces roches sensiblement à mi-parcours se signalent par les vagues qui y brisent. Elles peuvent être redoutables par mer calme.

Les fonds de sable plat où apparaissent quelques tâches d'herbes offrent en plusieurs points un bon mouillage en avant d'un rivage assez élevé, couvert d'une épaisse toison de palmiers. En cartouche, les villas de grand luxe sur les hauteurs des escarpements de granit.

The white sand bottoms, where some bunches of sea-weeds grow, provides good mooring in many places off the steep shore covered with palms.

Frégate est une île privée où les débarquements sont réglementés

Frégate is a private island. Landing is regulated

POINT GPS WAY POINTS

Mouillage anse du Parc
4° 35'35 - 55° 57'
Mouillage ouest devant la plage de Grande Anse
4° 35'15 - 55° 56'05
Ilot Frégate
4° 36'20 - 55° 54'40

Voir carte de situation en p 7

**POINTS GPS
WAY POINTS**

*Mouillage de Bird côté ouest
devant l'hotel.
3° 43'10 - 55° 12
Mouillage côté Est. Passe
Hirondelle
3° 42,45 - 55° 12*

BIRD ISLAND

Whereas most of the islands in Les Seychelles are made of granite, Bird island is a coral island barely rising above sea level. The island 52 miles from Praslin, 1000 m long and 700 m wide is surrounded with almost continuous beaches and covered with coconut trees. From June To September thousands of terns come to reproduce.

ROUTES

From the northern tip of Mahé to Bird island :

Steer a 344° course for 53 miles. There are no shallows and the depth is between 25 to 60 m.

From Anse Lazio in Praslin to Bird island :

Steer a **320°** course for **52** miles. There are no dangerous shallows and the depth is a steady 50 to 60 m. Low on the sea, Bird island is only visible from a distance of 4 to 5 miles

Because of the 50 miles or so which separate Bird from Praslin, the crossing takes a full day. It is important to choose carefully the hour of departure from Praslin so as to reach the island before dusk. The risk is to be unable to choose a suitable moorage in obscurity. It is advisable to reach Bird island between 3 and 4 PM when the sun is still high in the sky. This may mean leaving Praslin at night with a slow sailboat. On the return trip the problem does not arise as sailing into Ste Anne bay is quite easy at night. However, the return passage from Bird to Praslin in south-easterly winds means sailing up-wind in choppy seas, which can slow down a catamaran considerably.

Come to Bird only if fine weather is steadily set because all moorings are poorly sheltered.

The wide sandy plateau, less than 7 m deep stretching for 2.5 miles to the west of the island allows mooring but provides poor shelter from the south-eastern surge if one does not get very close to the island.

There is no safe mooring around Bird island. The sea is choppy and anchors don't hold very well in the fine sand. Mooring may be hazardous in the northwesterlies

Join the Island from S.W keeping clear from the shallows and from the south tip to moor on the west side ahead of the hotel bungalows. Sandy grounds are clear without a coral barrier. However, take care to isolated coral reef.

The hotel and the camp site are half way along the west coast. Sail due east towards the beach. The bottom is sandy and the water 4 to 5 m deep. While there is not much coral, care should be taken. In north-western winds, it is preferable to moor on the east coast close to the central headland to have a good shelter. Two breaks in the coral reef south of the central headland : **Passe Endormie** and **Passe Cocos**, allow to get

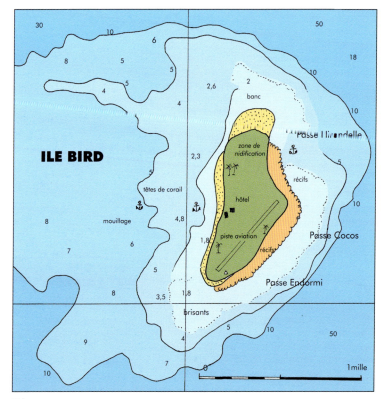

Une île corallienne plate et basse sur la mer. La piste pour les petits avions occupe une grande superficie de la demi partie sud de l'île.

A flat coral island barely rising above sea level. The airstrip for small planes takes a large surface on the southern half of the island.

Bird island is surrounded by a shallow shelf with many fish with surprising colours. Care should be taken of the rocks breaking the surface at the north point.

Toute l'île Bird est entourée par un vaste plateau peu profond où vivent une multitude de poissons de couleurs parfois surprenantes. Attention aux roches affleurantes à la pointe nord.

Les enfants de moins de 12 ans ne paient pas de taxe de débarquement.
On contactera le bureau de l'hôtel pendant les heures d'ouverture de 8h30 à 16h30. T. 22 49 25.

Children under 12 don't pay landing fees
Contact the hotel office during opening hours from 8.30 am to 4.30 pm

Voir carte de situation en p 4

DISTANCES

Silhouette à Île Bird : 44 m
Mahé à Île Bird : 52 m
Île du Nord à Bird : 39 m

Les montants des taxes de débarquement sont donnés à titre indicatif car elles sont modifiées fréquemment. Ces taxes sont payables en devises étrangères et non en roupies.

Landing fees are subject to frequent change. They must be paid in foreign concurrencies.

Le sable blanc des plages donnent à la mer une merveilleuse couleur bleue émeraude.

The white sand of the beaches make water emerald-green.

close to the beach. In the north, **Passe Hirondelle** also leads to the beach. Mooring is prohibited in front of the houses and in the airstrip take off and landing line
The ancient name of Ile aux Vaches (island of cows) was not given to Bird island because settlers had introduced these four legged mammals, but because of **dugongs**, a species of large seals commonly called sea cows.

There is no safe mooring around Bird island. The sea is choppy and anchors don't hold very well in the fine sand. Mooring may be hazardous in the northwesterlies
The shelf NW of Bird island also provides mooring. The depth is under 3 to 5 m over a wide area. The place is only sheltered from southeasterlies but the shoal water stretching north of the island breaks the swell and a sailing boat can anchor securely with a long chain. However, the mooring is quite uncomfortable.
Of course, Bird island takes its names from the numerous colonies of birds living there permanently. During the nesting season, the sky is often is black with tens of thousands of birds. Some of them may even fly into the mast and land on deck. The sight is spectacular but noisy and the droppings are smelly. Terns come to the island between May and June and are gone by October. The Seychellois are fond of their eggs.
Bird island also has turtles nesting in the sandy beaches. Some are over 150 years old and, according to the Guinness Book of Records, Esmeralda, weighing 320 kg is said to be 200 years of age, making her the biggest and oldest turtle in the world.
Bird Island is a private island with a small airstrip for the hosts of a charming hotel established under the trees on the west beach
A large coconut plantation covers most of the island except in the north where thousands of birds nest, giving nama and fame to the island.
Bad mannered yachtmen dropping their garbage behind the trees, strolling around in sloppy dress and sailing away without paying taxes, led the owners to limit the access to yachts manned by a Seychelles crew.
However, with a previous contact with the Bird Island office in Victoria main street and a phone call to the hotel, the ban might be lifted. Landing fee: 200 rupees

L'ÎLE BIRD OU ÎLE AUX VACHES

Contrairement à la majorité des îles des Seychelles qui sont des monticules de granit, l'île Bird est d'origine corallienne et de ce fait plate et basse sur la mer. Distante de 52 milles de Praslin, longue seulement de 1 000 m et large de 700 m, elle est couverte de nombreux cocotiers et ceinturée d'un cordon presque continu de plages. L'île Bird n'offre pas de mouillage sûr. De juin à Septembre des milliers de Sterns viennent se reproduire dans l'île.

LES ROUTES

On calculera son départ de Praslin de manière à aborder l'île en milieu de journée lorsque le soleil haut sur l'horizon permet de bien distinguer les têtes de corail et de préférence à marée haute.

De la pointe nord de Mahé à l'île Bird :

La route est au **344°** sur une distance de **53** milles. Elle passe sur des fonds de 25 à 60 m. Aucun haut fond n'est à craindre.

De Praslin dans l'anse Lazio à l'île Bird :

La route est au **320°** sur **52** milles. On navigue constamment sur des fonds de 50 à 60 m et aucun banc n'est à redouter Basse sur la mer, l'île Bird n'est visible qu'à 4 ou 5 milles.

Du fait de la cinquantaine de milles à parcourir pour rejoindre l'île Bird depuis Praslin, cette traversée nécessite presque une journée de navigation. Il convient donc de calculer son heure de départ de Praslin de manière à ne pas aborder l'île à la tombée de la nuit. On risquerait d'être surpris par l'obscurité et de ne pouvoir choisir convenablement son mouillage. Il est plus prudent d'aborder Bird quand le soleil est encore haut sur

L'île Bird mérite bien son nom. Pendant les mois de des milliers d'oiseaux viennent nicher dans le moindre petiit creux. Leurs vols forment de véritable nuages dans le ciel. Les promenades peuvent devenir dangereuses.

Bird island deserves its name. Thousands of birds nest in the bushes. Swarms of them fly in the sky. Walking around may even become dangerous.

L'île Bird n'est balisée par aucun feu la nuit

Bird island show any light in the night

Bird est une île privée où il faut acquitter une taxe de 200 roupies par personne pour la durée du séjour à payer en devise étrangère.
L'autorisation de débarquer n'est donnée actuellement qu'aux bateaux de charter. Les repas à l'hotel ne sont possibles que dans la mesure où toutes les places ne sont pas occupées par les résidents.

l'horizon vers 15 ou 16 heures, ce qui peut nécessiter pour un voilier peu rapide un départ de nuit de Praslin. Pour le retour, le problème se pose moins, car il est aisé d'entrer de nuit dans la baie de Ste Anne. Le retour de l'île Bird par vent frais de S.E se fait presque bout au vent sur une mer généralement assez hachée qui freine sérieusement un catamaran. Il est recommandé à cette époque de faire une escale à l'île Denis.

Le vaste plateau de sable couvert de moins de 7 m d'eau qui s'étend sur 2,5 milles dans l'ouest de l'île, facilite le mouillage mais on ne bénéficie d'un peu de protection contre la houle de S.E, qu'en se rapprochant assez près de l'île.

On abordera l'île par le S.W. en débordant à distance les hauts fonds et la pointe sud pour venir mouiller sur la côte ouest en avant des bungalows de l'hôtel. Les fonds de sable sont bien dégagés et l'accès de l'île n'est pas barré par des récifs mais on prendra garde toutefois à des pâtés de corail isolés.

L'île Bird n'offre pas de mouillage sûr. Le plan d'eau peut être rouleur et les ancres crochent mal dans le sable fin. Il est même délicat voire dangereux de mouiller près de Bird par vent fort de N.W.

Le plateau au N.W de l'île Bird offre également une zone de mouillage. La profondeur ne dépasse pas 3 à 5 m sur une vaste étendue. On ne bénéficie par vent de S.E que de la protection des hauts fonds prolongeant l'île au nord mais la houle est suffisamment cassée pour qu'un bateau puisse tenir sur son ancre en filant une bonne longueur de chaîne. Le mouillage rouleur reste cependant peu confortable.

Par vent de N.W, on viendra mouiller sur la côte Est en se rapprochant de la pointe centrale pour bénéficier de la meilleure protection. Mais deux creux dans le plateau de corail au sud de la pointe centrale ; la Passe Endormie et la Passe Cocos, permettent de se rapprocher au maximum de la plage. On trouve également au nord la **Passe Hirondelle** mais ce site n'est pas recommandé pour mouiller. Il est interdit de mouiller devant les maisons d'habitations et dans l'axe de la piste d'atterrissage.

L'île Bird doit naturellement son nom aux colonies d'oiseaux qui y vivent en permanence. Mais à l'époque de la nidification de juin à Septembre, lorsque les oiseaux sont inquiets et volettent autour des nids, le ciel est partiellement masqué par ces centaines de milliers d'oiseaux. Il n'est pas rare que certains viennent heurter les mâts et tombent sur les ponts. Un spectacle impressionnant mais également bruyant et la fiente dégage une odeur forte. Les sterns arrivent sur l'île entre mai et juin et repartent en octobre. Leurs œufs sont très appréciés par les Seychellois.

L'île Bird compte également des tortues qui nichent dans le sable des plages. Plusieurs dépassent les 150 ans et d'après le livre des records, avec ses 320 kg, **Esmeralda** âgée de près de 200 ans, serait la plus grosse et vieille tortue du monde.

L'appellation de l'**île aux Vaches** qui était donnée autrefois à l'île Bird aurait pour origine la présence non pas de mammifères à quatre pattes apportés par des colons mais de **dugongs** sorte de gros phoques appelés familièrement vaches de mer.

L'île Bird est une île privée dotée d'une petite piste d'aviation pour les clients d'un hôtel de charme aménagé le long de la plage ouest sous de grands arbres. Une vaste cocoteraie occupe une grande partie de l'île mais la partie nord est plus dénudée est la zone de nidification des milliers d'oiseaux qui ont fait la célébrité de Bird.

La venue de quelques navigateurs mal éduqués qui dissimulaient leurs sacs à ordure dans la végétation et se promenaient en tenue débraillée avant d'appareiller sans avoir acquitté les taxes, ont conduit les propriétaires à interdire l'accès de l'île aux bateaux sans équipage seychellois. Toutefois, il semble bien qu'en se présentant au bureau de l'île Bird à Victoria dans l'avenue principale et en prenant contact par téléphone avec l'hôtel, cette interdiction puisse être levée. La taxe de débarquement est de 200 roupies par personne.

DENIS ISLAND

Like its neighbour Bird, it is a coral island, barely above sea level visible only from a 5 to 6 nautical miles distance. GPS is a great help to find it. It is only 1.800 m long and 1.300 m wide. It is roughly oval with a slight extension to the west live the owners, two Frenchmen. They take paying guests in bungalows. Beaches are magnificent. As shelter is not very good, come only by steady fair weather.

**POINTS GPS
WAY POINTS**

*Mouillage côte ouest Muraille
Bon Dieu
3° 48'35 - 55° 3950
Mouillage côté Est
3° 48'15 - 55° 40*

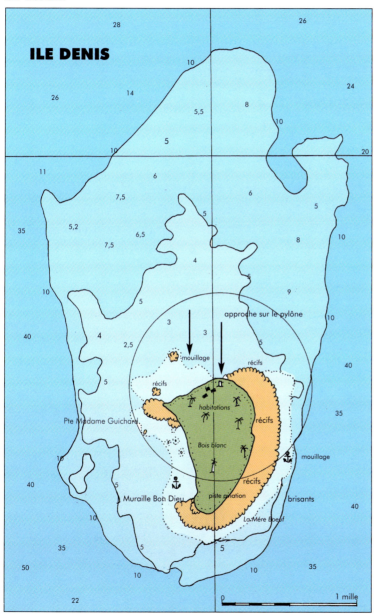

La nuit, l'île Denis se repère à un feu blanc éclat 5 sec. visible jusqu'à 10 milles.

At night, Denis island signal by a white light (flashing 5 sec.) ranging 10 nautical miles.

As Bird island, Denis island is privately owned. Landing authorisation must be asked for on VHF channel 16 and visitors must check in at the reception of the hotel. A nice restaurant is open for lunch and in the evening. The landing tax is 200 rupees per person to pay in foreign exchange.

At night : Denis island is marked up to the north by a white light ranging 10 miles (flash 5 secondes). It is used by ships sailing by to the south of Denis island but is of no help to reach the mooring zone. It is advisable to wait for sunrise.

DISTANCES

Mahé à île Denis	47
Silhouette à Île Denis :	47
Île du Nord à Denis :	42,5

Voir carte de situation en p 4

ROUTES

From the northern tip of Mahé to Denis Island :

Steer a **16°** course for **47** miles. There are no shallows and the depth is between 25 to 55 m.

From Ste Anne, Praslin island, to Denis Island :

Steer a **347°** course for **34** miles. There are no shallows and the depth is between 50 to 60 m.

From Victoria to Denis Island :

Steer a **13°** course for **50 miles**. This course takes you close to **Brisare** rocks and near a sunken wreck on **Ennerdale** rocks close to the islet named **Mammelles**. When the sea is a little rough or in squalls, these rocks can be dangerous. In such weather it is advisable to leave Victoria by the NE steering a **20°** course to Mammelles, rounding it to the SE and setting a **10°** heading for Denis Island, first steering slightly to the west to keep clear of the **Blanchisseuses**, a group of rocks with waves breaking on them in rough seas.

The return route from Denis to Praslin in south-easterly conditions is nearly up-wind and in choppy seas catamarans are likely to be slowed down considerably.

A large sandy shelf no deeper than 5 to 6 m, provides a vast moorage north of Denis island but no shelter at all against the surge.

In SE winds it is advisable to moor behind the shelter provided by the island 150 m offshore where the depth sounder reads 3 to 4,5 m. The shelter is secure and landing from tenders is quite easy. Mooring is possible in the cove of **Muraille Bon Dieu** 150 m offshore 400 m to the NW of the southern tip of the island. But the SE surge rounding the headland makes this mooring quite uncomfortable. Stay south of Madame Guichard tip taking care of the coral heads. Mooring is possible in the north with moderate S.E winds

In this case, it is also possible to moor to the north of the island near themetal pole with a light on the top.. At around 150 m from a stretch of 3 to 4,5 -m-deep shoal water, head south towards the light tower or the highest house until nearly running aground.

To the east of the island, beyond the 250-m wide coral reef the bottom drops away steeply. Moor close to the edge of the reef.

As for Bird Island, Denis Island is best visited only in settled weather because night mooring is unsafe. Aim to arrive around midday and at high tide.

There are not so many birds as on Bird island and the vegetation is denser. There are coconut groves and a small factory producing copra oil. The island offers excellent walks and good beaches.

As in Bird Island, and for the same reasons, the island owners running the charming hotel, limit the access to the island to yachts manned by a Seychelles crew as a guarantee for nature preservation and payment of the fees

However, a landing permit may be granted if you call the hotel before leaving Praslin.

L'île Denis vue de l'ouest. Les bateaux viennent mouiller dans le léger creux au sud de la pointe sur des fonds de sable plat. La trouée correspond à la piste d'aviation.

Denis island seen from the west. Boats moor in the small indent to the south of the point on a flat sand bottom. The break in vegetation is the airstrip.

Sur la côte Est, l'île Denis est débordée par un platin de récifs coralliens où la mer brise. L'accès peut être délicat même par mer calme

On the east coast, Denis island is lined by a coral reef breaking the swell. Going ashore is difficult even in calm seas.

Un poisson volant d'une grande beauté.

The beautifull Sailfish.

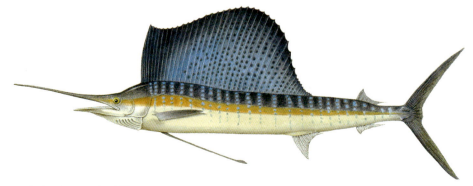

L'ÎLE DENIS

Comme sa voisine Bird, l'île Denis est d'origine corallienne et donc plate et basse sur la mer. On ne commence à la distinguer qu'à 5 ou 6 milles. Un GPS peut être précieux pour la localiser. Sa superficie n'est guère importante. 1 800 m du nord au sud et 1 300 m d'Est en ouest dans sa plus grande largeur. Denis est sensiblement ovale avec toutefois une légère avancée vers l'ouest, la pointe Madame Guichard, où se situent les habitations des propriétaires, deux Français qui reçoivent leurs hôtes payants dans de petits bungalows. Les plages sont superbes. Les mouillages étant moyennement abrités, il ne faut venir à l'île Denis que par beau temps bien établi.

LES ROUTES

De la pointe Nord de Mahé à l'île Denis :

La route est au **16°** sur une distance de **47** milles. Elle passe sur des fonds entre 25 et 55 m. Aucun haut fond n'est à craindre.

De Parslin, Ste Anne, à l'île Denis :

La route est au **347°** sur une distance de **34** milles. On navigue par 50 à 60 m. Pas de haut fond à redouter. Le retour de Denis vers Praslin par vent de S.E, se fait presque vent debout et sur une mer assez hachée qui peut gêner la progression d'un catamaran.

De Victoria à l'île Denis :

La route est au **13°** sur une distance de **50 milles**, mais elle passe entre les roches affleurantes de **Brisare** et une épave coulée sur les roches **Ennerdale** près des **Mammelles**. Par mer un peu agitée ou sous les grains, ces rochers peuvent présenter un certain danger. Il est préférable en ce cas, sortant de Victoria par le N.E, de faire route au **20°** sur les roches de l'**îlot des Mammelles** et de les doubler à petite distance au S.E d'où l'on reprendra au **10°** la route vers l'île Denis en arrondissant légèrement la route vers l'ouest dans son début pour parer les roches des **Blanchisseuses**, un autre nom qui indique bien l'état de la mer autour de ces roches dès qu'elle est un peu agitée.

Comme pour l'île Bird à 28 milles plus à l'ouest, il est impératif si l'on ne connaît pas bien ces parages, d'aborder Denis uniquement de jour quand le soleil est encore haut sur l'horizon afin de bien localiser la présence des hauts fonds. On appareillera de la baie de Ste Anne au lever du jour de manière à mouiller à l'île Denis dans l'après midi. Les mouillages étant moyennement abrités, il ne faut venir à l'île Denis que par beau temps bien établi.

L'île Denis basse sur la mer ne se repère qu'à quelques milles à la présence des palmiers et d'un pylône métallique à la pointe nord de l'île.

Un vaste plateau de sable qui ne dépasse pas 5 à 6 m de profondeur, offre au nord de l'île Denis une vaste zone de mouillage mais les bateaux n'y bénéficient d'aucune protection contre la houle.

Par vent de S.E, on viendra mouiller sous la protection de l'île en se rapprochant jusqu'à 150 m du rivage où la sonde indique 3 à 4,50 m d'eau. L'abri est sûr et les débarquements en annexe sont assez aisés sur la plage. On peut se tenir à moins de 150 m de la plage ouest dans le creux de **Muraille Bon Dieu** en mouillant à 400 m au N.W de la pointe sud de l'île qu'il faut arrondir largement pour parer le banc de récifs. La houle de S.E contourne la pointe et peut rendre le mouillage assez rouleur.

On peut également se tenir sur le flanc sud de la pointe **Madame Guichard** en prenant garde aux pâtés de corail. On trouve également une possibilité de mouillage par vent modéré de S.E au nord.

Il est recommandé de mouiller par vent modéré de S.E au nord de l'île près du pylône du feu. On viendra se placer à la limite des fonds de 5 m à environ 80 m de la plage. On se rapprochera de la plage jusqu'à venir presque s'échouer pour profiter au maximum de la protection de l'île.

Les fonds descendent rapidement en lisière du plateau rocheux qui déborde l'île à l'Est sur plus de 250 m ce qui ne facilite pas le mouillage par vent de N.W.. Il y a toujours un

Une île plate et basse, couverte de nombreux cocotiers exploités autrefois pour le coprah. Aujourd'hui l'activité principale est le tourisme grâce à un hôtel dont on voit les toits de palmes.

It is a flat and low lying island covered with coconut trees formerly used for copra. The main activity is now tourism with a palm roofed hotel.

La belle plage ouest en pente douce facilite les débarquements en annexe et les baignades. Mais par la mousson de N.W, les vagues peuvent y déferler en gros rouleaux.

The nice west beach is gently sloping down. Going ashore in a tender and bathing is easy. But when the NW monsoon is set, large rollers break on it.

Ile Denis

L'humidité et la chaleur de l'Equateur ont permis à la végétation de se développer sur le sable. Sous d'autre climat, l'île Denis ne serait qu'un banc de sable dénudé.

The heat and humidity of the weather near the equator have allowed vegetation to grow on sand. In any other climate, Denis island would just be a barren sand strip.

risque que l'ancre dérape et de voir son bateau dériver sur les grands fonds. C'est dire qu'il ne faut jamais le laisser sans surveillance.

Comme à l'île Bird, on ne vient à Denis que par beau temps bien établi car le mouillage de nuit n'est pas sûr. L'approche doit se faire de préférence dans le milieu de la journée et à marée haute.

Les oiseaux sont moins nombreux qu'à Bird island et la végétation plus dense. De nombreux cocotiers permettent une petite exploitation de l'huile de copra. Le tour de Denis par les plages est une superbe promenade.

Suivant le tirant d'eau, on mouille plus ou moins près de la plage les fonds étant assez francs. Ces eaux cristallines sont un paradis pour les amateurs de plongée sous marine.
L'hôtel dont on aperçoit les toits est implanté sur la pointe Est.

Moor close or some distance off the beach according to the draught of your sailboat, but bottoms are safe. The crystal clear waters are a paradise for divers. The hotel is built on the east point.

Comme Bird, l'île Denis est privée et il est impératif de demander l'autorisation de débarquer par VHF sur canal 16 et de se présenter à la réception de l'hôtel. Un agréable restaurant est ouvert midi et soir. La taxe de débarquement est fixée à 200 roupies par personne pour le séjour.

De grands casuarinas bordent les plages tandis que l'île est occupée intérieurement par des cocotiers dont on exploite le coprah.

Tall casuarinas line the beaches. The island is covered with coconut trees used for copra.

La main d'oeuvre rare, laisse les cocoteraies un peu à l'état sauvage.

Manpower is scarce, leaving coconut palms unattended

Comme dans l'île Bird, les propriétaires de Denis qui exploitent un hôtel de charme ont connu des déboires avec la visite de plaisanciers sans gêne et peu honnêtes. Aussi le mouillage autour de l'île est réservé uniquement aux charters ayant à bord un équipage seychellois qui garantit le respect du site et le règlement des taxes. Toutefois on peut tenter d'obtenir une autorisation de débarquement en prenant contact par téléphone avec l'hôtel avant le départ de Praslin.

De nuit : L'île Denis est signalée au nord par un feu blanc (éclat 5 sec.) visible jusqu'à 10 milles. Il est utile pour les navires qui passent au nord de Denis mais on ne peut l'utiliser pour rejoindre de nuit la zone de mouillage. Il faut attendre le levé du soleil..

Voir carte de situation en p4 et 199

DISTANCES

En milles par la route la plus courte
In nautical miles by the shortest route.

Desroches à Mahé sud :	120
Desroches à African banc :	51
Desroches à St Joseph :	24
Desroches à Marie Louise :	44
Desroches à Desnoeufs :	51
Desroches à Alphonse :	96
Desroches à Atoll de Farquhar :	300
Desroches à Aldabra île Picard :	500
Desroches à Assomption :	500
Desroches à Cosmoledo :	440
Desroches à l'île Plate :	103
Desroches à Poivre :	23
Poivre à Desnoeufs :	33
Poivre à St Joseph :	19
Poivre à la Boudeuse :	34
Poivre à Marie Louise :	28
African banc à Île Desnoeufs :	84
Desnoeufs à Alphonse :	50

THE AMIRANTES GROUP

The Amirantes group comprises twenty-four islands and islets 130 miles WSW of Mahé, stretching for 86 miles between African Banks, marked by a light at its northern extremity, and Desnoeufs Island to the south. The depth varies between 10 and 30 m and the colour of water changes accordingly. The highest point on these coral islands is only 6 m above sea level at high tide.

Coconut palms swaying in the wind are the best way of locating these islands. The waters are pale blue because of the sand banks beneath the surface. These colours contrast beautifully with the green palms.

The Amirantes group was discovered in 1502 by Vasco de Gama. These islands, of which Desroches, the biggest, is only 3,6 km2, were for centuries inhabited only by workers exploiting copra. But today a hotel has been built on Desroches island and increasing numbers of tourists fly out from Mahé and chartered yachts sail among the islands.

For security reasons, it is advisable to have a BLU radio when sailing in around the Amirantes. Mahé is too far away for rescue helicopters to make the journey. Some of the islands have airstrips, but they are only suitable for light aircraft.

ROUTES FROM MAHE TO THE AMIRANTES

From the southern tip of Mahé to Desroches :

Steer a **244°** course for **124** miles. The depth of the sea is mostly 50 to 70 m before reaching a 18 m deep shoal surrounding the central shelf. Thereafter, the depth increases to 3 000 m as far as Desroches.

From the southern tip of Mahé to D'Arros and St Joseph :

Steer a **249°** course for **130** miles. The depth of the sea is around 50 m on the central shelf then there is a shoal 14 m deep some 39 miles off Mahé. Thereafter, the depth reaches 2 500 to 3 000 m as far as St Joseph.

From the southern tip of Mahé to Alphonse :

Steer a **232°** course for **215** miles. The depth of the sea is 40 to 50 m on the Seychelles shelf. Beyond the shelf the depth reaches 2 500 to 3 000 m as far as Alphonse.

La pêche au tout gros est une occupation très appréciée des touristes qui séjournent dans les îles des Amirantes.

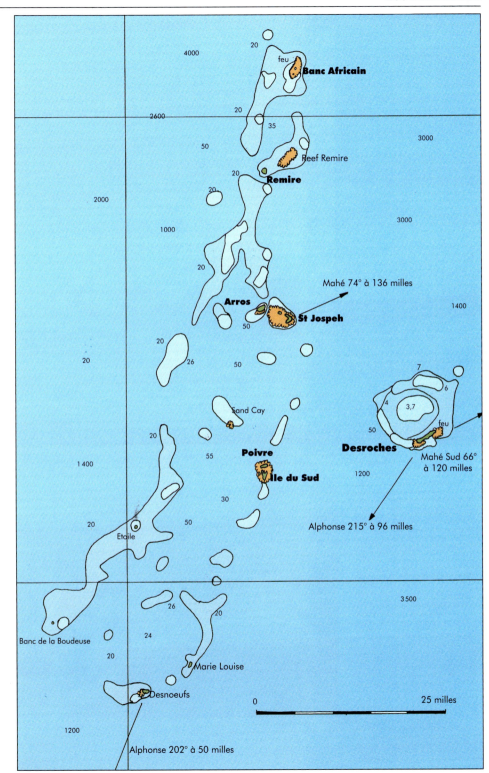

Banc Africain

feu

4000

20

20

2600

35

3000

Reef Remire

50

Remire

20

20

2000

1000

3000

Arros

St Jospeh

50

Mahé 74° à 136 milles

1400

20

20

26

50

7

6

Sand Cay

4

3,7

50

feu

Desroches

20

Poivre

Mahé Sud 66°
à 120 milles

55

Ile du Sud

1400

1200

30

20

50

Etaile

Alphonse 215° à 96 milles

3 500

26

20

Banc de la Boudeuse

24

20

Marie Louise

Desnoeufs

0

25 milles

1200

Alphonse 202° à 50 milles

Le groupe des Amirantes est composé uniquement d'îles coralliennes plates et basses, couvertes d'importantes plantations de cocotiers qui ont constitué avant le tourisme l'unique ressource. On distingue nettement la barrière des récifs qui ceinture tout l'atoll de St François que l'on voit ici de l'ouest.

The group of Amirantes islands comprise only coral islands low above the water, covered with important coconut plantations which used to be the only resources before tourism.

L'île Desroches vue de l'ouest. Des creux dans le platin de coraux laissent quelques passages pour approcher du rivage.

Ile Desnouettes seen from West. A few passes in the coral reef allow to come closer to the shoreline

LE GROUPE DES AMIRANTES

WAY POINTS :
POINTS GPS :

*Mouillage côté ouest devant
hôtel Desroches Island lodge
3° 43'20 - 55° 11'90
Mouillage côte Est. passe
Hirondelle
3° 43'20 - 55° 12'70*

Vingt quatre îles et îlots, émergeant à 130 milles dans l'W.S.W de Mahé, constituent le groupe des Amirantes qui s'étend sur 86 milles entre le Banc Africain que balise un feu à l'extrême nord et l'île Desnoeufs tout au sud. Les fonds s'enfoncent entre 10 et 30 m faisant ainsi varier la couleur de la mer. Sur ces îles coralliennes, le plus haut sommet ne dépasse pas 6 m au-dessus du niveau des hautes eaux.

Les cocotiers dont les palmes se balancent sous la brise à plus de 25 m de hauteur constituent donc les meilleurs amers pour situer ces îles. De vastes bancs de sable donnent aux eaux une belle couleur bleu pale qui forment avec le vert des cocotiers, une superbe palette de couleurs.

Ce groupe des Amirantes fut découvert en 1 502 par Vasco de Gama. Pendant deux siècles ces îles dont la plus importante Desroches ne dépasse pas 3,6 km² n'ont été habitées que par les ouvriers exploitant le coprah. Mais aujourd'hui un hôtel a été aménagé sur l'île Desroches et de plus en plus de touristes y viennent par avion de Mahé tandis que des bateaux de charter naviguent entre les îles.

Par sécurité, il est nécessaire de disposer d'une radio BLU pour naviguer dans les îles des Amirantes afin de pouvoir entrer en contact avec le port de Victoria. L'éloignement de Mahé est trop grand pour l'intervention d'un hélicoptère. Les secours ne peuvent venir que par un avion de tourisme se posant sur l'une des pistes d'atterrissages aménagées dans plusieurs îles.

LES ROUTES DE MAHÉ AUX AMIRANTES

De la pointe sud de Mahé à Desroches :

La route est au **244°** sur une distance de **124** milles. On navigue sur des fonds de 50 à 70 m avant de passer sur un haut fond de 18 m en bordure du plateau central. Les fonds descendent ensuite à plus de 3 000 m jusqu'à Desroches.

De la pointe sud de Mahé à Arros et St Joseph :

La route est au **249°** sur une distance de **130** milles. Les fonds avoisinent les 50 m sur le plateau central avant de passer sur un haut fond couvert seulement de 14 m d'eau à sa lisière à 39 milles de Mahé. Les fonds descendent ensuite entre 2 500 et 3 000 m jusqu'à St Joseph.

De la pointe sud de Mahé à Alphonse :

La route est au **232°** sur une distance de **215** milles. Elle passe sur des fonds de 40 à 50 m sur le banc des Seychelles puis sur des fonds de 2 500 à 3 000 m jusqu'à Alphonse.

En règle générale, les croisières aux Amirantes sont déconseillées en période de vents de S.E, de juin à octobre, en raison de l'état de la mer et de la précarité des mouillages. Les époques idéales se situent pendant les intersaisons. Durant la mousson de N.W, les Amirantes sont praticables mais attention aux vents tournant sous les grains.

Toutes les îles du Groupe des Amirantes hormis Arros et St Joseph sont gérées par la société para étatique : Island Developement Company, qui délivre les autorisations d'accés dans ses bureaux du port de Victoria.

All islands of the Amirantes group except for Arros and St Joseph are ruled by the state-run Island Development Company, which issues the landing permits in its Victoria offices.

CREATION OF CORAL ISLANDS

Millions of years ago, when there was a lot of volcanic activity, numerous volcanoes broke the surface of the sea. Corals developed around the granite cones which gradually sank as the sea level rose. Finally only the coral rings remained. The coral can be more than a hundred metres thick, as a result of a build up of successive layers.

AFRICAN BANKS

This is the northernmost area of land in the Amirantes, but it is so close to sea level that the sand banks are visible only a few miles away and even then only because of the 31 m high metal tower bearing a light at the northern extremity. Closer to, some groups of coconut trees which have managed to grow in the sand and salt water come into sight.

Mooring is not normally permitted on the African banks, but, in case of difficulties one can lay anchor on the west side of the pylon and go ashore on the large beach of fine sand as long and as wide as Beauvallon beach on Mahé.

In southeasterlies the island provides protection from the swell but not from the wind. Conversely, the mooring is untenable in NW winds.

During the nesting season, there are thousands of birds on the African Banks.

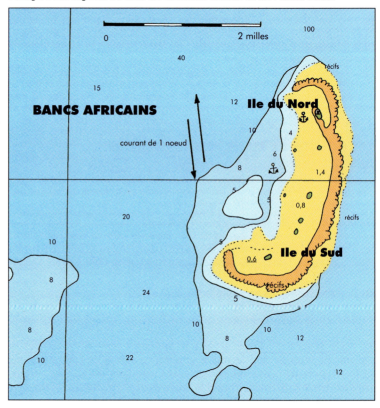

At night : The light pole bears a white light very quick flashing 10 secondes ranging 10 miles. It only helps ships sailing north of the Amirantes group but this light is out of order since 1997.

REMI ISLAND

This small islet belongs to a private company. It lies 15 miles south of the light on African Banks. It is possible to find some shelter from the swell, which nevertheless tends to sweep round the island. Landing is difficult due to waves breaking on the beaches. Access to the Remi Island is strictly forbidden when the President comes for holydays.

At nigh : The island is located by a white flashing light

POINTS GPS WAY POINTS

Mouillage de l'Ile du Nord
4° 52'80 - 53° 23'20
Mouillage ile du Sud
4° 54'65 - 53° 22'60
Ile Remire
5° à74 - 53° 18'.

La lisière de l'atoll descend parfois très rapidement dans les grands fonds sous marins. La sonde peut indiquer plus de 500 m à moins d'une demi mille du rivage, ce qui rend le mouillage délicat d'autant plus que la mer déferle fréquemment aux abords de ces brutales remontées sous marines.

The shoreline of the atoll falls steeply into the deep seas. The sounder can read more than 500 m half a mile off the shore, which makes mooring difficult especially when breakers roll over the bottom which comes up quickly.

Le rivage des îles couvertes de cocoteraies très denses, sont ourlées d'une étroite et belle plage blanche presque rectiligne. Les pluies parfois abondantes sous l'Equateur maintiennent une végétation très luxuriante.

The shores are covered with sense coconut forests and are lined with narrow and white sand beaches. The heavy rainfalls near the Equator boost the growth of luxurious vegetation.

211

LA FORMATION DES ÎLES CORALLIENNES

Il y a des millions d'années, l'activité volcanique était très intense et les sommets des volcans émergeaient à la surface de la mer. Les coraux se développaient autour des cônes de granit qui peu à peu se sont effondrés tandis que le niveau de la mer montait. Il n'est plus resté finalement à la surface de l'eau que des anneaux de roches coralliennes dont l'épaisseur peut atteindre plus d'une centaine de mètres car le corail vivant y meurt et forme un sédiment qui s'accumule sans cesse en couches successives.

Ces 3 schémas montrent le principe de formation d'un atoll corallien au milieu des grandes profondeurs de l'Océan Indien qui dépassent les 5 000 m 1 le volcan émergé à la surface de l'océan est entouré d'un anneau de corail partiellement vivant. 2 - le volcan s'affaisse et les eaux montent au cours des millénaires. Le corail continue à proliférer. 3 - le volcan est sous plusieurs centaines de mètres de corail en grande partie sédimenté. Il ne reste plus en surface qu'une île ou l'anneau d'un atoll.

These three drawings show the building-up of a coral atoll in the middle of the high seas of the Indian Ocean where waters are 5 000 m deep. 1 – the volcano breaks the surface and is partly surrounded by a ring of living corals. 2 – the volcano subsides and the waters go up for thousands of years. The coral keeps proliferating. 3 – the volcano is now under many hundred meters deep coral, mostly made of sediments. There remains on the surface either an island or the coral ring of an atoll.

LE BANC AFRICAIN

Ce banc est la première terre qui émerge au nord des Amirantes, mais il émerge si peu qu'à moins de quelques milles les bancs de sable sont invisibles. On ne les localise qu'à la tour métallique haute de 31 m qui porte un feu à l'extrême nord du banc. En approchant on distingue mieux les quelques touffes de cocotiers qui ont réussi à pousser sur cet univers de sable et d'eau salée.

Normalement les mouillages ne sont pas autorisés sur le banc Africain qui est une île protégée, soumise à la délivrance d'une autorisation spéciale d'accès. Mais en cas de difficulté, on peut venir jeter l'ancre dans l'ouest du pylône et approcher assez près de la plage de sable fin comme du talc qui est aussi longue que la grande plage de Beauvallon dans l'île de Mahé.

L'abri n'est pas trop mauvais par vent de S.E. Bien que l'île très basse n'assure aucune protection contre la brise, la mer reste plate. En revanche ce mouillage est nul par les vents opposés de N.W.

À l'époque de la nidification des milliers d'oiseaux viennent couver sur le banc Africain.

De nuit : Le pylône du phare montre un feu blanc scintillant rapide 10 sec. visible jusqu'à 10 milles. Il sert uniquement aux navires à passer au nord du groupe des Amirantes. Mais ce feu n'est plus en servic e depuis 1997

L'ÎLE REMI

Ce petit îlot qui présente l'aspect d'un banc de sable bien plat entièrement recouvert de cocotiers et coupé diamétralement par une piste pour des petits avions, émerge à 15 milles au sud du feu du banc Africain. Il est possible de s'y abriter partiellement de la houle bien qu'elle ait tendance à contourner l'île. Mais les débarquements sont délicats, les vagues déferlant sur le sable du rivage. Un petit hôtel a été aménagé sur la petite île de Remire qui offre de très beaux tombants pour la plongée sous marine. Les eaux tout autour de l'îlot renferment de nombreux poissons et le site est particulièrement favorable pour la pêche au tout gros.

L'accès à l'île Remi peut être strictement interdit lorsque le Président réside dans l'île pour ses vacances.

De nuit : L'île se repère à un feu scintillant blanc visible jusqu'à 10 milles.

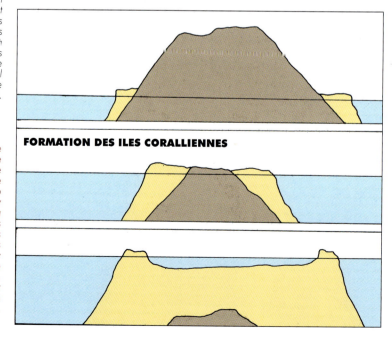

FORMATION DES ILES CORALLIENNES

L'atoll St Joseph vu du sud
En premier plan l'île St Jospeph.
A droite l'île Fouquet et au loin à
l'horizon l'île D'Arros.
*Saint Joseph atoll seen from
south. In the foreground Saint
Joseph island, to the right
Fouquet island and, in the
distance, Arros island*

En dehors du tourisme la seule
activité est l'exploitation du
coprah. Les noix découpées sont
cuites sur place dans des fours
avant d'être écrasées pour en
extraire l'huile.

*Besides tourism, the only resource
is copra. The nuts are cut to
pieces and cooked in ovens
before being crushed to squeeze
the oil out of them.*

Voir carte de situation en p 4 et 207

POINTS GPS
WAY POINTS

Mouillage nord de D'Arros
5° 24'65 - 53° 17'85
Mouillage N.E de D'Arros
5° 24'60 - 53° 18'20
Entrée Passe Pontié
5° 26'90 - 53° 22'
Perche lisière côte N.W de St
Joseph
5° 25' - 53° 19

D'ARROS AND SAINT JOSEPH ISLANDS

These two islands lie 33 miles south of African Banks and 137 miles on a 254° course from the southern tip of Mahé. They are separated by a channel which is only 1100 m wide.

D'ARROS ISLAND

West of St Joseph, Arros island is perfectly oval shaped and is 2000 m long and 1000 m across. The shore has no coves and is lined with a beach of constant width. Hedges of casuarines growing along the coast protect the coconut groves in the centre of this flat island from the strong winds.

There is only one small rocky headland on the western side of the island which is surrounded by a rocky reef 350 m wide. Moor close to the rocks because the depth increases quickly.

In northwesterlies, moor on the SE coast 200 m off the beach, where there is a small break in the shelf in front of a large shelter for pirogues. Holding is poor on the hard coral sand. Take care that the anchor is secure, because of the risk of grounding on the coral reef breaking the surface around the sister island of St Joseph. In this narrow passage, north/south tidal streams car reach 3 to 4 knots. This should be borne in mind when choosing a place to moor.

In January, the wind often veers suddenly to the SW for a period of several hours. There is again a risk of being blown onto the rocks. Mooring at night on the SE coast of Arros on the windward side of St Joseph is not advisable.

Landing at Darros Island, a private property, is prohibited, at least in the N.E part where the owners live in a nice villa. On the contrary, landing is allowed at Saint Joseph atoll where the large lagoon is more attractive.

<u>Radio links with the camp site are on VHF channel 16.</u>

In southwesterlies, moor on the west coast facing some buildings gathered around a small tower. There are currents at this moorage, where the bottom is coral sand. Depending on the wind, mooring is also possible west of the cemetery on the NE tip of the island.

From the camp site, there are numerous paths leading all over the island.

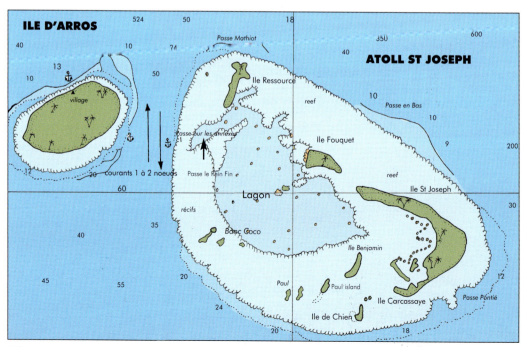

ILES D'ARROS ET SAINT JOSEPH

Ces deux îles qui émergent à 33 milles au sud du banc Africain et à 137 milles dans le 254° de la pointe sud de Mahé, sont séparées par un passage large seulement de 1 100 m.

ILE D'ARROS

A l'ouest de Saint Joseph, l'île d'Arros forme un ovale presque parfait de 2 000 m de longueur sur 1 000 m de largeur. Le rivage qui ne dessine aucune crique, est bordé d'une plage d'une largeur constante. Des haies de casuarinas le long du bord de mer protègent des vents forts les plantations de cocotiers qui occupent tout l'intérieur de l'île parfaitement plane.

La seule petite avancée de roches se situe à l'ouest de l'île qui est entièrement ceinturée par un plateau de récifs dont la largeur atteint jusqu'à 350 m. Il faut mouiller très près de la lisière des roches car les fonds descendent rapidement à de grandes profondeurs.

Par vent de N.W, on viendra mouiller sur la côte S.E à moins de 200 m de la plage dans un léger creux du plateau en avant du grand bâtiment d'un abri pour les pirogues. L'ancre croche plus ou moins bien dans un sable de corail assez dur. Attention à bien contrôler sa tenue car si elle venait à déraper, il ne faudrait pas longtemps pour que le bateau viennent talonner et s'échouer sur le vaste plateau de récifs affleurant qui entoure toute l'île voisine de St Joseph. Dans ce passage étroit, les courants de marée orientés nord/sud peuvent atteindre jusqu'à 3 à 4 nœuds. Il ne faut pas l'oublier en choisissant son mouillage.

En Janvier, il n'est pas rare que les vents tournent et passent brutalement au S.W pendant plusieurs heures. On risque là encore de talonner des roches. Le mouillage sur la côte S.E d'Arros, au vent de St Joseph n'est pas à recommander pour la nuit.

Les débarquements dans l'île Darros qui est une propriété privée sont théoriquement interdits tout du moins dans la partie N.E où les propriétaires possèdent une belle villa En revanche il est possible de débarquer dans l'atoll St Joseph qui avec son vaste lagon présente un plus grand attrait touristique.

L'île D'Arros vue de l'ouest. Elle est entièrement ceinturée par un large anneau de sable. Un chenal assez large et profond la sépare de l'atoll de St Joseph. On remarque bien la piste pour un petit avion qu'utilise les propriétaires de l'île.

Ile Arros, entirely circled with sand, seen from West. A rather wide and deep channel separates the island from Saint joseph atoll. Notice the airstrip used by the island owners.

POINTS GPS :
WAY POINTS :

Mouillage nord de Arros
5° 24'50 - 53° 18'

Par vent de S.E, on viendra mouiller sur la côte N.W. en avant de quelques bâtiments groupés autour d'une petite tour.

Les **courants** restent assez sensibles sur cette zone de mouillage qui présente des fonds de sable corallien. Suivant l'orientation des vents, on peut également venir mouiller un peu dans l'ouest du cimetière de la pointe N.E.

Du campement, plusieurs chemins permettent de se promener dans toute l'île. Les liaisons avec l'île se font par BLU. La fréquence pour les liaisons par Seychelle Radio est 7696.

SAINT JOSEPH ISLAND

St Joseph atoll consists of a ring of coral breaking the surface all way round. The V-shaped main island lying to the east is 2500 m long. It is lined to the east by a long beach and to the west, on the lagoon side, by mangroves.

Dans ces atolls pratiquement déserts , les oiseaux à l'époque de la reproduction peuvent venir y nicher par milliers.

Swarms of birds nest during the breeding period on these uninhabited atolls.

There are also four smaller islands and ten islets within the large coral reef. Unfortunately, there are no channels suitable for yachts. Only tenders with outboard motors can go over the shallows into the lagoon stretching over a beautiful sandy bottom. in high tide.

St Joseph is a favourite place for frigate birds circling above the lagoon which is rich in fish. There are often hammerhead sharks swimming around and rays hidden under a thin layer of sand can be seen swimming away. Mangroves stretch to the SE of the camp site, 1700 m away from the SW tip of the main island. You can visit the mangroves along a winding channel. It is a wild and surprisingly beautiful place, where colonies of birds nest.

L'atoll de St Joseph vu du N.W. En premier plan l'île Ressource, et vers le haut, l'île Fouquet et l'arc de l'île St Joseph ou Cassassaye. La flèche situe la passe praticable en annexe.

Saint Joseph atoll seen from North. Ile Ressource in the fore ground; upwards Ile Fouquet or Cassassaye. The arrow shows the pass for a tender only

In north-western winds the only available anchorage is SE of St Joseph near the channel of **Pontré** (53° 22'E and 5° 26' 50" on GPS). In this area the reef is 700 m wide, which does make landing easy. It is difficult to steer round the SW tip and **Grand Cacassaye** with a tender. This anchorage is not very safe. There is also good anchorage along the NE reef about half way down the reef during SE winds. The reef can be crossed safely by dinghy at medium to high tides.

L'ATOLL DE SAINT JOSEPH

L'atoll St Joseph est formé d'un large anneau de corail partout affleurant d'où émerge à l'Est l'île principale en forme de triangle qui s'étend sur 2 500 m. Elle est bordée à l'Est par une longue plage et à l'ouest sur le lagon par des mangroves.

Quatre îles secondaires et une dizaine de petits îlots émergent également du vaste plateau corallien. Malheureusement cet anneau de récifs ne présente aucune passe navigable pour les bateaux de croisière. Seules les annexes à moteur hors bord peuvent franchir ces hauts fonds à marée haute, pour pénétrer dans le lagon qui s'étend sur de beaux fonds de sable blanc

Par vent de N.W, le seul mouillage praticable se situe au S.E de St Joseph au voisinage de la Passe **Pontré** soit au GPS par 53° 22'E et 5° 26' 50'' S.

Au nord, dans le chenal entre D'Arros et St Joseph, un petit passage dans la barrière de récifs, praticable uniquement en annexe, permet de rentrer dans le lagon et de rejoindre la pointe sud de l'île **Ressource**. Le plateau de récifs est large en ces parages de 700 m ce qui ne facilite pas les débarquements mais il serait plus difficile encore de contourner en annexe la pointe S.W et l'île de **Grand Cacassaye**. On trouve également un mouillage convenable en lisière N.E des recifs par vent de S.E. Il est possible de passer sur les récifs en annexe après la mi-marée montante.

Pendant la mousson de N.W, par temps à gros grains, les mouillages sur d'Arros et St Joseph peuvent être intenables. On peut adopter la méthode de rester à la cape sous le vent de l'atoll.

St Joseph est une île appréciée par les frégates qui tournoient en permanence dans le ciel au-dessus du lagon très poissonneux Il n'est pas rare d'y voir évoluer quelques requins marteau ou décoller des raies qui se dissimulaient sous une fine couche de sable. La mangrove s'étend dans le S.E du campement à 1 700 m de la pointe S.W de l'île principale. On s'enfoncera entre les palétuviers par un chenal qui décrit quelques boucles. Un site très sauvage, d'une surprenante beauté où nichent des colonies d'oiseaux

L'île Ressource vue du N.E.

Ressource island seen from the N.E.

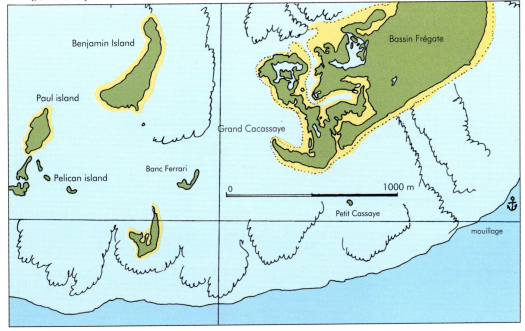

POINTS GPS :
WAY POINTS :

Mouillage Passe Hodoul
5° 40'45 - 53° 41'50
Mouillage Passe Thérése
5° 41'25 - 53° 40'95
Mouillage du Bois Blanc
5° 41'50 - 53° 39'10
Mouillage Passe Victoire
5° 41'70 - 53° 40'17
Passe Miraille Bon Dieu
5° 41'95 - 53° 38'90

Des eaux transparentes particulièrement favorables à la le plongée sous marine.

Clear water is a must for skin diving

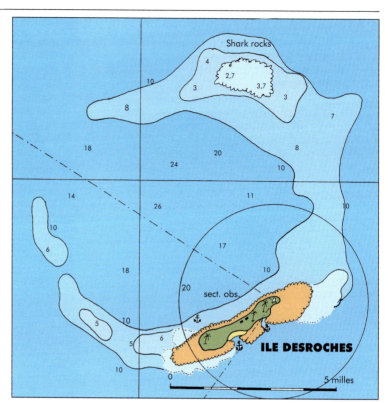

ILE DESROCHES

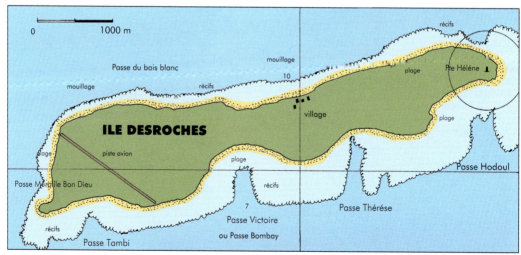

ILE DESROCHES

Les pêcheurs locaux utilisent de grandes nases en palmes tressées pour capturer les poissons sur les nombreux hauts fonds.

Local fishermen use big keepnets made out of woven palms to capture fishes over numerous shoals

L'ÎLE DESROCHES

Desroches est l'île la plus à l'Est mais aussi la plus fréquentée par les touristes de tout l'archipel des Amirantes. Contrairement aux autres îles des Amirantes, du fait de sa grande longueur, Desroches offre plusieurs mouillages fort bien abrités.

Située à **118** milles de Mahé dans le **245°** de la pointe sud de Mahé, l'île Desroches longue de 6,2 km ne dépasse pas 500 m dans sa partie la plus étroite. Parfaitement plane et basse sur la mer, elle est partout recouverte de plantations de cocotiers que d'épaisses haies de casuarinas protègent des vents forts. Ces haies ceinturent toute l'île en arrière d'une belle plage de sable fin dépassant les 15 km de pourtour. C'est dire que les possibilités de baignade dans la plus grande intimité ne manquent pas. Au village au milieu de la côte nord, à une trentaine de petits bâtiments autour d'une chapelle et d'un dispensaire s'ajoute sur la côte ouest le complexe touristique de Desroches Islands lodge tout proche de la piste d'atterrissage.

Sur la côte sud, trois passes permettent de se rapprocher nettement du rivage et de mouiller en toute sécurité par vent de N.W. La passe **Victoire** se situe sensiblement au milieu de cette côte sud. On peut s'y enfoncer sans crainte, la profondeur dépassant généralement les 6 à 8 m dans l'entrée pour venir presque s'échouer sur un beau fond de sable recouvrant des eaux cristallines. Il n'y a la place que pour 2 ou 3 bateaux. La houle peut se faire sentir mais l'abri reste sûr.

La **passe Thérèse**, un mille plus à l'Est permet de s'avancer encore plus près de la plage. Il n'est pas recommandé de s'y engager avec un bateau de croisière. Quant à la troisième **passe d'Hodoul**, elle est nettement plus rouleur car la houle a tendance à contourner la pointe **Hélène**, la plus Est de Desroches. Le pylône du feu haut de 32 m à la pointe Hélène est naturellement le meilleur amer sur cette île plate et basse.

Par vent de S.E, le mouillage principal se situe sur la côte nord en avant du village dont on localise les maisons à un bon mille au large. Une croix, en bord de plage est un bon point de repère pour venir mouiller à 400 m en avant de la plage par 15 à 20 m. Attention à la présence de quelques pâtés de corail mais on trouve de larges plaques de sable. Les corps morts sont privés et ne doivent pas être occupés sans avoir demandé l'autorisation à terre car ils appartiennent à des bateaux de l'île qui sont sortis pour quelques heures en mer.

Attention à une tête de roche qui n'est couverte que de 4,10 m d'eau dans l'ouest de l'île. On peut également mouiller dans la **passe du Bois Blanc** en avant de l'hôtel Desroches island lodge à 500 m dans l'Est de la pointe extrême N.E de l'île. Le point GPS est environ par 53° 30' 05" E et 5° 41' 30" S.

La côte N.W. offre encore un mouillage convenable par vent de S.E car la pointe extrême S.W de Desroches casse très efficacement la houle. La passe **Muraille Bon Dieu** permet de se rapprocher de la plage de l'hôtel Island Lodge. On se placera au GPS par 5° 41' 56" S. et 53° 38' 50" E. Attention aux nombreuses têtes de corail.

On veillera en venant du S.E à arrondir la pointe S.W de Desroches à au moins 1 000 m pour parer le plateau de coraux.

Par vent de N.W, le mouillage de Muraille Bon Dieu est intenable mais si le vent vire au N.E, il reste praticable en se rapprochant le plus possible du banc.

On peut entrer en contact avec l'hôtel **Island Lodge** par BLU sur 7 696 kHz et en VHF sur canal 16.

Attention à 6 milles au nord de l'île de Desroches, au haut fond de **Shark Rocks** qui forme la partie nord de l'anneau corralien. Ces hauts fonds sont couverts seulement de 2,50 m et constituent un réel danger lorsque la mer est agitée.

De nuit : La pointe **Hélène** au N.E de l'île Desroches montre sur une tour un feu blanc (éclat long 10 sec.) visible jusqu'à 10 milles entre 120° et 036°. Il constitue un bon feu d'atterrissage pour les plaisanciers qui viennent de Mahé et approchent de Desroches dans la nuit. Mais il faut attendre le lever du jour pour rejoindre un des mouillages.

Voir carte de situation en p 4 et 207

SHARK ROCKS

Attention à 6 milles au nord de l'île de Desroches au haut fond de Shark Rocks qui constitue la partie nord de l'anneau corralien . Ces hauts fonds sont couverts de 2,50 m et constituent un réel danger lorsque la mer est agitée.

Caution, 6 miles north of Desroches island, Shark Rocks shoal are the northern part of the coral ring. Shoals are covered by 2.5 m water and are a hazard when the sea is rough.

Desroches est considéré par les spécialistes comme l'un des meilleurs sites de plongée sous marine de l'Océan Indien pour ses eaux cristallines et ses myriades de poissons multicolores. On peut également y explorer des grottes et des canyons entre 15 et 45 m.

Desroches est aussi une bonne base de départ pour la pêche au tout gros. Un Black Marlin de 610 livres a été pêché dans ces eaux en 1996. Un record mondial.

Desroches is considered as one of the best skin diving spot in the Indian Ocean. Water is crystal clear and myriads of multicoloured fishes may be seen as well as caves and canyons between 15 and 45 m

Desroches is a good starting point for big game fishing. A 610 pound black marlin has been caught in 1996. A world record

*On distingue bien sur la côte sud de Desroches les anses qui offrent une possibilité de mouillage.
La première fléche situe l'anse Victoire le meilleur abri de l'île.*

Coves offering good mooring opportunities can be seen South of Desroches. The first arrow shows Anse Victoire providing the best shelter.

La piste d'aviation a permis un réel développement touristique en assurant des liaisons rapides avec Mahé.

The airstrip contributes to the tourism development, providing a fast connection with Mahé

Caution : There should be a warning of big swells around the perimeter reef of Desroches in rough weather, even if you are a long way out from the island itself

Attention : Il faut prendre garde à une forte houle tout autour de Desroches par mer agitée, même si l'on est encore assez loin de l'île.

DESROCHES ISLAND

Desroches is the easternmost island of the Amirantes and the most popular with tourists. Unlike the other islands of the Amirantes, Desroches, because of its long shores provides a lot of well sheltered moorings.

Desroches island lies 118 miles from Mahé on a 245° heading. It is 6,2 km long and only 500 m wide at the narrowest point. Completely flat and barely above sea level, it is covered with coconut groves sheltered from the wind by thick hedges of casuarines. The island is surrounded by these hedges behind a beach of fine sand stretching along the 15-km coastline. This provides endless possibilities for bathing in complete privacy. On the north coast there is a village with thirty small houses and a clinic grouped around the church. On the west coast there is a tourist complex close to the airstrip.

On the south coast, three channels make it possible to sail close to the shore and to moor securely in the prevailing northwesterlies. The Victoire channel or Bombay pass is half way along the south coast and can be entered quite safely, the depth being between 6 and 8 m. The bottom is sandy and the water crystal clear, but the reef on the two edges is very shallow and the wazves can break over it.

*Un grand yacht au mouillage
à distance de la côte sud de
Desroches.*

*A large yacht anchored away
from Desroches south coast*

*La pointe extrême ouest de
Desroches. Les grandes
plaques sombres sont
constituées
en majeure partie d'herbes
qui peuvent faire parfois
déraper les ancres.*

*Desroches west far pointe.
Large dark patches are made
our of weed where anchors
may not hold*

L'île Desroches vue du N.W.

*Desroches isxland seen from the
N.W.*

*Un sable fin comme du talc, de
grands palmiers qui forment de
gigantesques parasols pour le
soleil, des eaux transparentes
comme du cristal, tout est réuni
pour passer des heures à rêver.*

*Sand as fine as talcum powder,
big palmtrees as umbrellas,
cristal clear water make it a
dream*

Voir carte de situation en p 4 et 207

The **Passe Thérèse** channel, one mile to the east, goes even closer to the beach. The third channel, Passe d'Odoul, is however much more uncomfortable because of the surge coming round Pointe Hélène, to the far east of Desroches. The conspicuous light pylon 32 m high on top of Pointe Hélène is the best landmark on this low-lying island.

In southeasterlies, the main anchorage is in front of the village with houses that are conspicuous well over a mile away. Anchor 100 m off the beach in 10 to 20 m. Care is needed of some coral banks though the bottom is mostly sandy. The buoys are private and should not be used without permission since they are in constant use by island sailing boats.

Care is also needed to the west of the island, where the coral is only 4,10 m below the surface.

Mooring is also possible in the **Bois Blanc** channel in front of a hotel 500 m from the NE tip of the island. The GPS position is about 53° 30' 05" E and 5° 41' 30" S.

The N.W coast provides another safe mooring when southeasterly winds are set because the extreme SW headland of Desroches is effective in breaking up the swell. **Muraille Bon Dieu** channel makes it possible to sail close to the beach in front of Island Lodge Hotel. The GPS position is 5° 41' 56" S and 53° 38' 50" E.

Take care to steer at least 1000 m clear of the SW headland of Desroches when coming from the SE.

In northwesterlies, this mooring is untenable, but if winds veer south-easterly, mooring should be possible close to the shelf.

At night : Helen point at the NE tip of Desroches island bears on a tower a white light (long flashing 10 secondes) ranging 10 miles between 120° and 036°. It is well conspicuous at night for boats sailing from Mahé to Desroches. But it is advisable to wait for sunrise to reach the moorings.

Island Lodge Hotel can be contacted by radio BLU : 7 696 kHz. VHF : channel 16.

On peut trouver un mouillage convenable à distance du platin rocheux qui ceinture toute l'île.

A good anchorage far away of the rocky scale.

Caution : When approaching from Mahé, there is a tendency to come in close to the NE point of the island if you are heading to the settlement or the hotel anchorage on the north coast. This is dangerous as large swells can break on the perimeter reef even up to one nautical mile away from the island

Attention : En approchant sur Desroches en venant de Mahé, on a tendance à venir un peu trop près de la pointe N.E si l'on a mis directement le cap sur le mouillage du village ou l'hôtel sur la côte nord. Une grosse houle peut briser dangereusement sur les hauts fonds à un mille de l'île

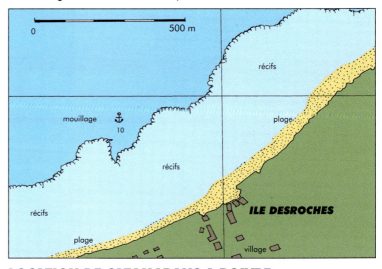

LOCATION DE CATAMARANS A POIVRE

Il sera possible prochainement de rejoindre en 45 minutes à bord d'une vedette rapide l'île de Poivre pour y louer un catamaran de croisière avec équipage. Les liaisons en avion entre Mahé et Desroches, une heure de vol, ont lieu les lundis, mercredis, vendredis, samedis et dimanches. Départ à 13 h 45 et retour à 15h 15. Prix environ 260 euros en pax.Une jetée à Poivre près d'un nouveau lodge avec un chenal dragué permettra de venir s'approvisionner en eau et carburant. Les catamarans sont équipés d'un dessalinisateur. Renseignements auprès de **Dream Yacht** à Praslin.

PLATE ISLAND

It emerges 65 miles in the 188° course of the south point of Mahé. This oval-shaped coral island is 1 300 m long and 600 m across, and completely covered with coconut trees. An airstrip cuts it in the middle.

The village is on the west coast. Two white poles, 4 m high, can be seen to the north and south of the island close to the beach. Sail on the **36°** course to the north pole near the shore to reach the mooring zone 8 to 10 m deep to the west of the south point of the island. Normally, buoys mark up the channel along the coral reef. If not keep the 36° course up to the mooring zone sheltered by the coral reef and 3,5 m deep which is on the **72°** of the boat shelters of the village. Anchoring is good holding in sand and seaweed. Depth is 1,4 m at high tide and 0,5 m at neap tide.

**POINT GPS
WAY POINTS**

*Mouillage en avant du village
5° 41'00 - 53° 40'30*

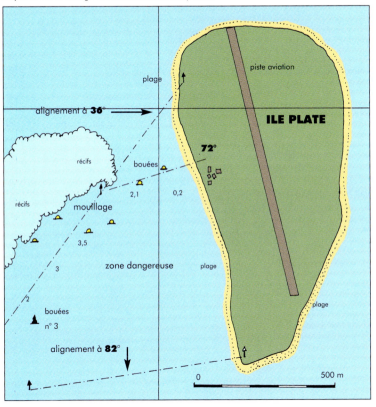

Labels on map: plage, alignement à **36°**, récifs, bouées, 2,1, 0,2, récifs, mouillage, 3,5, 3, zone dangereuse, plage, 2, bouées n° 3, alignement à **82°**, piste aviation, **ILE PLATE**, **72°**, plage, plage, 0 — 500 m

Dans toutes ces îles chaque printemps, des milliers voire des millions d'oiseaux viennent nidifier et repartent à l'été.

Thousands, millions of birds gather in these islands to nest in spring before departing in summer

ILE PLATE

Elle émerge à 65 milles dans le 188° de la pointe sud de Mahé. Cette île corallienne longue de 1 300 m et large de 600 m de forme ovale, est entièrement couverte de cocotiers et coupée par une piste d'avion.

Le village se situe sur la côte ouest. Deux balises blanches hautes de 4 m, sont plantées au nord et au sud de l'île en bord de plage.
On fait route au **36°** sur la balise nord ou la lisière du rivage pour approcher de la zone de mouillage qui, profonde de 8 à 10 m, se situe dans l'ouest de la pointe sud de l'île. La balise est alors relevée au 82°. Normalement plusieurs bouées délimitent le chenal qui longe la barrière de récifs A défaut, on conservera sa route au 36° jusqu'à la zone de mouillage mieux abritée par les récifs et profonde de 3,50 m qui se situe dans le 72° du hangar à bateaux du village. L'ancre croche dans le sable et les algues.
La hauteur d'eau est de 1,40 m à la pleine mer et de 0,50 m en basse mer.

Poivre island

POINTS GPS :
WAY POINTS :

Mouillage N.W de l'île Poivre
5° 44'30 - 53° 17'90
Mouillage entrée du chenal
S.E de l'île Poivre
5° 44'10 - 53° 19
Mouillage dans l'ouest de la
passe Florentin
53°17,30 - 5°45,60

Une étroite chaussée empierrée
parfaitement rectiligne relie
Poivre à l'île du Sud. Elle peut
être empruntée par des tracteurs
mais elle recouvre entièrement à
marée haute.

A narrow stone straight road links
Poivre island to South island
when the tide is low.

L'île Poivre porte le nom de
Pierre Poivre intendant de
l'Ile de France, aujourd'hui la
Réunion.
Agronome, il avait recueilli
aux Molusques des plants de
cannellier, de giroflier et
d'une épice qui porte son
nom.

Poivre (Pepper) island takes
his name from Pierre Poivre
former governor of Ile de
France, nowadays La
Réunion island. As an
agronomist, he brought back
cinnamon, clove plants from
Moluccas

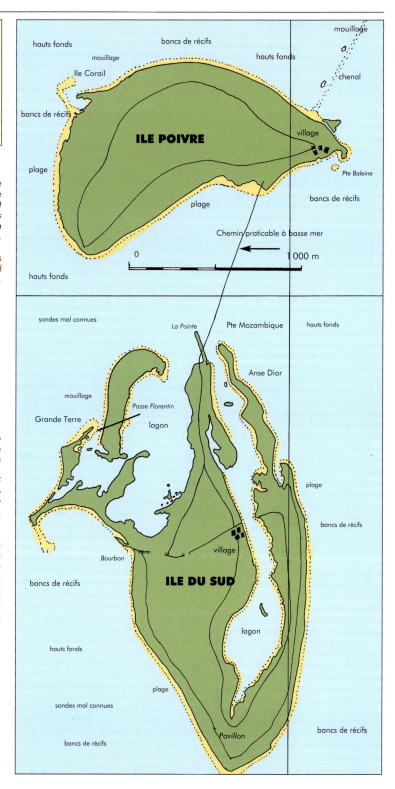

L'ÎLE POIVRE

Cette île se situe à 21 milles dans le 259° de la pointe Nord de l'île Desroches par laquelle on passe nécessairement en venant de Mahé. L'atoll qu'elle forme avec l'île du Sud est un véritable petit paradis pour la plongée sous marine. Une multitude de poissons multicolores y flânent en permanence. À l'extérieur de la barrière de corail, les fonds descendent rapidement et il n'est pas rare d'y voir rôder quelques requins. Mais le mouillage n'est praticable que par beau temps.

De forme ovale, avec un rivage peu découpé, très plate comme toutes les îles des **Amirantes,** Poivre ne dépasse pas 1700 m d'Est en Ouest et 750 m dans sa plus grande largeur. Elle est entièrement couverte de plantations de cocotiers et ceinturée par un cordon de sable et de corail interrompu que par la petite anse **Corail** au N.W. La pointe **Baleine** à l'Est est occupée en partie par le campement des employés qui travaillent à l'usine de coprah. Une vingtaine de petits bâtiments avec un dispensaire et un magasin à vivres.

On accède au rivage en face du campement par un chenal long d'environ 800 m balisé par des piquets depuis la lisière du plateau de corail où l'on viendra mouiller par vent de S.E. Cette zone de mouillage se situe sensiblement par 53° 18'50'E et 5° 44'20'S.Les vents forts de S.E balaient le plan d'eau mais la houle est cassée par le vaste plateau de récifs plus ou moins découvrants. Le mouillage reste toutefois un peu rouleur et les **courants** peuvent y atteindre 3 à 4 nœuds. Une bonne raison pour s'assurer que l'ancre tient bien dans les coraux. Le chenal n'est praticable qu'en annexe. Il rejoint la plage où l'on aperçoit de loin l'abri des pirogues.

On peut également mouiller par vent de S.E dans le N.W de l'île Poivre toujours en lisière du plateau rocheux où l'on repère quelques plaques de sable blanc. Le plan d'eau est moins rouleur. A marée haute, on peut en annexe rejoindre l'anse de l'**île Corail** accessible par une petite passe large de moins de 50 m.

Au sud de l'île Poivre émerge la grande **île du Sud** que pénètre un vaste lagon dans presque toute sa longueur et que déborde au N.W la langue de sable de l'**île Florentin** qui ferme à l'ouest un second lagon. Un rivage tourmenté, très découpé que l'on rencontre peu souvent dans les îles coralliennes .

En revanche, les terres émergées sont comme partout parfaitement planes et couvertes de plantations de cocotiers, tandis que le rivage est constamment ceinturé d'un large cordon de sable blanc. Cette île du Sud formerait un superbe mouillage si son accès n'était pas barré par un vaste plateau de récifs qui affleure jusqu'à plusieurs centaines de mètres du rivage et interdit tout accès même en annexe.

Les fonds découvrent entre Poivre et l'île sud au point que l'on peut aller à pied sec d'une île à l'autre mais on prendra garde à ne pas se laisser surprendre par la montée des eaux dans l'île du Sud. Il est plus prudent d'attendre la marée haute pour s'y rendre en annexe et l'on profitera de la basse mer pour se promener autour du lagon.

Par vent de N.W, l'accès de l'**île du Sud** est délicat car le mouillage est très éloigné du rivage. On viendra se placer dans l'Est du milieu de la côte Est de l'île sud mais le plateau de récifs est là encore large de 500 m et les fonds en lisière descendent en pente raide. Attention en décembre et janvier aux sautes de vents sous les grains. Les vents tournent et peuvent entraîner le bateau sur les hauts fonds. On trouve un bon mouillage le long des récifs de la côte Est de l'île Sud par vent de N.W.

SANDY CAY

Au S.W de l'île Poivre à 7,5 milles dans le 213° émerge le banc de sable de Sandy Cay long d'une centaine de mètres seulement qui se situe au centre d'un plateau de récifs coralliens s'étendant d'Est en ouest sur 2 300 m et sur 1 500 m du nord au sud. Le banc central se situe par 5°59,40 Sud et 53°14,25 Est.

7 nautical miles, SW of Poivre island in 213°, surfaces Sandy Cay sandbank 100 m long located in the middle of coral reefs stretching 2,300m from east to west and 1,500 m from north to south. Coordinates: 5° 59.40 S 53° 14.25 E

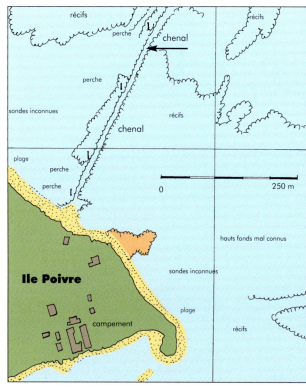

DISTANCES

En milles par la route la plus courte
In nautical miles by the shortest route

Poivre à Desnoeufs :	33
Poivre à St Joseph :	19
Poivre à la Boudeuse :	34
Poivre à Marie Louise :	28
African banc à Île Desnoeufs	84
Desnoeufs à Alphonse :	50

POIVRE ISLAND

This island is 21 miles on a 259° heading from the northern tip of Desroches island on the way from Mahé. The atoll it forms with Ile du Sud is a real paradise for snorkelling, with a wealth of colourful fish. Beyond the coral reef, the bottom falls away rapidly and sharks and barracudas are often seen lurking in these waters.

Oval-shaped, with a slightly indented shore, and very low-lying like most islands in the Amirantes, Poivre is no more than 1 700 m from east to west and 750 m at its widest. It is completely covered with coconut plantations and lined by a sandy shelf broken by the little **Anse Corail** cove in the north west. To the east, the **Baleine** cape is partly taken up by the camp of the employees of the copra oil factory. There are 20 small buildings, a clinic and a warehouse for foodstuffs.

To reach the shore in front of the camp sail along the 800 m wide channel marked with poles starting from the edge of the coral reef and moor there in southeasterlies.

The mooring zone is 53° 18'50"E and 5° 44' 20". Strong south-eastern winds blow over this stretch of water but the swell breaks up on the wide coral reef partly breaking the surface. The anchorage remains however a little uncomfortable and **currents** can reach 3 to 4 knots. They are strong enough to make it necessary to find good holding in the coral bottom. The channel is only passable with a tender. It leads to a beach where a shelter for pirogues can be seen from a distance.

Mooring is also possible in south-eastern winds to the NW of Poivre island on the edge of the rocky reef where there are some strips of sand. Here there is less of a swell. At high tide, Corail island is accessible with a tender by a little 50-m-wide channel.

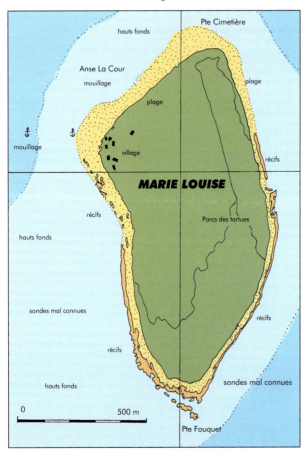

South of Poivre island the large **Ile du Sud** emerges. There is a vast lagoon along almost the entire length of the island. To the NW, **Florentin** island is a sandy strip of land barring another lagoon to the west. The shoreline is indented and rugged, which is unusual in the coral islands of the Seychelles. The island itself is however quite low-lying and covered with coconut plantations. The shore consists of an unbroken strip of white sand. Ile du Sud would be perfect for mooring if access to it were not barred by a wide coral reef just below the surface a hundred metres offshore, making it impossible to go ashore even with a tender. The channel between Poivre and Ile du Sud dries out at low tide and one can walk from one to the other, taking care not to be caught on Ile du Sud when the tide comes in. It is advisable to wait for high tide to reach the island with a tender and walk around the lagoon at low tide.

In NW winds, reaching Ile du Sud is difficult because the anchoring zone is far offshore. The best place is off the middle of the east coast of Ile du Sud, but the coral reef is still 500 m wide and beyond the reef the bottom falls away rapidly. Care should be taken in December and January, when there can be sudden winds shifts in squalls. A change in wind direction may push a boat into the shallows. In June, the winds are much more stable.

There is good anchorage along the eastern reef of South island in strong N.W. winds.

unusual in the coral islands of the Seychelles. The island itself is however quite low-lying and covered with coconut plantations. The shore consists of an unbroken strip of white sand. Ile du Sud would be perfect for mooring if access to it were not barred by a wide coral reef just below the surface a hundred metres offshore, making it impossible to go ashore even with a tender.

The channel between Poivre and Ile du Sud dries out at low tide and one can walk from one to the other, taking care not to be caught on Ile du Sud when the tide comes in. It is advisable to wait for high tide to reach the island with a tender and walk around the lagoon at low tide.

In NW winds, reaching Ile du Sud is difficult because the anchoring zone is far offshore. The best place is off the middle of the east coast of Ile du Sud, but the coral reef is still 500 m wide and beyond the reef the bottom falls away rapidly. Care should be taken in December and January, when there can be sudden winds shifts in squalls. A change in wind direction may push a boat into the shallows. In June, the winds are much more stable.

Une bonne méthode pour débarquer à Marie Louise est de mouiller à la pointe ouest en lisière des hauts fonds en avant du village et d'entrer en contact avec la station par VHF. Une pirogue peut venir chercher les plaisanciers qui voudraient descendre à terre. Attention à ne pas laisser le bateau sans surveillance. Les risques de dérapage de l'ancre sont grands.

Drop anchor at the west tip along the deep water ahead of the village and contact the station by VHF. A pirogue may pick up crew wishing to land. Don't leave the craft unattended as anchor may slip.

MARIE LOUISE ISLAND

Marie Louise island, which along with Desnoeufs is in the extreme south of the Amirantes group, is not the most hospitable. Due to the small size of the island, the swell coming directly from the open seas of the Indian Ocean rounds it easily and the waves break permanently on the surrounding shelf. The steep beaches provide an added problem.

In both north and south winds, going ashore with a tender is always dangerous because of the risk of capsizing in the breakers. Fishermen landing on Marie Louise to collect eggs row their pirogues rapidly through the breakers and are swept up onto the beach. The edge of the shelf is also very abrupt and the coral does not provide good holding. According to skippers regularly sailing through the Amirantes, Marie Louise island is best avoided.

L'ÎLE MARIE LOUISE

L'île la plus éloignée au sud des Amirantes avec Desnoeufs n'est pas la plus accueillante. Très plate, Marie Louise est assez dénudée et du fait de ses petites dimensions, la houle du grand large de l'Océan Indien la contourne aisément et les vagues viennent rouler et briser en permanence sur tout le plateau de coraux qui ceinture l'île d'autant plus que les plages en pente parfois forte accentuent ce phénomène.

Que ce soit par vent de Noroit ou de Sudet, les débarquements en annexe sont toujours dangereux car on risque de chavirer dans les rouleaux. Les rares pêcheurs qui débarquent sur Marie Louise pour venir y chercher des œufs franchissent très rapidement les rouleaux en pirogues et viennent immédiatement s'échouer sur la plage. La lisière du plateau est également très accore et ne permet pas de crocher convenablement dans les coraux. L'île Marie Louise n'est donc pas une escale à recommander de l'avis de tous les navigateurs qui fréquentent régulièrement les **Amirantes**.

Une île trés plate entièrement ceinturée d'une large plage où les débarquements sont toujours difficiles du fait de la houle.

A flat island completely surrounded by large beaches where is realy difficult to landing by rough sea.

**POINTS GPS
WAY POINTS**

*Banc de la Boudeuse
6° 05' 25 S - 52° 52'90 E
Banc de l'Etoile
5° 53'15 - 53° 01'65
Mouillage côte ouest de Marie
Louise
6° 10'57 - 53° 08'30
Mouillage de Desnoeufs
6° 13'90 - 53° 02'75*

BANC DE LA BOUDEUSE

The sea is often rough around Banc de la Boudeuse emerging 34 miles from **Poivre** island on a 235° course. For safety reasons it is unwise to attempt to go ashore. As the steep shores are beautiful and rich in fish, diving is best from the boat, leaving some members of the crew on watch to be ready to move away from the reef. Care is needed of the **Grand Nannon** rock 5,5 m below the surface to the NE of **Desnoeufs**. The swell rises dangerously about it.

DESNOEUFS ISLAND

Seven miles from Marie Louise lies Desnoeufs island, to the extreme south of the Amirantes. Likewise, its small round shape does not provide suitable mooring when northwesterlies or southeasterlies are set. The swell goes right around the island forming dangerous breakers on the beaches.

The steeply shelving easterly tip of the island can only be approached when the sea is calm. Moor off the northern side of the point aligning the two poles at **270°**. Mooring is also possible near the north tip of La Cour bay aligning the three poles at **191°**. The beach in the vicinity is a superb stretch of white sand 150 m wide. The island is almost totally bare, with only a few clumps of spindly coconut trees in the centre and some casuarines on the north coast providing shade for shacks used by fishermen who come over to fish in the waters of Desneufs. But they mostly come to gather eggs, as thousands of birds brood here during the nesting period. A well in the middle of the island provides a little fresh water.

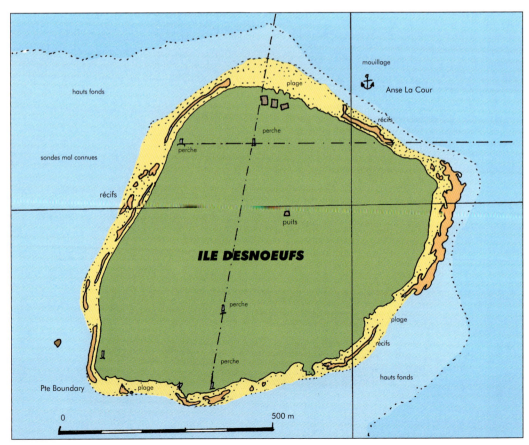

Steep shore is a characteristic of Desnoeuf Island. Water depth is more than 30 m a short distance from the shore and, scattered coral reef over a sand shelf prohibit landing; furthermore the remaining swell breaks on the rocks.

LE BANC DE LA BOUDEUSE

La mer est très souvent agitée autour du banc de la Boudeuse qui émerge à **34** milles dans le **235°** de l'île **Poivre**. La prudence commande de ne pas descendre à terre. Les tombants étant fort beaux et poissonneux, on plongera du bateau où une partie de l'équipage restera en veille prêt à s'éloigner du banc. Attention au rocher du **Grand Nannon** couvert seulement de 5,50 m au N.E de **Desnoeufs**. La mer y lève dangereusement.

L'ÎLE DESNOEUFS

Tout comme Marie Louise distante de 7 milles, l'île Desnoeufs la plus au sud des Amirantes, est trop petite et ronde pour offrir un mouillage par vent de N.W et S.E la houle contournant l'île et déferlant en rouleaux dangereux sur ses plages.

Ce n'est que par mer calme que l'on peut approcher de la pointe de la côte Est où le rivage est assez accore. On viendra mouiller au nord de la pointe sur l'alignement à **270°** de deux perches. On peut également mouiller près de la pointe nord dans l'anse **La Cour** en se plaçant sur l'alignement de trois perches au **191°**. La plage en ces parages dépasse 150 m de largeur. Une magnifique plaine de sable blanc.

Sur l'île Desnoeufs viennnet se reproduire chaque année plus de 6 millions de d'oiseaux de mer, en particulier des sterns. Leurs tonnes de déjection recouvrent toute l'île où les plantes qui ont pu se développer avec les pluies de l'hiver se trouvent complétement brulées par le guano.

L'île est totalement pelée, seules quelques touffes de casuarinas sur la côte nord ombragent les cabanes construites par des pêcheurs qui viennent parfois jeter leurs lignes dans les eaux de Desnoeufs mais plus encore pour y ramasser des œufs au moment de la nidification. Un puits au centre de l'île permet d'obtenir un peu d'eau.

A l'époque de la nidification les sterns peuvent se rassembler par millions sur cette petite île.

Millions of terns happen to gather for nesting

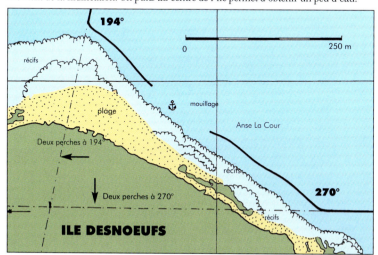

L'île Desneufs a la particularité de présenter un rivage très accore. Les fonds descendent vite à plus de 30 m à petite distance du rivage et le plateau de sable qui ceinture Desnoeufs est entrecoupé de bancs de roches coralliennes qui en bien des endroits interdissent tout débarquement d'autant plus que la petite houle résiduelle qui agite l'océan au grand large, brise sur les rochers. L'épave d'un chalutier sur la plage devant le campement témoigne de la difficulté d'accès sur l'île.

DISTANCES

En milles par la route la plus courte

In nautiocal miles by the shortest route

Alphonse à Astove : 350

Alphonse à atoll de Farquhar : 210

Alphonse à Cosmoledo : 350

Alphonse à Aldabra île Picard : 420.

Alphonse à Assomption : 410

Voir carte de situation en p 10

POINTS GPS
WAY POINTS

Mouillage N.W
6° 59'90 - 52° 43'.
Mouillage S.W entrée de la Grande
Passe
7° 02'60 - 52° 44'

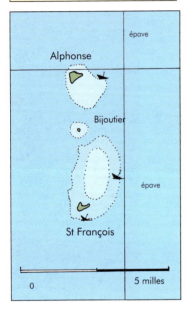

Alphonse

épave

Bijoutier

épave

St François

0   5 milles

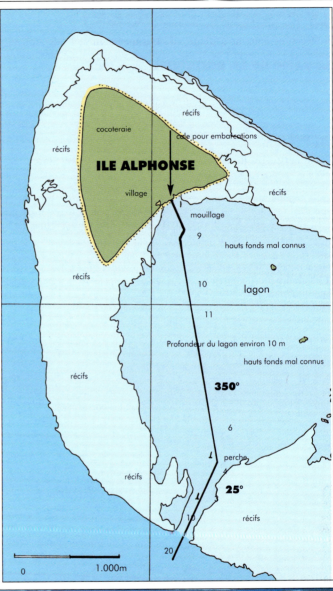

récifs

cocoteraie

cale pour embarcations

récifs

ILE ALPHONSE

village

récifs

mouillage

9

hauts fonds mal connus

récifs

10

lagon

11

Profondeur du lagon environ 10 m

hauts fonds mal connus

récifs

350°

6

perche

25°

récifs

récifs

0   1.000m

20

Grâce à sa piste d'atterrissage,
Alphonse où est installé un hôtel
est fréquenté par les amateurs de
pêche au gros et à la mouche.
On vient mouiller en avant de la
côte sud.

*Thanks to the airstrip, Alphonse
an its hotel attract big game
fishing and fly fishing fans. Moor
ahead of the south coast*

LE GROUPE ALPHONSE

À 50 milles dans le 292° de l'île Desnoeufs au sud des Amirantes, trois petites îles Alphonse au nord, Bijoutier au centre et St François au sud, constituent le groupe Alphonse qui s'étend du nord au sud sur 9 milles. En quittant Desnoeufs, on se dirige vers les îles éloignées des Seychelles où l'on ne peut plus compter que sur soi-même. Les distances sont très grandes et les Seychelles ne disposent pas d'un avion de sauvetage à grand rayon d'action.

ALPHONSE

Cette petite île de forme triangulaire est incontestablement la plus attrayante du groupe qui porte son nom car elle a l'avantage d'être bordée au S.E par un vaste lagon qui est accessible aux bateaux de croisière ce qui est extrêmement rare dans les îles Seychelles.

Cet anneau de récifs qui ceinture tout le lagon est large par endroit de plus de 2 km et casse donc très efficacement la houle du grand large. Comme le plateau est réduit à moins de 500 m de largeur dans le N.W de l'île Alphonse il est possible de mouiller par vent de S.E au voisinage de la **pointe Huto**, juste en lisière du plateau qui descend rapidement à de très grandes profondeurs. Un plateau permet toutefois de mouiller dans 5 à 10 m d'eau. La piste de l'aéroport est un bon point de repère. On débarquera en annexe sur la plage qui entoure toute l'île plate et basse, entièrement occupée par une vaste plantation de cocotiers pour l'exploitation du copra. Le campement des ouvriers se situe sur la côte S.E que l'on rejoint plus aisément par le lagon.

En abordant l'île d'Alphonse, on localisera donc en premier lieu la **passe** qui donne accès au lagon. Elle se situe presque à l'extrémité sud de la barrière de récifs, à environ 1 000 m dans l'ouest. ce qui correspond à un point GPS par 52° 44'E et 7° 02' 30" S. Cette entrée se trouve exactement sur l'alignement à **176°** de la pointe ouest de l'**île St François** au loin par l'**îlot du Bijoutier.** On peut compter sur une hauteur d'eau de 3,40 m à basse mer sur le seuil. L'entrée est donc toujours praticable si la mer n'est pas agitée. Les bouées qui balisaient le chenal ont disparu mais il reste encore un grand piquet dans l'entrée. Les **courants** peuvent être forts dans la passe au jusant et peuvent lever contre la houle de S.E une véritable barre.

Par les vents de ce secteur qui font briser la mer sur toute la barrière de récifs, il est certain que l'on peut éprouver quelques appréhensions à s'engager dans ce passage étroit, un talonnage sur les récifs pourrait être dramatique en ces parages isolés loin de tout secours. Les navigateurs qui fréquentent régulièrement Alphonse recommandent d'attendre la basse mer pour aller repérer en annexe l'entrée du chenal qui, orienté à **25°**, laisse sur bâbord les deux perches. À partir de la 2e perche, le chenal prend une orientation au **350°** pour se diriger directement sur le ponton du campement de l'île Alphonse. De 10 m à la sortie nord du goulet, les fonds remontent graduellement à 8 m. Il faut rester soigneusement sur cette route car des pâtés de corail pointent aux alentours. Ils sont particulièrement à redouter à l'approche de l'île Alphonse. On peut venir mouiller très près du ponton où la sonde indique près de 4 m d'eau sur de beaux fonds de sable. L'abri est convenable même si les vents soufflent à plus de 40 nœuds.

Un hôtel avec des bungalows est installé juste en lisière de la plage près du débarcadère. C'est un centre réputé pour la pêche à la mouche.

Aux cocotiers se mêlent la végétation plus frêle des casuarinas qui bordent les belles plages de sable blanc.
Photo Arlette Morault

Coconut trees mix with frail casuarinas along the fine white sand beaches

Le directeur de l'hôtel Alphonse maintient une écoute sur SSB radio 1769 khz et l'on peut lui demander des informations sur l'état de la passe sud.

On Alphonse island, the manager has an SSB radio stand by on 1769 khz, call him for assistance when passing through the channel.

Alphonse Island Resort
25 bungalows à toit de palmes en lisière de la plage. restaurant c uisine exotique. T. 22 90 30 . Bureau à Mahé T. 32 32 20

On reconnaît aisément la forme bien triangulaire de l'île Alphonse couverte d'une belle cocoteraie que l'on aborde par le sud. Un vaste plateau de corail interdit tout approche par l'ouest comme l'Est.

The triangle-shaped Alphonse is conspicuous. It is covered with a very attractive coconut grove and can be reached from the south. A wide coral shelf forbids going ashore on the east and west side of the island.

Bien que le sol soit constitué de sable calcaire, les cocotiers poussent aisément et atteignent d'impressionnantes hauteurs.

Although the soil is made of sandy limestone, coconut trees grow easily and can reach considerable height.

THE ALPHONSE GROUP

To the south of the Amirantes, 50 miles from Desnoeufs on a 292° bearing, lie three small islands, Alphonse in the north, Bijoutier in the middle and St François in the south, forming the Alphonse group stretching 9 miles from north to south.

Once you leave Desnoeufs and sail towards the most remote islands of the Seychelles, you need to be totally self-sufficient. The distances are extremely great and there are as yet no long-range rescue planes operating in th Seychelles.

ALPHONSE

This little triangular island is certainly the most attractive of the Alphonse group. It is lined to the SE by a vast lagoon accessible to sailing boats, which is highly exceptional in the Seychelles.

The coral reef surrounding the lagoon is up to 2 km wide in places and effectively breaks the swell. As the shelf is less than 500 m wide to the NW of Alphonse island, mooring is possible in south-eastern winds near Huto point on the edge of the shelf which goes down rapidly to very great depths. Go ashore with a tender to the beach surrounding the flat island, covered with a coconut plantation producing copra. The workers'camp is on the SE coast which is reached more easily from the lagoon.

When approaching Alphonse, first locate the **channel** to the lagoon. It is near the southern extremity of the coral reef 1 000 m to the west, which is 52° 44'E and 7° 02'30 S on GPS. The entrance to the channel is on a **176°** bearing aligning St François in the distance and Bijoutier islet. Wait for high tide to be sure of a depth of 3 m above the sill. The buoys that used to mark the channel have disappeared but a large pole still marks the entrance. Ebb tide currents can be fast in the channel and can form a barrier against the SE swell. When winds are set and waves are breaking over the reef sailors may well feel apprehensive about entering this narrow channel. Striking the coral reef could have dire consequences in this remote area where rescue is unlikely.

the advice of skippers regularly sailing to Alphonse is to wait for low tide before using a tender to locate the channel entrance which, on a **25°** heading leaves the two poles to port. From the second pole onwards, the channel changes to a **350°** course leading directly to the pontoon of the camp. It is important to keep closely to this heading as coral reefs break the surface to either side. They are to be feared when approaching Alphonse island. Moor near the pontoon in 4 m.An hotel with bungalows is built on the beach close to the jetty. The place is famous for fly-fishing

L'île Bijoutier est isolée au centre d'un vaste plateau presque affleurant. Il faut rejoindre l'île uniquement en annexe en laissant le bateau au mouillage en lisière des récifs.Toute la petite surface de l'île est couverte de grands cocotiers.

Bijoutier island is in the middle of a large shoal nearly breaking the surface. Go ashore in a tender and leave the boat moored close to the coral. The small island is covered with coconut tree.

L'hôtel sur l'île Alphonse comprend 25 bungalows disséminés sous les cocotiers en lisière de la plage.

Alphonse island hotel and its 25 bungalows hide under coconut trees by the beach

photo Arlette Morault

233

**POINTS GPS
WAY POINT**

Mouillage N.W de Bijoutier
7° 03'80 - 52° 43'55

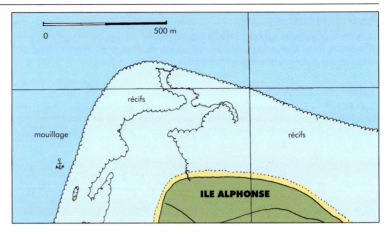

BIJOUTIER ISLET

Bijoutier is the ideal picture of the desert island as described in many novels. It would, however be difficult to survive there and going ashore is impossible when northwesterlies are set. In N.W wind, you have to waite for hide tide on the S.E side of the island.

This low islet breaking the seas of the Indian Ocean, 3.5 miles south of the Alphonse atoll, is no more than 200 m in diameter. It is covered with some coconut trees and lined with wide sand beaches and a coral shelf which prevents you getting any closer than 800 m.

However, in southeasterlies mooring is possible at **295°** from the islet close to the shelf, anchoring on the reef. Go ashore directly because it is dangerous to venture far along the reef, where coral breaks the surface in many places. Bear in mind that you are in an extremely isolated spot and that should the tender's motor break down in a facing wind it could have serious consequences.

Les passages praticables même en annexe sont rares dans la barrière de récifs.

Passes in the coral reef are scarce, even for a tender

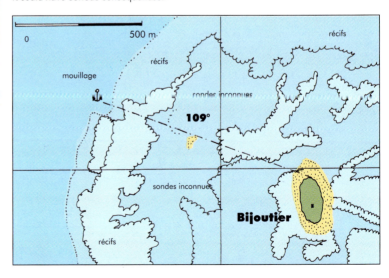

L'ÎLOT BIJOUTIER

Bijoutier est l'image parfaite de la petite île déserte perdue dans l'océan telle qu'on l'imagine dans les romans. Il serait toutefois bien difficile d'y survivre et tout débarquement y est impossible par vent de N.W.

Cet îlot bas qui pointe hors des eaux de l'Océan Indien, à 3,5 milles seulement au sud de l'atoll d'Alphonse, ne dépasse pas 200 m de diamètre. Il est couvert de quelques cocotiers et entouré de larges plages de sable mais plus encore d'un vaste plateau de récifs qui interdit toute approche à moins de 800 m.

Par vent de S.E en revanche, on peut venir mouiller dans le **295°** de l'îlot tout en lisière du plateau, en jetant l'ancre dans les récifs. On débarquera directement sur l'île car il est assez dangereux de s'aventurer trop loin sur le plateau où pointent de nombreuses têtes de corail. N'oublions pas que l'on se trouve ici totalement isolé dans l'Océan Indien et qu'une panne de moteur sur une annexe si le vent est contraire peut avoir des conséquences dramatiques.

Numerous egrets are attracted by the marshes of St françois.

De nombreux hérons sont attirés par les marais de St François. Photo Arlette Morault

A marée basse, les bancs de récifs affleurent et oblige à porter l'annexe jusqu'à la plage de Bijoutier.

When the tide is low, coral banks come to the surface and it is necessary to carry the tender until Bijoutier beach.

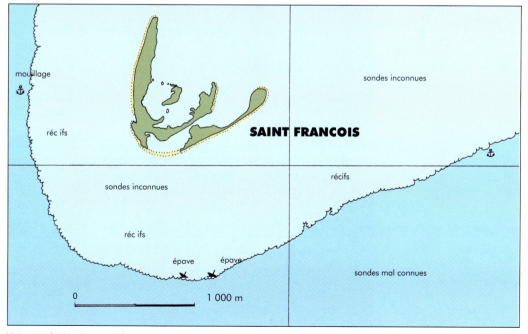

SAINT FRANCOIS

mouillage

sondes inconnues

récifs

sondes inconnues

récifs

récifs

sondes inconnues

épave   épave

sondes mal connues

0   1 000 m

Voir carte de situation en p 10

L'île St François vue de l'ouest,
On distingue fort bien l'atoll
ouvert vers le nord mais
inaccessible dans cette direction.
Il faut rester au mouillage à la
tombée des fonds en choisissant
sa position en fonction des vents.
On aborde en annexe à la pointe
de Quatre Cent (flèche).

*St François island seen from the
West. The atoll open to the north
is clearly visible but cannot be
reached in that direction. Moor
close to the sinking bottoms
depending on winds.*

Les grands cocotiers peuvent
pousser jusqu'au ras de la plage
à quelques mètres de la mer.

*Large coconut trees grow close to
the beach a few metres from the
sea.*

Les plantations permettaient
autrefois l'exploitation du coprah,
une activité de plus en plus
réduite.
*Plantations of copra are
nowadays a declining activity.*

L'ÎLE SAINT FRANCOIS

L'atoll de St François prolonge vers le sud l'atoll de Bijoutier, la distance entre les deux îles n'étant que de 5 milles. Le plateau de coraux est vaste mais à peine affleurant et ne se repère qu'à l'écume des vagues qui y brisent presque en permanence. Seul à l'extrémité sud émerge un croissant de terre dont la distance entre les deux pointes nord ne dépasse pas 800 m.

Cette étroite bande de sable est entièrement recouverte de plantation de cocotiers. Toute fois une étroite langue de sable, trop basse sur la mer pour qu'une plante puisse y prendre racine, forme une sorte de digue de protection contre la houle de S.E.

Île St François ne compte aucun mouillage car la hauteur d'eau est partout trop réduite pour qu'un bateau puisse s'engager sur le banc de récifs dont la lisière descend très à pic dans les grands fonds.

Par vent de N.W le meilleur mouillage se situe en bordure Est du plateau à une distance de 2 500 m de la pointe de **Quatre cent**, la plus proche pour débarquer.

Deux épaves à l'extrême sud du plateau montrent les dangers de cet atoll mal délimité.

Par vent de S.E, on mouillera naturellement du côté ouest de l'île à une distance d'environ 900 m. Si l'on veut explorer l'atoll où pullulent des poissons multicolores, les navigateurs qui connaissent bien le site recommandent de venir mouiller dans un creux bien marqué de la rive ouest à environ un mille au sud de Bijoutier. De là, on peut par la **Passe Traversé** à 1 000 m plus à l'Est, pénétrer en annexe dans le vaste lagon de St François. Une promenade insolite. L'océan est immense, Bijoutier et St François bas et éloignés sur l'horizon et cependant la profondeur d'eau sous l'annexe ne dépasse pas bien souvent un demi-mètre d'eau et l'on peut y découvrir un merveilleux monde sous marin. Mais attention à la présence de petits requins.

ST FRANCOIS ISLAND

St François atoll is only 5 miles south of Bijoutier atoll. The coral plateau is wide and just under sea level and is only visible because of the swell breaking on it at all times. Only on the south end emerges a crescent-shaped land and the distance between the two northern points is not over 800 m.

This narrow strip of land is covered with coconut trees. A narrow sand-strip where no vegetation can grow because it is so low above the sea makes a sort of protection against the SE swell.

There is no mooring space in St François because waters are too shallow to allow a boat to sail over the coral reef, and off the coral shelf, the coast steeps down rapidly in deep seas.

When the NW winds are set, the best mooring is along the east part of the plateau 2 500 m off **Quatre cent** point, which is the nearest to go ashore from.

Two wreckages near the south tip illustrate the dangers of this vaguely located atoll.

In souteasterlies, moor on the west coasts 900 m off the shore. If you want to visit the atoll where swarms of coloured fish take shelter, the sailors familiar with this place recommend to moor in a break in the west coast some 4 miles to the south of Bijoutier. From there one can sail in a tender through **Traversé pass** 1 000-m further east, into the St François lagoon. It is a very unusual visit. The ocean is vast, Bijoutier and St François are low on the horizon and however, the sea is only half a metre deep and a marvellous underwater world can be seen. Caution, small sharks swim around

Les noix de coco sont découpées et séchées avant d'être expédiées vers Mahé.

Coconuts are crushed and dried before being sent to Mahé

POINTS GPS :
WAY PÔINTS :

Mouillage de l'île du Nord
9° 14' 50 - 51° 01' 50
Mouillage au N.W de l'île Cerf
9° 29' - 50° 59'.

THE FARQUHAR ISLANDS GROUP

The northern limit of this group is about 000 miles south of the Amirantes islands and 370 miles on a 224°° route from Mahé island. The group stretches for 60 miles, consisting of 3 islands in the north : Providence, St Pierre and Cerf, and the large Farquhar atoll further south.
These islands were discovered, or at least precisely located, by the Frenchman Pontevez aboard the frigate le Lys. First named Joas de Nova, they were later renamed Farquhar after the first British governor of Mauritius.

PROVIDENCE

386 miles in **225°** south of Mahé, to the north of Farquhar group, **60** nautical miles away, the Providence banks stretches for 23 miles from north to south. Two islands rise above sea level : Providence in the north and île au Cerf in the south. This southern island is nothing more than a 3 500 m long sand stretch a few metres high which makes it quite invisible from a distance.

As always in coral islands, the shore of Providence steeps down rapidly to 1 000 metres deep. However, in the eastern part of Providence, there is a plateau and its shelf is flat and shallow and less than 3 metres deep. The sounder reads 3.8 to 4 metres 400 m off the shoreline and 2-metre 100 m off it. Mooring is possible over sand and seaweeds ; no coral spikes are to be feared. The shelter is comfortable, as the swell is moderate.

Il faut prendre garde aux nombreux bancs de récifs qui affleurent en lisière du rivage.

Beware to the numerous reefs near of the shore

It is advisable to sail perpendicularly to the west coast of northern island, slightly south of the central part where some houses and a high pole can be seen. Providence Island is entirely covered with coconut trees and only the lighthouse's lantern is visible above the treetops at the north point of the island.
There is a slight NE fair tide stream and SW ebb stream 1.5 to 2 knots.

Between the northern island and the sand stretch of île au Cerf, some rocks break the surface at low tide. As the tidal range is not over 1 metre, it would be very risky to sail over the sandbank. Mooring is possible in the same conditions as near the northern island to the NW of Cerf Island on the coral shelf, which is 5 metres deep.

At night : The north point of Providence island is marked up by a white light (flash 5 secondes) ranging 10 miles. It is only used by ships sailing north of Providence bank.

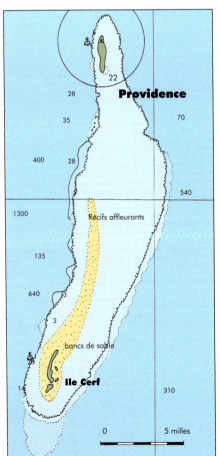

Providence

28
22
70
35
400 28
540
1300 Récifs affleurants
135
640
bancs de sable
Ile Cerf
310
0   5 milles

LE GROUPE DES ÎLES FARQUHAR

La lisière nord de ce groupe se situe à environ 230 milles dans le S.W des îles Amirantes et à 370 milles dans le 224° de l'île Mahé. Il s'étend sur 60 milles et comprend trois îles au Nord : Providence, St Pierre et Cerf et à 40 milles plus au sud le grand atoll de Farquhar.
Ces îles coralliennes furent découvertes ou plus exactement localisées avec précision par le Français de Pontevez à bord de la Frégate *le Lys*. Tout d'abord dénommées Joas de Nova, elles furent rebaptisées Farquhar, du nom du premier gouverneur britannique de l'île Maurice.

PROVIDENCE

À **386** milles dans le **225°** de la pointe sud de l'île de Mahé, au nord du groupe Farquhar qui est distant de 60 milles, s'étend sur 26 milles du nord au sud, le banc de Providence d'où émergent deux îles très étroites : Providence au nord longue seulement de 3 500 m et l'île Cerf au sud. Cette île sud qui ne dépasse pas elle aussi 4.km de longueur, est la partie émergée d'un vaste banc de sable qui s'étire vers le nord sur 9 milles et ne découvre que de quelques mètres, ce qui le rend peu visible de loin.

Comme dans toutes les îles coralliennes, la lisière du banc de Providence descend rapidement à plus de 1 000 m de profondeur. Toutefois dans l'ouest de Providence, un plateau dont la lisière forme un petit seuil sous 3 m d'eau, présente des fonds assez plats. La sonde indique 3,80 à 4 m d'eau à environ 400 m du rivage et 2 m à 100 m. On mouille sur des fonds de sable et d'algues, sans craindre des têtes de corail. L'abri est convenable, la houle restant modérée.

Il est recommandé d'approcher l'île Nord perpendiculairement au rivage par l'ouest, légèrement au sud du centre de l'île où se situent quelques maisons et un grand mât.

L'île Providence est entièrement couverte de cocotiers et seule la lanterne du feu dépasse la cime des arbres à la pointe nord de l'île.

On note la présence d'un léger courant portant au N.E au flot et au S.W au jusant à des vitesses de 1,5 à 2 nœuds.

Entre l'île Nord et le banc de sable de l'île Cerf, des récifs affleurent en surface à marée basse. Comme le marnage ne dépasse guère 1 m, il serait extrêmement dangereux de vouloir couper au travers du banc.

On peut venir mouiller à peu près dans les mêmes conditions qu'à hauteur de l'île Nord, dans le N.W de l'île Cerf par 4 à 5 m sur un plateau du récif.

Des observations on montré que 50 % de la houle venait de mai à septembre entre le 110 ° et le 190° et que 30 % de la houle venait du 350° au 40° de Décembre à Mars.

De nuit : La pointe nord de l'île Providence est signalée par un feu blanc (éclat 5 sec.) d'une portée de 10 milles. Il sert uniquement aux navires pour passer au nord du banc de Providence.

Les tortues de mer abondent au voisinage des îles où leur tranquillité est totale.

The turtles are numerous near the islands where they are undisturbed

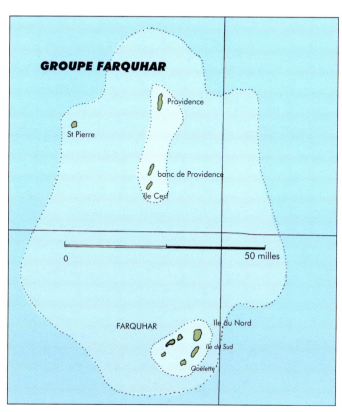

FARQUHAR ATOLL

This enormous oval-shaped atoll stretches for 11 miles from the SW to the NE, 87 miles south of Cerf island on the Providence banks. To the east, emerges a narrow stretch of land forming the North and South islands separated by three small islets. All these coral islands are barely above sea level.

Goélettes islet emerges 1.5 miles from the south-eastern tip of South island and just to the north there are three small islets : Déposes, Milieu and Lapin, each about 50 m in diameter. The remainder of the atoll is made up of coral banks breaking the surface and visible when the waves break on them even when the sea is not rough. These rocks are so close to the surface that not even a tender can go over them.

The only way into the Farquhar lagoon is the channel of the **Passe des 25 francs**, 120 m wide and 5 to 6 m deep along the **Pointe Race** to the NW of North Island, a flat island covered with coconut trees and casuarines 3 m tall. The highest point of the island is the conspicuous **Grande Poste** sand dune near Pointe Race. Sail one mile north of the island to the west until the flag pole on Pointe Race is on a **175°** bearing and follow this route to the narrow inlet, recognizable by its darker water.

In fresh southeasterlies, moor off the north beach of Pointe Race. Shelter is better than in the channel because the currents are not so strong. The sea is calm and, keeping on

ILE FARQUHAR

Pte Nord

piste avion

Passe des 25 F

récifs

mouillage

Ile du Nord

Ile lapin

sondes inconnues

Ile Manahas

Ile du Milieu

Ile des Déposés

profondeur maxi 10 m

récifs

passe peu profonde

épave

Ile du Sud

épave

sondes inconnues

Pte Maille

sondes inconnues

récifs

récifs

épave

0   5 milles

the 175° bearing, the bottom is at 10 m only 50 m from the beach.

The tidal range is 1,5 m at neap tides and 1,80 m at spring tides. These small tides give birth to currents ranging from 1 to 2.5 knots at high tide which tend to flow NE after half flood. But, at ebb tide, the currents running through the channel become strong. They can reach 3 to 4 knots and, according to some reports even 6 to 7 knots. Currents at ebb tide are by far the strongest.

One can easily imagine that such currents set up a bore in the **Passe des 25 francs** in north-westerlies. Note that currents adding to the swell move around huge quantities of sand and constantly modify the shoreline of **Pointe Race** which narrows in a north-west swell whereas the northern beach widens and conversely when winds veer south-easterly. Stay away from the shore when rounding the tip in order not to bump int the sand shoals

The bottom of the channel is clear and the water is at least 4 m deep up to the little mole south of Pointe Race, where mooring is possible in the same line as the mole.

This concrete structure leads to some houses close to the chapel and food stores. The 25 or 30 people living there are the only inhabitants of Farquhar atoll, which elsewhere is totally deserted.

In high tide, with a shallow draught, it is possible to sail over the 2 m deep sill on the eastern end of the channel, sailing over the flat sand and coral bottom along either of the two natural channels. After the sill, the lagoon gets deeper reaching 5 to 6 m. Mooring in south-easterly winds is possible in **Grande Anse**, getting close to the beach and the coral reef lining it, but the gently shelving bottom means staying at least 200 m offshore. Nevertheless, the island provides good shelter.

In north-westerly winds, overnight mooring is possible beyond the coral reef to the east of the north side of the southern tip of North Island. The bottom is steeply shelving and you should therefore anchor close to the coral shoals. When north-westerly winds are not well set, keep a night watch because if the winds turn round, there is a risk of hitting the reefs.

Mooring is just as secure and well sheltered from NW winds along the coral reef off South Island. The island is covered with coconut trees and lined to the east by 20-m-high dunes, which are clearly visible from a distance. Nevertheless, going ashore is difficult everywhere. Taking a tender through the narrow inlets between the three low **Manaha** islets, is possible only at high tide and leads into the lagoon. This allows you to reach the village of **Grande Anse** on the north side.

Fortunately, the anchorage to the SE of Ile de la Goélette is close to the shore. But the island is only a flat rocky plateau without any vegetation.

Ces îles isolées sont restées très sauvages. En dehors du village près de la pointe Race, les habitations se limitent à des cabanes en palmes.

These isolated islands are very wild. Except for the village of Race point, there are only some shacks made of palms.

Seuls quelques petits îlets émergent du gigantesque anneau qui ceinture en majeure partie l'atoll de Farquhar, si l'on excepte les deux grandes îles à l'Est.

Only some islets break the surface above the huge coral ring surrounding the atoll of Farquhar, except for two larger islands on the eastern side.

POINTS GPS
WAY POINTS

Mouillage nord de l'île du Milieu
10° 08' 30 S - 51° 05'E
Entrée Passe des 25 F
10° 06'25 - 51° 09 ' 80 -
Mouillage côte Est de l'île du Nord
10° 08'30 - 51° 11'80
Mouillage de l'île du Nord.
10° 09'60 - 51° 11'80.
Mouillage ile du Sud
10° 09'60 - 51° 11'15

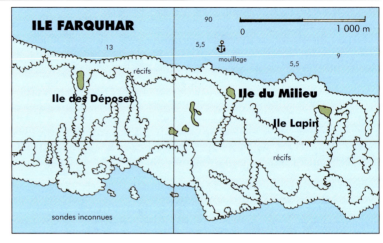

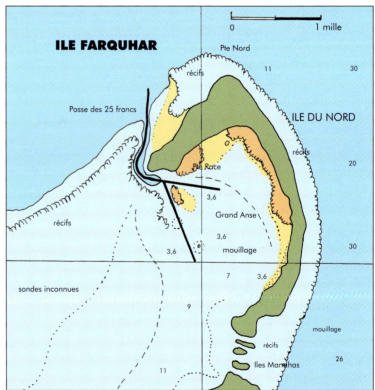

DISTANCES

En milles par la route la plus courte
In nautical miles by the shortest route

Atoll de Farquhar à Cosmoledo : 210
Atoll de Farquhar à Aldabra, ile Picard : 300
Atoll de Farquhar à Assomption : 280
Mahé à Providence : 380
Mahé à atoll de Farquhar : 420
Mahé à Aldabra île Picard : 630
Mahé à Cosmoledo : 560
Mahé à Astove : 570

The mooring north of the atoll, near the three islets of **Dépose**, **Milieu** and **Lapin**, is secure close to the brim of the atoll in south-eastern winds because the swell is completely broken up. But the 3 islets are of no interest other than for snorkelling.

The west part of the lagoon is, like **Grande Anse**, fairly deep but the channel leading to the open sea to the NW is narrow and shallow. Only a tender can go through in high tide and care should be taken off the rocks. Air reconnaissance has shown the entrance to be 2.4 miles from **Dépose** island on a **245°** heading. But remember that it is only passable at high tide with a tender.

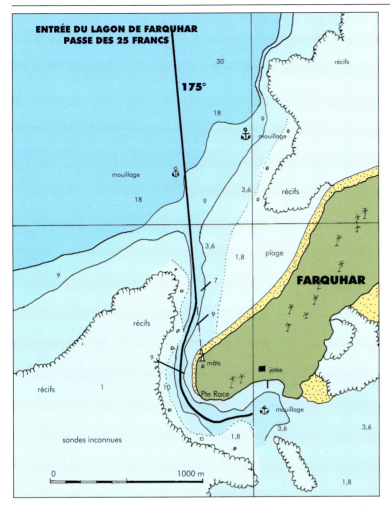

ENTRÉE DU LAGON DE FARQUHAR
PASSE DES 25 FRANCS

175°

30

récifs

18

9

mouillage

mouillage

18

9

3,6

récifs

9

3,6

1,8   plage

FARQUHAR

7

9

récifs

9

récifs   1   10   mâts   jetée

Pte Race

mouillage

sondes inconnues   1,8   3,6   3,6

0   1000 m

1,8

Les casuarinas offrent aux sterns
d'excellents perchoirs pour y
déposer leurs œufs

*Casuarinas are ideal perches for
nesting sterns.*

Les creux sur fond de sable sont
rares pour mouiller en lisière de
la barrière de récifs qu'il faut
tenir à distance.

*Holes with sandy sound are
scarce to mooring near of the
reef that is must be to keep away.*

An airstrip has been built in the NE of North Island but tourism is still very limited. The hundred or so inhabitants make a living out of copra exports.
Take care not to run out of fuel in this very large lagoon. If the engine stops the craft may be drawn to the rocks and oars are no help.

**POINT GPS
WAY POINT**

*Entrée passe ouest du lagon
10° 09'60 - 51° 02'25*

L'ATOLL DE FARQUHAR

Ce gigantesque atoll de forme ovale, s'étend sur 11 milles du S.W au N.E. à 87 milles au sud de l'île du Cerf sur le banc de Providence. Seule émerge à l'Est, une étroite bande de terre qui forme les îles Nord et Sud séparées par trois petits îlots. Toutes ces terres d'origine corallienne sont naturellement basses sur la mer.

À 1,5 mille de la pointe S.E de l'île du Sud, émerge également l'îlot de la Goélette tandis qu'au nord de l'atoll pointent les trois petits îlots des Déposes, du Milieu et du Lapin d'une cinquantaine de mètres de diamètre. Tout le reste de l'atoll est constitué de pâtés de corail affleurant qu'on ne localise qu'aux rouleaux qui y brisent par mer même peu agitée. Ces récifs sont si proches de la surface qu'ils interdisent tout passage même en annexe.

On entre dans le lagon de Farquhar uniquement en empruntant le chenal de la **Passe des 25 francs** qui large de 120 m et profonde de 5 à 6 m rase la **Pointe Race** au N.W de l'**île du Nord**, une étendue plate couverte de cocotiers et de casuarinas d'une hauteur moyenne de 3 m dont le plus haut sommet est la dune de la **Grande Poste** près de la pointe Race. Un bon point de repère. On passera à un mille au nord de l'île en route vers l'ouest jusqu'à relever un mât de pavillon en bout de la pointe Race au **175°** et l'on fera route dans cette direction vers le goulet qui est assez aisément localisable par ses eaux plus sombres.

Par vent frais de S.E, on peut rester au mouillage en avant de la plage au nord de la pointe Race. L'abri y est meilleur que dans le chenal, les **courants** étant moins violents. La mer est déjà calme sur des fonds de 10 m et l'on peut approcher de la plage jusqu'à 50 m en restant sur le relèvement à 175°

Le marnage est de 1,50 m en marée de mortes eaux et de 1,80 m en vives eaux. Ces petites marées donnent naissance à des **courants** de 0,5 à 1,5 nœud qui portent vers le N.E au flot à partir de la mi-marée. Mais dans le goulet au jusant, ces courants modérés prennent de la violence. Ils peuvent atteindre 3 à 4 nœuds. voire même 6 à 7 nœuds d'après certaines observations, le courant de jusant étant nettement plus fort que le flot.

On conçoit aisément que ces courants forts lèvent dans l'entrée de la **Passe des 25 F** par vent de N.W, une véritable petite barre. On repère aisément à la couleur de l'eau, la partie la plus profonde du chenal. Il faut noter que les courants en se combinant avec la houle déplacent d'énormes quantités de sable et modèlent constamment le rivage de la **Pointe Race** qui s'affine avec la houle de N.W tandis que la plage au nord s'élargit et inversement avec les vents de S.E. Il faut veiller à bien arrondir la pointe pour ne pas risquer de talonner dans les bancs de sable.

Les cocotiers meurent en tombant sur le sable où ils pourrissent et finissent par être emportés par les vagues.

When coconut trees die, they fall on the sand where their decay and are washed away by the sea.

Dans toutes les îles, les plages facilitent les débarquements en annexe a condition que les vagues ne déferlent pas trop.

As on every island, the beaches make it easy to go ashore if breakers are not too many.

Les fonds sont bien dégagés dans le chenal et l'on peut compter sur au moins 4 m d'eau à la pleine mer jusqu'à la hauteur du petit môle au sud de la pointe **Race**. Oon mouille par vent modéré dans le prolongement du môle mais il est possible d'accoster le quai en bout du môle où la sonde indique plus de 3 m d'eau.

Cet ouvrage de béton dessert quelques maisons groupées autour de la chapelle et des magasins à vivres. Les 25 à 30 personnes qui vivent en ce lieu, sont les seuls habitants de l'atoll de Farquhar qui partout ailleurs est totalement désert.

À marée haute, avec un tirant d'eau réduit, on peut tenter de franchir le seuil à 2 m qui se situe à la sortie Est du chenal. On passe sur des fonds de sable et de corail assez plats en empruntant l'un des deux chenaux naturels. Au delà de ce seuil, la profondeur du lagon augmente sensiblement jusqu'à 5 à 6 m et l'on peut venir mouiller dans **Grande Anse** par vent de S.E en se rapprochant de la plage et de la frange de corail qui la déborde mais sa pente très douce oblige cependant à rester à plus de 200 m du rivage. L'île assure toutefois une bonne protection.

Par vent de N.W, on viendra mouiller pour la nuit en lisière du plateau corallien dans l'Est de la pointe sud de l'île du Nord. Les fonds descendent en pente rapide et il ne faut pas hésiter à mouiller très près des hauts fonds de coraux en y jetant son ancre. Lorsque les vents de N.W ne sont pas bien établis, il faut maintenir une surveillance de nuit car avec le retournement du vent, on risquerait de talonner les récifs.

Ce mouillage est tout aussi sûr et abrité des vents de N.W le long du plateau de corail en avant de la côte de l'île du Sud couverte de cocotiers et bordée à l'est par un cordon de dunes hautes d'environ 20 m et visibles de loin. Mais les débarquements sont partout délicats. Ce n'est qu'à marée haute que l'on peut espérer emprunter en annexe l'un des goulets entre les trois îlots de **Manaha,** bas, plantés de cocotiers, pour pénétrer dans le lagon et remonter au nord vers le village de **Grande Anse.**

Le mouillage au S.E de l'**île de la Goélette** a l'avantage d'être assez proche du rivage. Mais l'île n'est qu'un petit plateau de roches coralliennes sans aucune végétation.

Le mouillage au nord de l'atoll, au voisinage des trois îlots des **Déposes**, du **Milieu** et du **Lapin**, est bon par vent de S.E tout en lisière de l'atoll, la houle étant complètement cassée sur tout l'atoll. Mais ces trois îlots sont sans attrait en dehors de la plongée sous marine.

La partie ouest du lagon présente un peu de profondeur comme **Grande Anse** mais la passe qui communique avec la mer libre au N.W est étroite et peu profonde. Seule une annexe peut l'emprunter à la pleine mer en veillant à ne pas talonner une roche. D'après les observations aériennes, on peut situer l'entrée à 2,4 milles dans le **245°** de l'**île de Dépose**. Mais répétons-le, elle n'est praticable qu'à marée haute en annexe.

Une piste d'aviation a été aménagée au N.E de l'**île du Nord** mais le tourisme est encore très limité. La centaine d'habitants vit essentiellement de l'exportation du coprah. Attention en se promenant sur le lagon à ses très grandes dimensions. On peut en cas de panne du moteur hors bord se trouver irrésistiblement entraîné sur les récifs par le vent et les courants, les avirons étant d'un piètre secours.

Les pluies abondantes forment sur ces îles plates des petits marigots à l'eau saumâtre qui permettent a de nombreuses espèces d'oiseaux de survivre.

Heavy rainfalls form flood lands with brackish water where numerous species of birds live.

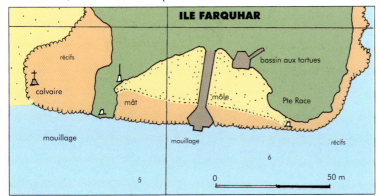

ILE FARQUHAR

récifs

bassin aux tortues

calvaire

mât

môle

Pte Race

mouillage

mouillage

récifs

6

5

0   50 m

LE GROUPE D'ALDABRA

À 600 milles dans le 242° de Mahé, soit à moins de 220 milles des côtes de Madagascar, le groupe des îles d'Aldabra qui comprend outre l'atoll principal, un second atoll : Cosmoledo et une île : Assomption, s'étend sur une distance de 90 milles d'Est en ouest.

L'atoll d'Aldabra qui est le dernier refuge où vivent à l'état sauvage des tortues géantes, est classé par les Nations Unis dans les grands sites du monde à préserver. En 1511 des portulans portugais signalaient la présence de ce groupe d'îlots perdu dans l'océan Indien, que les navigateurs arabes devaient connaître depuis plus longtemps encore bien que ces terres émergées ne dépassent pas 8 m de hauteur, car elles se situent sensiblement sur la route des Comores au golfe d'Aden.

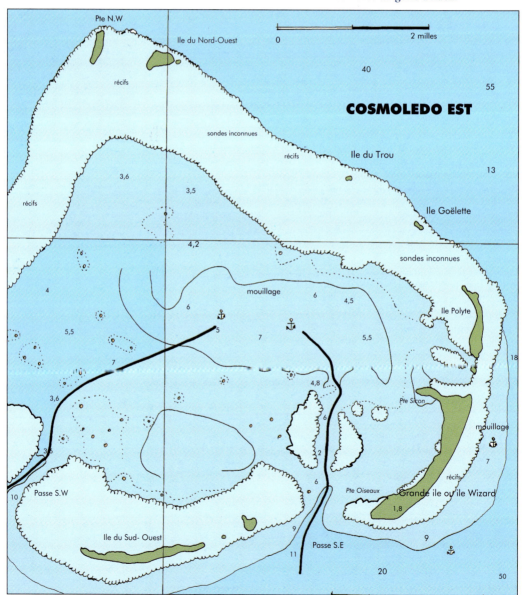

COSMOLEDO

À 200 milles dans l'ouest de l'atoll de Farquhar, émerge des grands fonds, l'atoll de Cosmoledo où sept îles et îlots entourent un lagon mais ces îlots sont d'une superficie très réduite et laissent entre eux de larges passages. Le lagon ne se vidant pas complètement à marée basse, les courants y sont sensiblement moins violents qu'à Aldabra et il est possible de venir mouiller au voisinage de l'île principale, Grande île au S. Autre avantage, le sable prédomine et il est assez aisé de venir débarquer sur la bande de sable qui ceinture en majeure partie l'île principale. Mais cette bande est très étroite. Les fonds descendent à plus de 250 m à moins d'un demi mille du rivage.

Un vaste anneau de roches à peine découvrantes où la mer brise en permanence interdit toute approche directe de Cosmoledo. Il faut emprunter la **passe S.E** la plus profonde qui se situe à 1 300 m dans l'ouest de la pointe extrême sud de **Grande Ile** ou île **Wizard**. Il n'est pas rare de rencontrer des **courants** de près de 4 noeuds dans la passe qui peut devenir dangereuse par vent contre courant. A noter que l'heure de la pleine mer est une heure en avance sur celle de Mahé. On suivra une route au **005°** vers l'îlet du **Trou** au loin sur l'horizon pour rester bien dans l'axe de la passe et l'on maintiendra cette route sur environ 2 500 m. On a alors le choix entre se diriger vers le N.W pour rejoindre une vaste zone dégagée sur des fonds de sable plat dans la partie la plus profonde du lagon 6 à 7 m où piquer vers la pointe N.W de Grande île près de laquelle on trouve également des fonds dégagés pour mouiller. par 4 à 5 m Toute la zone de mouillage au centre de l'atoll est bien abritée de la houle de N.W comme de S.E. mais du fait de la vaste étendue du lagon, le plan d'eau peut être parfois assez clapoteux.

Une seconde passe plus à l'ouest à 2 300 m dans le **295°** de la pointe extrême ouest du cordon de terre de l'**île Sud**, donne également accès à la même zone de mouillage au centre du lagon. On avancera prudemment entre les hauts fonds en suivant le tracé indiqué sur la carte. La profondeur dans la passe est de 8 à 10 m et dans l'entrée, le seuil est à 5 m.

Ces deux passes doivent être considérées comme délicates voire même dangereuses car par vent de S.E, il se forme une véritable barre dans l'entrée des passes au jusant lorsque les courants forts qui sortent du lagon s'opposent aux vents. Ces barres se confondent avec les brisants qui se forment sur la barrière de récifs. Il est vivement recommandé d'attendre l'étale de pleine mer où l'on repérera les deux passes à la couleur plus sombre des eaux. Par prudence, on ira repérer au préalable la profondeur des fonds en annexe. Par vent de N.W la grande passe est nettement plus commode à emboquer. Comme sa profondeur est assez importante 6 m, on peut s'y engager à marée basse les têtes de corail étant alors plus faciles à repérer. On prendra garde dans la sortie nord des passes, aux nombreuses têtes de corail qui ne sont pas toujours bien visibles dans les eaux troubles

Si l'on ne pénètre pas dans le lagon, bien que l'abri y soit très sûr, on peut venir mouiller par vent de S.E, le long de la côte nord de l'île **Menai** au N.W de Cosmoledo. Le campement avec son vieux cimetière est aménagé sur la **pointe Johannes** au milieu de cette côte nord. On mouillera en lisière des hauts fonds en avant de la belle plage de l'**anse de la Cour**. Attention aux courants assez forts. Pas de jetée, les débarquements se font en annexe. La mangrove s'étend sur une large partie de la côte Est de l'île Menai sur le lagon. On peut profiter de l'étale et de l'absence de courants pour aller visiter en annexe les rivages des îlots de **Chauve Souris**, de la **Baleine** et des **Rats** dans le lagon près de Menai.

Dans ces eaux continuellement brassées par la houle de l'océan et les marées, vivent ou plus exactement pullulent des milliers de poissons et de mollusques en particulier de gros bénitiers dépassant fréquemment les 20 kg. Des tortues dont les écailles étaient appréciées pour la fabrication des bijoux vivent également sur les îlots.

Les vagues qui déferlent en rouleaux signalent seules la barrière des récifs.

The waves which roll down just indicate the line of the reef

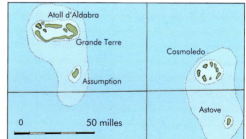

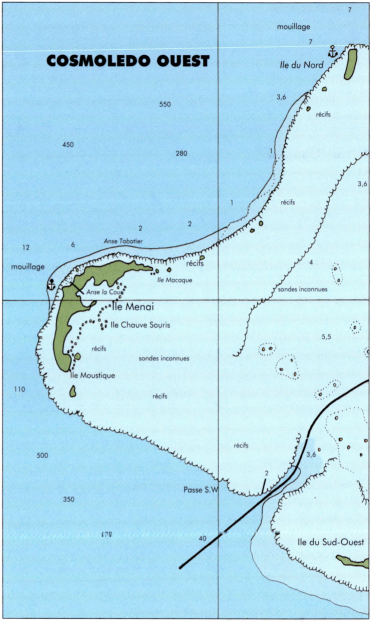

Les amateurs de plongée sous marine pourront aller mouiller pour la journée en lisière des tombants de l'anneau de corail près de l'**île du Nord**.

Par vent de N.W, le seul mouillage praticable se situe sur la côte S.E de Grande île en lisière du plateau de récifs qui atteint en ces parages 500 m de largeur. La passe **Monarch** à 700 m au sud de la pointe N.E de Grande île permet de se rapprocher au plus près de la plage de la côte Est. Comme à Aldabra, le corail est sculpté par endroits en forme de gros champignons aux pointes acérées.

ALDABRA GROUP

Less than 220 miles from the coast of Madagascar, and 600 in 242° of Mahé, lies the Aldabra group, consisting of one main atoll, and a secondary atoll : Cosmoledo, and one island, Assumption, stretching 90 miles from east to west. The atoll of Aldabra is the last original habitat of the wild giant turtles. It is listed by the United Nations as one of the world's great conservation sites. In 1511, Portuguese portolanos noted the presence of this remote group of islets lost in the middle of the Indian Ocean. Arab seafarers must have known about these islands long before since despite being less than 8 m. above sea level, they are close to the route from Comoros to Aden gulf.

COSMOLEDO

Cosmoledo atoll emerges 200 miles west of Farquhar. The atoll comprises seven islands and islets surrounding a lagoon and separated by wide channels. The lagoon does not empty completely at low tide and currents are much weaker than in Aldabra. Mooring is possible near the main island, Grande Ile, in the south-east.
Another advantage is the predominantly sandy bottom. Going ashore is quite easy on the stretches of sand surrounding most of the main island.

A direct approach to Cosmoledo is impossible because of the wide ring of rocks just under the surface on which the waves continually break. Sail through the deepest channel 1 300 m west of the southern tip of Grande Ile or Wizard island. 4 knots currents may run in the pass which can be dangerous when wind is opposite to the curent. High tide hour is one hour earlier than in Mahé

Steer a **005°** course towards the **Du Trou** islet and keep well within range of the channel, keeping this course for about 2 500 m. From this point either sail to the north-west to reach a vast open area on a flat sandy bottom in the deepest part of the lagoon 6 or 7 m or steer towards thesouth -west tip of Grande Ile where the bottom is also suitable for anchoring in 4 or 5 m. The mooring area at the center of the atoll is sheltered from SW and NE swell. However, due to the large water stretch, it can be shoppy

Another passage 2 300 m further to the west on a 295° bearing from the extreme western point of the strip of land of **Ile Sud** leads to the same mooring zone. Sail carefully between the shallows following the route on the chart. These two channels are known to be tricky and even dangerous. In steady south-easterlies there is a bore in the entrance to the channels at ebb tide as the strong currents funnelling out of the lagoon run in the opposite direction to the wind. It is strongly advised to wait for slack water at high tide, when the two channels are visible because of the darker colour of the sea. It is a sensible precaution first to check the depth with a tender.

When northwesterlies are set it is much easier to enter the large channel. As the bottom is deep (5 m) sailing in at low tide is possible, as the coral reefs are then clearly visible. Care is needed because of the numerous coral rocks in the north channels which are not clearly visible in the muddy waters of the lagoon. Although the shelter in the lagoon is very secure, if you decide not to enter, mooring is possible in south-eastern winds along the north coast of Menai island to the NW of Cosmoledo. There is a camp and old cemetery on a headland in the middle of this north coast. Moor on the edge of the shallows, off the pleasant beach of **Anse de la Cour**. Care should be taken because of the strong currents.

MARÉE :
La différence des hauteurs d'eau entre les pleines mers de vives eaux et de mortes eaux, est d'environ 0,90 m.
La hauteur d'eau à la pleine mer en V.E serait de près de 3 m au-dessus du zéro des cartes.

TIDE
The tidal range is about 0.9 metre. Sea level in high seas would be 3 metres above the chart datum.

C'est souvent fort loin des îles qu'il faut commencer à sonder pour s'approcher prudemment de la lisière de l'atoll où les fonds remontent parfois très brutalement

It's often far of the islands, that is necessary to sound and sailing slowly toward the atoll edge because the bottom rise again quickly.

POINT GPS :
WAY POINTS :

Mouillage de l'île du Nord
10° 03'- 47° 43'60
Mouillage en avant de la jetée
10° 03'60 - 47° 43'25

There is no jetty and going ashore is only possible with a tender. Mangroves extend out into the lagoon along most of the east coast of Menai. Take advantage of the absence of current in the slack water period to visit by tender the shores of the islets **Chauve Souris**, **Baleine** and **Des Rats** on the lagoon near **Mena**i. These waters constantly stirred by the ocean swell and by the tide contain thousands of fish and molluscs, and particularly giant clams weighing more than 20 kg. Turtles also live on the islets. Their shells were sought after for handicrafts and jewellery. Divers can moor during daytime of the steeply shelving rocks beyond the coral ring near **North island.**

When north-western winds are set, the only practicable anchorage is off the SE coast of Grande Ile close to the coral reef, which is 500 m wide in this area. The **Monarch** channel 700 m to the south of the north-eastern tip of Grande Ile allows you to sail close to the beach on the eastern coast. As in Aldabra, the coral has been heavily eroded into mushroom-shaped formations with needle-sharp spikes.

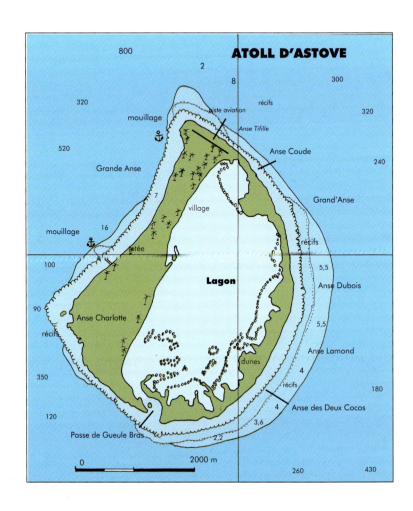

ASTOVE

Astove emerges 25 miles south of Cosmoledo and is a typical coral atoll. A narrow strip of land surrounding a lagoon unfortunately out-of-reach of boats.

The island is 2.6 miles long from north to south and 2 miles across from east to west. Most of the land above the surface is perfectly flat and no more than a few metres high, but the SE coast is lined with hilly sand dunes. The island is arid and the vegetation scraggy. The mangrove swamp fringing most part of the lagoon is home for highly aggressive mosquitoes. **Gueule Bras** channel on the southern tip of Astove provides access to the lagoon only at high tide and with a tender. In south-eastern winds, moor to the NW of the island close to a coral shelf lining the shore and with a regular width of 300 m. Do not hesitate to moor very close to the shelf and to anchor on the coral reef. In the middle of the west coast, mooring is possible at the head of a short jetty for craft with a shallow draught. This jetty reminds visitors that guano used to be exploited there. The airstrip in the north of the island is one of the very first to be built in the remote islands of the Seychelles. A rich American wanted to exploit and equip the atoll of Astove. He died before the work could be started and Astove remains a wild untouched atoll. Divers will enjoy exploring depths, with many lovely caverns full of fish.

In front of the fairly straight shoreline there is a wide, shallow shelf upon which the swell breaks up. Landing can be made difficult by the large breakers. If the winds are south-easterly, however, the entire NW coast of the island, lined with a white sand strip, remains easily accessible. Moor in 5 to 8 m, securely anchoring in the coral. You can go ashore with the tender without having to worry about the breakers. This flat, low island is covered all over with many coconut trees.

ASTOVE

À 25 milles au sud de Cosmoledo, Astove émerge de fonds dépassant les 3,000 m et présente l'aspect d'un parfait atoll corallien. Une bande étroite de terre ceinture un lagon qui malheureusement n'est pas accessible en bateau.

L'île s'étend sur 2, 6 milles du nord au sud et sur 2 milles d'Est en ouest. La plus large partie des terres émergées parfaitement plates, ne dépasse pas quelques mètres de hauteur. Seules les dunes qui bordent la côte S.E forment un léger relief. avec une hauteur de 10 m. L'île est très aride avec une végétation rabougrie et la mangrove où les moustiques à certaines époques sont agressifs, borde une bonne partie du lagon.

Le chenal de la **Gueule bras** à la pointe sud d'Astove, permet d'entrer dans le lagon uniquement à marée haute en annexe. Par vent de S.E, on viendra mouiller au N.W de l'île un peu au nord du campement en lisière d'un platin de récifs qui borde tout le rivage sur une largeur de 300 m à peu près constante. Il ne faut pas hésiter à mouiller très près du plateau, l'ancre posée dans les récifs.

Au milieu de la côte ouest une courte jetée dont le musoir est accostable avec un faible tirant d'eau, rappelle que le guano était exploité autrefois sur l'île. La piste d'atterrissage au nord de l'île est l'une des toutes premières qui a été aménagée dans les îles éloignées des Seychelles. Un riche Américain voulait mettre en valeur l'atoll d'Astove mais il est mort avant d'avoir pu entreprendre les premiers travaux. Astove est resté un atoll sauvage.

Les plongeurs découvriront dans les tombants qui descendent rapidement vers les grands fonds de belles grottes où nichent de nombreux poissons.

Tout le rivage assez rectiligne est débordé par un large plateau affleurant où la mer brise souvent en gros rouleaux rendant les débarquements très difficiles. Si les vents soufflent de S.E. toute la côte N.W de l'île que borde un large cordon de sable blanc, reste aisément accessible. On mouille en lisière des fonds de 5 à 8 m posant bien son ancre dans les coraux et l'on débarque sur la plage en annexe sans craindre les rouleaux. L'île plate et basse est partout couverte de nombreux cocotiers.

L'intérieur de l'île est recouvert de vastes cocoteraies pour l'exploitation de l'huile de coprah.

Inside of the island, larges palm trees areas are used to product coprah oil.

Voir carte de situation en p 4 et 247

L'ATOLL D'ALDABRA

Par ses dimensions, l'atoll d'Aldabra est comparable à l'île de Mahé. Il s'étend sur 19 milles d'Est en ouest et sa largeur atteint jusqu'à 7,5 milles ce qui représente une superficie de plus de 150 km2. Aldabra viendrait du mot arabe *Al Khadra* qui signifie la verdoyante, car à la saison des pluies la végétation qui recouvre les îlots ceinturant un vaste lagon reverdit. Mais ces terrains de corail spongieux ne retiennent pas le moindre litre d'eau douce et rares sont les pêcheurs qui soient venus s'établir sur l'une de ces îles inhospitalières, domaines exclusifs des tortues géantes, des crabes de cocotiers et des oiseaux de mer.

Quatre îles auxquelles s'ajoutent une dizaine d'îlots, forment autour du lagon d'Aldabra un cercle presque parfait. **Grande Terre** qui s'étend d'Est en Ouest par le sud, **Malta** au nord, **Polymnie** et **Picard** au N.W.

Le lagon communique avec l'océan par **quatre passes** entre chaque grande île et les courants y sont d'une grande violence car par le phénomène des marées, deux fois par jour, le vaste lagon, profond d'environ 3 m se vide presque entièrement découvrant d'immenses étendues de sable blanc et plat où à marée montante la mer avance plus vite qu'un cheval au galop.

Photo en haut page de droite.

L'atoll peu profond assèche en grande partie, à chaque marée et présente pendant quelques heures l'aspect d'un désert de sable et de vase au milieu de l'océan

The shallow atoll dries up at low tide and for some hours it looks like a desert of sand in the middle of the ocean.

Seule la passe au N.W entre **Picard** et **Polymnie** est praticable à basse mer car elle se prolonge par un chenal qui se divise à la pointe sud d'un îlot en deux branches qui à leur tour se ramifient en plusieurs bras secondaires. Les deux rives sont accores et la couleur des eaux permet de repérer la partie la plus profonde mais les courants sont naturellement très puissants dans ce goulet étroit. De 2,5 nœuds en mortes eaux, ils atteignent 7 nœuds en vives eaux au voisinage de la pointe **Touguin** à l'extrême sud de la langue de terre qui borde le chenal à l'ouest. La prudence commande donc de ne pas s'engager dans la passe à mi marée.

Ce gigantesque brassage des eaux attire naturellement de très nombreuses espèces de poissons et même des gros requins et des barracudas qui pénètrent dans le lagon ou guettent leurs proies dans l'entrée du goulet.

Si l'on voulait mouiller dans le chenal, il faudrait remonter le plus avant possible dans le bras sud pour se rapprocher de l'**île Esprit** où les courants diminuent d'intensité. Mais cette question ne se pose pas car les scientifiques qui contrôlent toute l'île d'Aldabra, interdisent l'entrée des bateaux dans le lagon pour éviter toute pollution accidentelle. Ils doivent rester au mouillage au N.W de l'**île Picard** à proximité de la station scientifique qui comprend plusieurs bungalows et un bâtiment de bois sur pilotis qui abrite les laboratoires.

Le **mouillage** est bon par vent de S.E. Il suffit de se tenir au ras de la lisière des récifs et de rejoindre la plage en annexe. Mais il faut mouiller une grande longueur de chaînes car les fonds sont d'une médiocre tenue. Les ancres ont tendance à déraper sur des plaques de roches. On notera sur certaines cartes marines que le feu de l'île Picard a disparu.

Il est possible également de se diriger plus au sud jusqu'à la **passe Femme** à la pointe de l'**île Picard**, qui permet d'entrer dans le lagon.

Les **courants** sans être aussi violents que dans la grande passe, ne sont pas à sous estimer. La prolifération des poissons de toutes espèces est assez prodigieuse au voisinage de ces neuf étroits passages entre l'île Picard et **Grande Terre.** Elles semblent former comme les dents d'un peigne. En plongée sous marine, il ne faut oublier outre les dangers des courants, les attaques des requins et des raies.

L'érosion marine et les pluies qui dissolvent le calcaire, ont profondément attaqué les roches coralliennes d'Aldabra. À la suite de l'abaissement du niveau des mers, les roches isolées, usées uniquement à leur base par le clapot, ont pris les formes étonnantes de gros champignons couverts de végétation.

La navigation est dangereuse au milieu de cet étrange balisage et les débarquements sont partout difficiles tandis que la progression à pied est tout aussi redoutable sur ces roches

La végétation sur le sol assez spongieux des îles est composée en grande partie de mangroves qu'apprécient les ibis et les égrettes.

Vegetation on the sponge like soil of the islands is made of mangrove which is the favourite dwelling of many ibises and egrets.

La vie sous marine est extrêmement abondante dans ces eaux tièdes à la fois stagnantes et brassées par les courants

Submarine life is lavish in the tepid waters generally stagnant but sometimes stirred by currents.

Voir carte de situation en p 4 et254

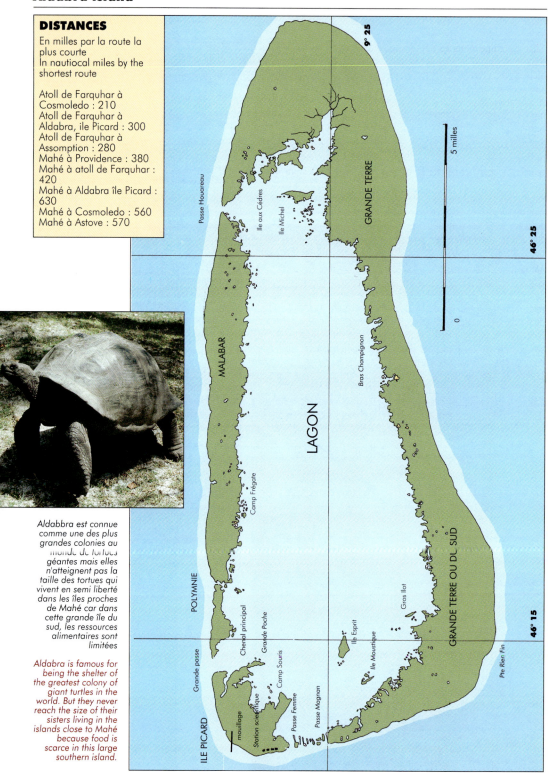

DISTANCES

En milles par la route la plus courte
In nautiocal miles by the shortest route

Atoll de Farquhar à Cosmoledo : 210
Atoll de Farquhar à Aldabra, ile Picard : 300
Atoll de Farquhar à Assomption : 280
Mahé à Providence : 380
Mahé à atoll de Farquhar : 420
Mahé à Aldabra île Picard : 630
Mahé à Cosmoledo : 560
Mahé à Astove : 570

Aldabbra est connue comme une des plus grandes colonies au monde de tortues géantes mais elles n'atteignent pas la taille des tortues qui vivent en semi liberté dans les îles proches de Mahé car dans cette grande île du sud, les ressources alimentaires sont limitées

Aldabra is famous for being the shelter of the greatest colony of giant turtles in the world. But they never reach the size of their sisters living in the islands close to Mahé because food is scarce in this large southern island.

Passe Houareau

Ile aux Cédres

Ile Michel

GRANDE TERRE

5 milles

46° 25

9° 25

MALABAR

LAGON

Bras Champignon

Camp Frégate

POLYMNIE

Chenal principal
Grande Poche
Camp Souris
Passe Femme
Passe Magnan

Grande passe

mouillage
Station scientifique

ILE PICARD

Ile Esprit
Ile Moustique

Gros Ilot

GRANDE TERRE OU DL SUD

Pte Rien Fin

46° 15

coupantes et déchiquetées. Aucune île de l'atoll n'offrant un équipement même très sommaire à terre, les visiteurs doivent rester sur leur bateau.

Aldabra comme toutes les îles sauvages isolées dans l'océan est le domaine de véritables colonies d'oiseaux de mer. Les frégates tournoient en permanence au-dessus du lagon et nichent au sommet des champignons de roches. On y voit également de nombreux oiseaux comme les pigeons bleus des Comores, les ibis, de grands échassiers à tête noire et bec courbé qui vivent en bordure de la mangrove ainsi que l'étonnant râle sans aile, une espèce unique au monde.

On ignore par quels mystères de la nature les **tortues géantes** ont pu élire domicile dans l'île d'Aldabra, il y a quelques 200 millions d'années. Au temps des premiers navigateurs qui abordèrent ces îles, elles se comptaient par milliers et les marins venaient y chercher de pleines cargaisons car les tortues ont la particularité de rester vivantes pendant des semaines sans manger et bouger, ce qui constituait une source de viande fraîche dans les cales. En 1874, les captures étaient si importantes que le célèbre naturaliste Charles Darwin jeta un cri d'alarme, cette espèce lente à se reproduire venue du fond des âges, risquant de disparaître. Au début du siècle les captures s'élevaient encore à 12 000 tortues par an et ce n'est qu'en 1945 que les tortues furent placées sous haute protection tandis qu'une station scientifique s'installait sur l'île Picard.

Aujourd'hui, on note une augmentation du nombre des tortues sur Aldabra que l'on estime à environ 150 000. Elles ne sont pas aussi imposantes que celles du parc naturel de Curieuse ou de l'île Bird, car sur une île aussi aride que Aldabra, la nourriture est relativement limitée. Les tortues doivent faire des efforts pour brouter les pousses. Le cycle de survie sur ces îlots est assez simple. Les tortues qui vivent à l'ombre des cocotiers y font leurs excréments que les Bernard l'Ermite mangent en partie mais surtout disséminent sur la terre où les pluies les diluent, fertilisant la terre. les cocotiers peuvent ainsi continuer de pousser. Le cycle est bouclé.

Les tortues ne redoutent sur Aldabra aucun grand prédateur, leurs épaisses carapaces les mettant à l'abri des morsures. Le seul danger pour elles est l'insolation. Si une tortue s'éloigne trop longtemps de l'ombre qu'assurent quelques bosquets pour aller chercher de la nourriture, elle risque de mourir de chaleur sous les rayons brûlants du soleil. Ce qui explique la présence des carcasses de tortues sur les terrains à découvert.

POINTS GPS WAY POINTS

Mouillage de la station de l'île Picard
9° 24'- 46° 12'
Entrée de la Grande Passe
9° 22'- 46° 14'25

SAILING TO ALDABRA

Visiting this prestigious and unique site is expensive Landing fee is 100 US dollar per person and per day. It takes at least 4 days from Mahé to reach the lagoon entrance, meaning a two week cruise.

To save time, it is possible to have your yacht ferried by a chartered crew to Asumption Island and to go by air to Asumption. The price for a chartered twin engine plane (18 seats) is about 70,000 rupies (2 return trips)

Information is available from Island Development Company. Landing permit given by Seychelles Islands Foundation. Premier Building. P.O. 853. Victoria. T.32 17 35. fax 32 48 84. Rent a yacht with a crew at VPM, Sunsail or Dream Yacht.

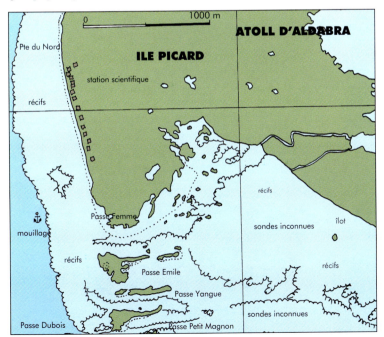

ATOLL D'ALDABRA

ILE PICARD

Pte du Nord

station scientifique

récifs

1000 m
0

récifs

îlot

sondes inconnues

Passe Femme

mouillage

récifs

Passe Emile

Passe Yangue

sondes inconnues

récifs

Passe Dubois

Passe Petit Magnon

Un seul feu blanc fixe sur l'île Picard visible jusqu'à 12 milles.

Juste one white fixed light on Picard island ranging 12 nautical miles.

Voir carte de situation en p 4 et 254

Une grande partie du rivage est formée de roches déchiquetées par l'érosion marine et les pluies. Les déplacements y sont difficiles.

Les roches forment par endroits de curieux champignons qui se sont formés à la suite d'une baisse du niveau de la mer. Les frégates nichent dans l'épaisse végétation qui couronnent ces mini îlots.

De gros bénitiers reposent sur les fonds de sable.

ALDABRA ATOLL

The size of Aldabra atoll is similar to the surface of Mahé island. It stretches 19 miles from east to west and is 7.5 miles at its widest, which means the area is over 150 square kilometres. The name Aldabra comes from the Arabic word Al Khadra meaning green land, as, during the rainy season, the vegetation which covers the islets surrounding the lagoon turns green again. But the spongy coral earth does not retain fresh water and only a few hardy fishermen have ever tried to settle on one of these inhospitable islands, which have remained the exclusive home for giant turtles, coconut crabs and seabirds.

Four islands and about ten islets form a perfect circle around the lagoon of Aldabra. **Grande Terre**, stretching east-west in the south, **Malta** in the north, **Polymnie** and **Picard** in the NW. The lagoon communicates with the ocean via four channels between the islands. Currents are exceptionally strong because the vast lagoon, 3 m deep, empties nearly totally twice a day due to the tides, leaving wide areas of dry white sand. In the flood tide the sea comes in as fast as a galloping horse. Only the access between Picard and Polymnie is passable at low tide because it is prolonged by a channel which divides into two branches at the southern tip of an islet, each of them splitting into small arms.

The two sides of the channel are steep and the colour of the water makes it easy to spot the deepest part, but currents are of course very strong as the water funnels through. They run at 2.5 knots in neap tides and can go up to 7 knots in spring tides near **Touquin** point at the extreme south of the strip of land bordering the channel to the west.

This enormous mixing of waters attracts many species of fish and even big sharks and barracudas which swim into the lagoon where they lay in wait for their prey at the neck of the inlet .

To moor in the channel one would have to go up the south channel as far as possible towards **Esprit** island, where currents weaken. However, this is no longer possible as the scientists in charge of Aldabra have prohibited sailing boats from entering the lagoon, to avoid pollution. Boats now have to anchor NW of **Picard** island close to the scientific station, consisting of many bungalows and a wooden laboratory built on piles.

The anchorage is safe in south-eastern winds. Anchor close to the coral shelf and go ashore in a tender. Note that the light is no longer shown on some charts.

It is also possible to sail south down to the Femme channel at the tip of Picard island, which leads into the lagoon. However, care should be taken with the currents, though they are less violent than those in the main channel. There is a multitude of fish of many different species near the nine narrow channels, resembling the teeth of a comb, between Picard island and Grande Terre. When diving care needs to be taken because of the fast currents and possible attack by rays or sharks.

Erosion of the coral limestone by waves and rain has created many weird rock formations of Aldabra. Due to a lowering of the sea level, isolated rocks have had their bases worn away by the waves to leave large vegetation clad mushroom shapes.

Sailing among such strange buoys is dangerous and landings are difficult everywhere. Walking is equally dangerous because of sharp spiky rocks. There are no facilities available on any of the islands and visitors have to stay on board at all times.

Aldabra, like all remote wild islands in the Indian ocean, provides shelter for large colonies of seabirds. Frigates fly over the lagoon and nest on top of the mushroom-shaped rocks. Many other species of birds are seen, such as blue pigeons from Comoros, blue-eyed sacred ibises, tall black-headed wading birds with curved beaks living close to the mangrove swamp, and the extraordinary wingless white-breasted rail, found nowhere else in the world.

No one knows by what mysterious quirk of nature the giant turtles reached Aldabra island 200 million years ago. When the first navigators landed in these islands, they found thousands of them. Since the turtles can stay alive for weeks on end without eating or moving, the sailors packed them into the hold of their ship as a supply of fresh meat.

CROISIERE A ALDABRA

Pour visiter ce site prestigieux et unique au monde, il faut savoir dépenser. Le droit de débarquement sur l'île d'Aldabra est de 100 US dollar par jour et par personne. Il faut compter au minimum 4 jours de navigation sans guère d'arrêt depuis Mahé pour atteindre l'entrée du lagon soit une croisière d'au moins deux semaines pour le retour à bord d'un voilier avec équipage. Pour réduire ce temps, il est possible de faire convoyer le bateau jusqu'à l'île d'Assomption où se situe la piste d'avion la plus proche d'Aldabra mais l'affrètement d'un avion bimoteur (18 places) indispensable pour le survol de l'océan, revient à environ 70 000 roupies pour les deux allers et retours. Renseignements auprès de Island Development Company. L'autorisation de débarquer sur Aldabra est donnée par Seychelles Island Fondation. Premier Building.P.O. 853. Victoria. T.32 17 35. fax 32 48 84. Pour la location d'un voilier avec équipage voir VPM, Sunsail ou Dream Yacht.

†Photos in lef side

Most part of the shoreline is made of rocks ragged by sea erosion and rainfalls. Moving around is uneasy.

The rocks have strange mushroom-like shapes because of a lowering of the sea level. Frigate birds nest in the thick vegetation crowning these mushrooms.

Giant tridacnas rest on the sandy sea floor.

Voir carte de situation en p 4 et 254

En s'échappant à basse mer par des passes très étroites, les eaux du lagon créent de violents courants, de véritables rapides entre les îlots couverts d'une épaisse toison de verdure.

When the ebb tide flows through the narrow pass, it forms rapid currents in the lagoon and between the islets covered with thick greenery.

De gros mérous, des requins ou des barracudas rôdent dans l'entrée du lagon, à l'affût des centaines de petits poissons du lagon qui sont entraînés à chaque marée vers le mer sous l'action des courants.

Large groupers, sharks or barracudas roam around the lagoon's neck hunting for the numerous fish washed away from the lagoon into high seas by ebb tide currents.

ASSUMPTION

To the south of the main island, the Aldabra shelf includes a second island, Assomption, which is also flat and low-lying but in the south-east has some dunes up to 32 m high that are visible 5 miles offshore. Assomption island has no lagoon and is nearly barren.

The shoreline is fairly straight and lined on the west side by a pleasant sandy beach. Some 2 000 m off the southern tip 1/4 to the south and 3/4 to the north) there is a small jetty in front of the camp. Set course **148°** towards it as soon as you see it

The sounder reads only 1 metre at the pier-head, but it is possible to moor in north-western winds less than 150 m to the north beyond the end of the jetty on the brim of the narrow coral shelf lining the beach from north to south. About a hundred metres away lies the wreck of a large trawler, stern-to the beach. Moor over 3 m ground in beautiful turquoise waters

The coral shelf widens to 600 m off the SW tip of the island, but the shoreline consists of a continuous fine sand beach at the foot of the dunes to the SE, where mooring 350 m off the beach is possible in north-western winds. Good shelter from the dunes.

All along the east coast further to the north there is a strip of sand. However, large coral 'mushrooms' with very sharp edges do not make landing easy. Mooring half way up the east coast is secure when north-western winds are set. The bottom shelves steeply and the waters are full of fish. This makes for excellent diving in this area which has only weak currents. It is possible to moor also near Assumption north end along the rather wide coral reef when wind is weak only, as swell easily turns around the north tip

There are paths leading inland and back to the coast. A small railway line serves as a reminder that guano used to be transported to the mole, Assumption having numerous colonies of birds. Assumption is placed under supervision of I.D.C.

ASSOMPTION

Le plateau d'Aldabra comprend à 15 milles au sud de l'île principale, une seconde île Assomption toute aussi plate et basse sur la mer mais elle présente au S.E en bord de mer, quelques dunes de sable hautes de 32 m et visibles à environ 5 milles. L'île d'Assomption qui ne comporte aucun lagon, est couverte d'une maigre végétation mais elle possède l'une des plus belles plages des îles coralliennes.

Le rivage sensiblement rectiligne est bordé à l'ouest par une belle plage de sable. Les fonds descendent en une pente étonnamment abrupte. A moins de 700 m du rivage, la sonde indique déjà plus de 180 m et 500 m à un demi mille. On imagine donc aisément qu'une houle qui vient à la rencontre de ce mur sous marin, lève assez rapidement et déferle en avant des plages.

À 2 000 m de la pointe sud, soit 1/4 sud et 3/4 nord s'avance une petite jetée en avant du campement. On fera route au **148°** dans sa direction dès qu'on l'aura localiser. La sonde n'indique qu'un mètre au musoir, mais l'on peut venir mouiller à petite distance par vent de S.E au nord de la jetée en lisière du platin de corail qui borde sur une bande étroite toute la plage du nord au sud de l'île. À quelques centaines de mètres plus au nord, l'épave d'un gros chalutier est échouée sur la plage, l'étrave pointée vers le rivage. On peut mouiller dans des eaux très claires d'un beau bleu turquoise par environ 3 m. Le platin de récifs s'élargit à 600 m en avant de la pointe S.W.de l'île. Mais le rivage reste partout ourlé d'une plage de sable fin jusqu'au pied des dunes au S.E de l'île où par vent de N.W on peut venir mouiller à 350 m de la plage. L'abri est assez sûr du fait des hauteurs du rivage.

Toute la côte Est plus au nord, est encore sableuse mais de gros champignons de corail aux arêtes très acérées ne facilitent pas les débarquements en annexe. On peut toutefois rester au mouillage par vent de N.W au milieu de cette côte Est. Des fonds descendant en pente assez forte et des eaux très poissonneuses permettent d'agréables plongées sous marines d'autant que les courants sont faibles. Il est possible de mouiller près de la pointe nord d'Assomption en lisière du plateau de récifs qui est assez large mais

Les pluies abondantes de la mousson forment des marigots et des petits ruisseaux sous les palmiers.

The big rain falls of the monsoon create some marigots and small brooks under the palm trees.

Voir carte de situation en p 4 et 254

*Dans toutes ces eaux les tortues
de mer sont nombreuses et
nagent souvent loin des îles où
elles viennent pondre dans le
sable des plages.*

*Numerous sea turtles are seen in
these waters. They often swim far
away from the islands where they
went ashore to lay their eggs on
sand beaches.*

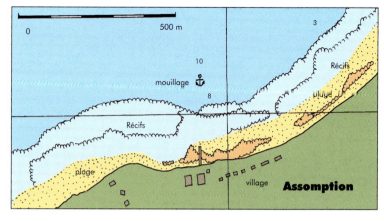

**POINTS GPS :
WAY POINTS :**

*Mouillage devant le village
9° 43'70 - 46° 29'85
Mouillage côte S.E
9° 45'00 - 46° 30'80*

uniquement par vent faible car la houle contourne aisément la pointe nord.
On peut s'enfoncer dans l'île par quelques chemins et rejoindre la côte Est De petits rails rappellent que des wagonnets transportaient autrefois du guano vers le môle de chargement car Assomption est le lieu de séjour de nombreuses colonies d'oiseaux.
Assomption est placée sous le contrôle de I.D.C.

ATOLL DE COËTIVY

Cette île corallienne plate et basse occupe une position très isolée à 210 milles dans l'Est du groupe des îles Alphonse et à 144 milles dans le 162° de Mahé. Très étroite dans sa partie sud où elle se prolonge par un récif long de plus de 3 milles, Coëtivy s'étend vers le nord sur une longueur de 11 km. Couverte partout de nombreux cocotiers et frangée de belles plages de sable fin, elle est entourée d'un plateau de récifs qui, sur la côte Est, n'est large que d'environ 200 m.

L'accès principal de Coëtivy se fait toutefois sur la côte ouest par la **Passe aux Anglais** qui se situe un peu au sud du centre de l'île. Le chenal, large de 40 m et long de 350 m, orienté au **193°**, donc très en biais par rapport au rivage, rejoint la plage à 150 m au sud du village. Il faut prendre garde à la présence de nombreuses têtes de corail. On mouille par 2 à 3 m d'eau. Le marnage avoisine 1,70 m. L'île a la forme d'un haricot et ses dunes sont en grande partie dissimulées par les cocotiers et les casuarinas.

L'île de Coëtivy est partiellement enlaidie par l'élevage quasi industrielle des crevettes dans des bassins creusés dans le sable et rendus étanche par des bâches en plastique. Des tourniquets à moteur brassent l'eau des bassins pour l'oxygéner. La traversée de 144 milles depuis Mahé est bien longue pour ne voir qu'un aussi piètre environnement touristique.

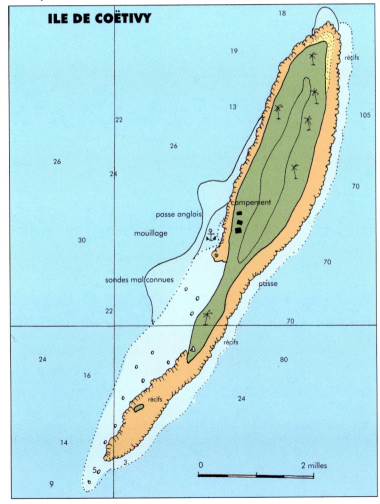

**POINT GPS :
WAY POINT**

*Mouillage de la Passe aux Anglais de Coëtivy.
7° 10' 24 - 56° 15' 32'*

Voir carte de situation en p 4

DISTANCES

En milles par la route la plus courte
In miles by the shortest route.
Coëtivy à Mahé : 144
Coëtivy à Farquhar : 350
Coëtivy à Aldabra : 620
Coëtivy à Desroches : 177

De nuit : le phare montre un feu blanc (éclat 5 secondes) visible jusqu'à 10 milles.

COËTIVY ATOLL

This flat and low above the sea coral island is 144 miles in the 162° course from Mahé. Its southern part is very narrow and forms a 3 miles long coral reef. Coëtivy is 11 km long. Covered by coconut trees it is surrounded by sand beaches and lined on the east coast by a coral reef that is only 200 m wide.

The main way to Coëtivy is on the west coast through the pass des Anglais slightly south of the island's central part. The channel is 40 metres wide and 350 metres long 193° oriented, it is at an angle with the shoreline, and leads to the beach 150 m south of the village. Care must be taken of numerous coral heads. Moor in 2 to 3 m. The tidal range is close to 1.7 metres. The island is kidney-shaped and the sand dunes are covered with coconut trees and casuarinas.

Coëtivy island is spoiled by industrial shrimp farming in pools digged in the sand and made watertight with plastic coating.Such a poor environment is not worth the long 144 nautical miles crossing from Mahé

At night : The light is white (flashing 5 secondes) and is visible 10 miles away.

A

African banks	210
Aladabra, atoll	257
Aldabra, groupe d'îles	246
Alphonse, groupe d'îles	231
Amirantes, groupe d'île	206
Anonyme, île	117
Anse à la Mouche	98
Aride, île	159
Assomption, île	259
Astove, atoll	251
Au Cerf, île	71
Aux Pins, anse,	115
Aux Vaches, île,	

B

Barbaron, anse	96
Bazarca, anse,	108
Beauvallon, baie	81
Bel Ombre, baie	83
Bijoutier, île	234
Bird, île	195
Bird, les routes	194
Boileau, anse	96

C

Cap Mapoota	86
Capucin, roche	110
Chantier, anse	61
Chenal de Ste Anne	53 - 58
Chenal du Cerf	53 - 58
Chenal N.E de Victoria	50 - 54
Chenaux de Victoria	50
Chevalier, baie	145
Cocos, anse,	180
Cocos, îles	180
Coëtivy, île	261
Conception, île	90
Corail, anse	106
Cosmolédo atoll	247
Côte d'Or, plage	140
Cousin, île	151
Cousine, île	153
Curieuse, île	155

D

D'Arros, île	214
Denis, île,	199
Denis, les routes	203
Déposes, île	242
Desnoeufs, île	229
Desroches, île	218
Du parc, anse	193

F

Farquhar, atoll	240
Farquhar, groupe d'îles	238
Félicité, île	179

Forbans, anse,	122
Frégate, île	193
Frégate, îlot	193

G

Glacis 79	
Gorgette, anse	147
Grand anse	165
Grand Anse, Mahé	94
Grande anse, Praslin	148
Grande Barbe,	121
Grande Soeur, île	183
Hodoul, passe	218

I

Ile Platte	223
Île du Nord	126
Île du Nord, Farquhar	240
Île Menai, Cosmoledo	247
Intendance, anse,	106
Jasmin, anse	84

L

La Blague, anse	139
La Boudeuse, banc,	228
La Digue , côte S.E.	171
La Digue, côte N.E.	173
La Digue, côte ouest	169
La Digue, île	162
La Farine, anse	139
La Passe, anse	118
La passe, le port	165
la Digue et Praslin	135
Lascars Pte	121
Launay, port	88
Lazare, la baie	103
Lazare, la pointe	102
Lazio, anse	145
Liberté, anse,	102
Longue, île	73
Louis, anse	98

M

Mahé à Praslin 130	
Mahé aux Amirantes, routes	209
Mahé pte nord	117
Mahé, côte Est	110
Mahé, île	43
Mahé, le tour	75
Major, anse,	84
Mapoota cap	86
Marianne, île	189
Marie Louise, anse	112
Marie Louise, île	227
Milieu, île	245
Mondon, anse	125
Moyenne, île	71
Northolme	79

P

Passage entre la Digue et Praslin	163
Passe des 25 F	243
Petite Cour, anse	143
Petite Soeur, île	186
Petite, anse,	102
Picard, île, Aldabra	252
Pointe au Sel	113
Poivre, île	224
Police, baie	108
Port Glaud, anse	92
Port Launay, anse	88
Possession, anse	143
Poules Bleues	100
Poules Bleures	100
Praslin, côte Est	147
Praslin, île	133
Praslin, pte ouest	147
Providence, baie	60
Providence, île	238
Pte Nord de Mahé	75
Quai inter île	47

R

Récifs île aux	73
Remi, île	212
Riz, anse au	86
Ronde, île	00
Royale, anse,	113

S

Saint François, île	237
Saint Joseph, atoll	215
Saint Pierre, îlet	141
Sèche, île	71
Silhouette, île	118
Soleil, anse	100
Ste Anne, baie	135
Ste Anne, île	67

T

Takamaka, anse	105
Ternay, baie	86
Thérèse, passe	218
Thérése, île	92
Trois Dames, recif	92
Trois dames, récif	92
Union, anse	192

V

Victoire, passe	218
Victoria, accès de nuit	57
Victoria, city	63
Victoria, côte nord	75
Victoria, port 45	
Victoria, services	64 - 66
Vieux port	47
Volbert, anse	139